Wolf Otto von Tümpling

Geschichtliche Nachrichten über die von Tümplingsche Familie

Bearbeitet nach dem nachgelassenen Entwurf des General-Majors

Wolf Otto von Tümpling

Geschichtliche Nachrichten über die von Tümplingsche Familie
Bearbeitet nach dem nachgelassenen Entwurf des General-Majors

ISBN/EAN: 9783743453777

Hergestellt in Europa, USA, Kanada, Australien, Japan

Cover: Foto ©ninafisch / pixelio.de

Wolf Otto von Tümpling

Geschichtliche Nachrichten über die von Tümplingsche Familie

Geschichtliche Nachrichten

über

die von Tümplingsche Familie

bearbeitet

nach dem nachgelassenen Entwurf

des weil. Königl. Preuß. General-Majors

C. M. von Schöning,

Historiographen der Armee und Ritter des eisernen Kreuzes ꝛc.,

von

Wolf Otto von Tümpling

in Bautzen.

Gedruckt bei E. M. Monse in Bautzen.

1864.

Vorwort.

~~~

Wenn auf Wunsch und Anregung einiger Mitglieder der von Tümpling-schen Familie unternommen worden ist, in Nachstehendem die Geschichte des Tümplingschen Geschlechts zusammenzustellen und durch den Druck zu veröffentlichen, so sind dabei die Einwendungen nicht unerwogen geblieben, die gegen ein solches Unternehmen erhoben werden könnten. „Was soll es" — möchte wohl Mancher fragen — „mit „der Geschichte einer adlichen Familie in unsrer jetzigen nivellirenden „Zeit, in welcher die Vorrechte des Adels auf ein Tantillum herab-„gesunken sind, in welcher der Adel als Stand so gut wie ver-„schwunden ist, in welcher derselbe einen Hauptfactor seiner früheren „Bedeutung, die Erhaltung der Stamm- und Familiengüter, selbst „vielfach aufgiebt, in einer Zeit, in welcher neben eignem Wissen, Ge-„schick und Verdienst höchstens noch Reichthümer, Verbindungen mit den „Spitzen der Büreaukratie und sonstige Connexionen, aber nicht Ahnen „und deren Verdienst Carrière machen helfen, und in welcher dessen „ungeachtet gegen den Adel wegen der ihm in früheren Zeiten geworde-„nen Bevorzugung häufig genug Mißtrauen und Mißmuth und der „Wunsch nach gänzlicher Abschaffung desselben laut wird?" Solcher Frage ist aber zu entgegnen, daß bei den vorliegenden geschichtlichen Nachrichten der adlich Tümplingschen Familie der Ton nicht auf das Wort: „adlich", sondern lediglich auf „Familie" zu legen ist. Denn diese Blätter sind keineswegs in der Absicht geschrieben, um die Tümp-linge als ein besonders angesehenes altes Geschlecht darzustellen und dadurch, sowie durch Hervorhebung des Verdienstes, das Einzelne der-selben um Fürst und Staat vielleicht gehabt haben, dem Publikum zu empfehlen. Hätte diese Absicht vorgeschwebt, so würde das Unternehmen

1 *

nicht nur als ein allerdings gänzlich unzeitgemäßes, sondern auch als ein völlig müßiges anzusehen sein, da der Glanz, den die Familie in früheren Zeiten gehabt hat, innerhalb des letzten Jahrhunderts, besonders nach dem Verluste fast sämmtlicher Stammgüter zum großen Theil verblichen ist, anderer Seits auch kein Einziger dieses Geschlechts je einen wesentlichen Einfluß auf die Geschicke der Völker und die Lenker der Staaten gehabt hat, obschon manch wackerer Diener seines Fürsten und manch braver Offizier unter ihm zählt. Die Absicht bei der Zu= sammenstellung dieses Werkes war vielmehr nur die, den nachkommenden Mitgliedern der Tümplingschen Familie die jetzt vorhandenen, zum Theil ziemlich zerstreuten, Nachrichten über ihre Vorfahren aufzubewahren und zu einem geordneten Ganzen zusammengestellt zu erhalten.

Diese Blätter sind mithin zunächst nur für die Mitglieder der darin behandelten Familie selbst und sodann für die, die sich für die= selbe interessiren, geschrieben worden, und sollen sonach die Geschichte einer Familie für die Familie und deren Freunde und Gönner sein. Dieß ins Werk zu setzen, ward bereits zu zwei verschiedenen Malen versucht: Das erste Mal im Jahre 1773 von Anton Christoph Zeideler, Pfarrer der — damals Tümplingschen — Ortschaften Neidschütz und Boblaß, dessen vollendetes Manuscript noch jetzt vorhanden ist und der Abhandlung zu Grunde liegt, welche der chursächs. Capitain August Wilhelm Bernhard von Uechtritz im 5. Theile seiner 1790 bis 1795 erschienenen diplomatischen Nachrichten adlicher Familien über „die von Tümpling" geschrieben hat. Der zweite Versuch ward 1858 von dem bekannten königl. preuß. General-Major und Historiographen der preuß. Armee Curt Max von Schöning, Ritter des eisernen Kreuzes ꝛc., ge= macht, welcher sich die Ergänzung der Zeidelerschen Arbeit zur Aufgabe stellte, jedoch vor der völligen Beendigung des von ihm mit anzuerken= dem Eifer begonnenen Werkes am 2. April 1859 vom Tode überrascht wurde. Wir lassen die von v. Schöning für die Tümplingsche Fami= liengeschichte geschriebene Vorrede und Einleitung, welche zugleich die Zeidelersche Vorrede enthält, als zweites Vorwort folgen, und haben nur zu bedauern, daß diese geübte Feder das begonnene Werk nicht voll= enden konnte, so daß sich eine abermalige Umarbeitung des vorhandenen, und durch Auffinden neuer Quellen und sonst inzwischen nicht unbe= trächtlich vermehrten und vervollständigten Materials erforderlich machte.

So mögen denn die nachstehenden Blätter als ein Gruß des gegenwärtigen Tümplingschen Geschlechts an das kommende angesehen werden, welchem Letzteren darin neben einer kurzen Mittheilung über das Geschick der jetzt lebenden Familienglieder das mitgetheilt wird, was diesen von den gemeinsamen Vorfahren bekannt ist. Möchte den Nachkommenden dieser Gruß angenehm und zugleich als eine Aufforderung erscheinen, in der Liebe zur gemeinschaftlichen Familie und in dem Streben, dieselbe werth und in Ehren zu halten, einträchtig zu sein!

Bautzen, 1863.

Der Verfasser.

Einleitung und Vorrede des C. M. von Schöning.

Der Königliche General der Cavallerie und General-Adjutant des Königs Friedrich Wilhelm IV. Majestät, Wilhelm Adam Wolf Ferdinand von Tümpling, setzte mich in den Besitz derjenigen Documente und Schriftstücke, welche sich über das Geschlecht derer von Tümpling in seinen Händen befinden, mit dem Anheimstellen, in wie weit sich solche zur weiteren Ausarbeitung und etwaigen Veröffentlichung eignen möchten. Selbst Verfasser der Geschichte meiner eignen Familie und von der Ueberzeugung erfüllt, daß die Geschichte der adlichen Geschlechter zu den Materialien der Special-Geschichte des gesammten deutschen Vaterlandes gehören, unterzog ich mich um so lieber dieser Arbeit, als mir damit eine erwünschte Gelegenheit geboten ward, dem Wunsche meines lang-jährigen Gönners und Freundes entgegen zu kommen, auf diese Weise die zur Zeit vorhandenen betreffenden Nachrichten für die Familie zu erhalten.

Der Adel stand durch seine Geburt vor Alters an der Spitze aller Zweige des Gemeindelebens und deren Verwaltung, seine Mitglieder wurden von den Landesherren als Baumeister bei dem ersten Gemeinde- und Staatenbau zugezogen, und wenn das Vaterland in Gefahr war, standen sie Jahrhunderte hindurch als Führer (Offiziere) nach angebor-nen Vorrechten in den vordersten Reihen, den gemeinsamen Heerd zu schützen und die Ueberfälle des Feindes zu bekämpfen. Durch diese Vor-züge wurde ihnen Gelegenheit geboten, schon in weiter Vorzeit von sich reden zu machen. Wenn aber die Namen der in den Kämpfen Ge-fallenen in einer schreibarmen Zeit nicht alle bewahrt wurden, so ver-zeichnete man lieber die Lebenden, welche den Namen fortführten. So entstanden Stammbäume und Ahnentafeln. Erst der neuen Geschichte war es vorbehalten, wenn z. B. im siebenjährigen Kriege nachgewiesen ward, daß 54 von den Kleisten, 23 von den Bellingen und von den

Ramecken 19 in diesem denkwürdigen Kampfe für ihren König fielen. Diejenigen adlichen Geschlechter, welche in unserer Zeit die Mittel nicht scheuten, Werke über die Geschichte ihrer Familie herauszugeben, wie dies von den Schlieffen, von den Kleisten in naher Erwartung, von den Bohlen, den Krassow, den Eickstädt, den Alvensleben, Kröcher, Crosick, Knobelsdorfs, den Schulenburgen, ja ich kann meiner eignen Vetter hierbei rühmlich gedenken, ganz besonders aber neuerdings von den Winterfelden und den Grafen Wartensleben geschehen ist, ich sage, alle diese haben sich ein großes Verdienst um die allgemeine Geschichte erworben, vorzüglich auch, als die heutigen Verfasser leichter Gelegenheit hatten, die Archive zu benutzen und unter Mittheilung von Urkunden, den wahren Quellen der Geschichte, ihre Arbeiten zu vollführen. Der Adel hatte, dies ist nicht zu leugnen, bei Hervorsuchung dieser Documente sein durch die Zeit begründetes Privat=Interesse. Der Verfasser des gehaltreichen Werkes über die Wartensleben, Dr. Julius Graf von Wartensleben, Königl. Preuß. Stadtgerichtsrath, äußert sich hierüber in der Einleitung zu den Ahnentafeln folgendermaßen: „Alle gesitteten „Völker der Vorzeit fanden schon die Kenntniß von der Abstammung „der Menschen sehr wesentlich. Homer, Plutarch, Tacitus und viele „andere berühmte Schriftsteller beweisen aus ihren Werken nach dem „Vorgange der Bibel, daß die Ahnenregister sorgfältig geführt wurden, „und daß man sich genau darum bekümmerte, von welchen Vorfahren „Jemand entsprossen sei. Waren dies berühmte Leute, so leitete man „diese Abstammung mit Beifügung der Verdienste oder Aemter von „Generation zu Generation ab; waren sie solches nicht von Haus aus, „so zeigte man, wie sie fähig geworden waren, durch edle Handlungen „einen Werth zu erlangen, der sie mit jenen in eine Reihe stellte. „Hieraus entstand für das Allgemeine ein Ehrgefühl, eine Aufforderung „zur Auszeichnung, ohne welche sich Jeder der Vergessenheit und Nicht= „achtung ausgesetzt sah, welcher dafür weder Sinn noch Gefühl hatte. „Daher sagt Zimmermann in seinem Werke über die Einsamkeit Bd. 3 „S. 470 sehr richtig: „„Geschichte alter Größe und alter Tugenden „wirket im Stillen immer außerordentlich auf die Gemüther, die Em= „pfänglichkeit für solche Ideen und Gesinnungen haben.““ Bei Ent= „stehung der Ritterschaft“ — fährt Graf Wartensleben fort — „ward „die Herkunft von edlen und verdienten Voreltern eine Bedingung, ohne

„welche man keinen Theil an dieser Verbindung nehmen konnte. Es
„wurde vorausgesetzt, daß durch die Erzeugung von berühmten Vorfahren
„auch die Pflicht entstehe, sich ihrer würdig zu machen, und ihre er-
„langte Ehre fortzupflanzen. Die deshalb gegebenen Gesetze mögen an-
„fangs so unvollkommen gewesen sein, als sie wollen, so wirkten sie
„doch nach dem Sinne, der in ihnen lag, und die Geschichte stellt uns
„davon sehr glänzende Beweise auf."

Ich konnte nicht besser meine Ansichten über jene Verhältnisse der
Vorzeit wiedergeben, als mit den Worten des Grafen Wartensleben; sie
dienen zur richtigen Erkennung, wenn der Tümplingschen Geschlechtsgeschichte eine Reihe von Ahnentafeln beigegeben werden wird, ohne deren
Mittheilung eine solche Geschlechtsgeschichte nur mangelhaft sein würde.

Unter den eingereichten Tümplingschen Papieren befindet sich zu-
vörderst eine geschlossene Abhandlung über die Geschichte des Geschlechts
von Tümpling aus dem Jahre 1773, welche sich vor andern derartigen
Arbeiten aus jener Zeit durch eine gesunde verständige Sprache vortheilhaft auszeichnet. Der Verfasser ist Anton Christoph Zeideler, Pfarrer
zu Reidschütz und Boblaß. Es wäre nichts Auffallendes gewesen, wenn
ein Pfarrer aus jener Zeit mit einer solchen Arbeit in einen uner-
quicklichen Bombast verfallen wäre und sich mit Sagen und Legenden
bis in die Zeiten Karls des Großen verloren hätte. Zeideler hielt sich
davon frei und blieb rein bei der Geschichte. Er widmete seine Arbeit
1) dem königl. preuß. General-Major Georg Wolf von Tümpling,
Commandanten von Pillau, 2) dem chursächs. Kammerherrn Ludwig
Otto von Tümpling, des Stifts zu Zeitz Kammerrath und des rothen
Adlerordens Ritter, 3) dem königl. preuß. Major Carl Gottlob von
Tümpling im Regiment des Erbprinzen von Braunschweig, 4) dem
Erb-, Lehn- und Gerichtsherrn Christian Gottlob von Tümpling auf
Tümpling, Blösien, Boblaß und Reidschütz und 5) dem Carl Friedrich
von Tümpling auf Posewitz und Aue. Des Verfassers Vorrede kann
von unbefangenen Vorurtheilsfreien noch heute gelesen werden und mag
aus dem Grunde als eine Einleitung unverkürzt hier folgen:

Vorrede von A. C. Zeideler.

„Weisheit und Gottseligkeit sind die beiden Tugenden, welche einen
Menschen, der sie liebt und ihnen nachtrachtet, vor andern wahrhaftig

edel machet. Besitzt er nun außerdem Erkenntniß und Wissenschaften und weiß sie mit Klugheit zur Ehre Gottes, zu seiner eigenen und seines Nächsten Wohlfahrt anzuwenden, so verdient er mit Recht unter den Menschen Hochachtung und Ehre. Dieses ist der Grund, daß sich Viele vor Andern hervorgethan haben und über Andere erhoben worden, und weil sie ihre Nachkommen in diesen Tugenden erzogen und dadurch Gott und ihren Nächsten zu dienen geschickt gemacht, so ist diese Hochachtung und ihre erhaltenen Vorzüge bei einem solchen Geschlechte gleichsam erblich worden. Bei unsern alten Teutschen und Sächsischen Vorfahren gab die Tapferkeit in Vertheidigung der gemeinen Wohlfahrt und der Ruhm des Vaterlandes vielen Geschlechtern, die sich besonders darin hervorgethan, vor andern einen gewissen Vorzug. Dieses sind die wahren Quellen des Adels, auch des Adels, den Geburt und die Schätzbarkeit der Landesregenten um viele Jahrhunderte her zu einem gewissen erhabenen Stande gemacht hat. Ein jeder Stand unter den Menschen ist Gottes Ordnung, und daher muß er auch heilig und schätzbar sein, und dies nur so mehr derjenige, den Gott mit allerlei irdischen Vorrechten zu Unterstützung und Beförderung des allgemeinen Besten begnadiget. Es muß also der Adelstand selbst denen auch schätzbar sein, welche selbst darinnen geboren sind. Auch dieses ist ein großer Segen Gottes, von geehrten und angesehenen Voreltern, die wegen ihres erhabenen Geschlechts, wegen ihrer Gottseligkeit, wegen ihrer Wissenschaften und Erfahrung, wegen ihrer Tapferkeit, mit welcher sie Gott und ihrem Vaterlande gedienet, berühmt gewesen, abzustammen. Dieses einige von seinem Geschlecht und Voreltern zu erweisen, wäre schon allein der Mühe werth, daß man bei adlichen Geschlechtern eine kurze glaubwürdige und gegründete historische Nachricht von den Leben und Thaten der Voreltern sammle, und als eine wichtige, zur Nachahmung reizende Beilage wohl bewahre. Doch es hat der Adel bei uns in Teutschland gewisse Vorrechte, die die Geschichte der Voreltern und Ahnen bei ihnen nothwendig machen. Wie viele Bedienungen giebt es bei unsern Sächsischen und Teutschen Höfen, zu welchen keine von Adel gelangen können, ohne durch eine gewisse Anzahl von Ahnen erweislich dargethan zu haben, daß sie von guten alten adlichen Geschlechter und Familien abstammen. Man lässet sie, wenn sie Vasallen, an Landtagen ohne diesen Erweis nicht zur Versammlung der Landstände. Die Ritterorden, die hohen Dome und ablichen Stifter, welche in der That viele schöne Unterhaltungen diesem Stande darreichen, erfordern von denen, die darin aufgenommen werden sollen, dergleichen historische Nachricht von einer großen Anzahl ihrer Voreltern und oft eine Sammlung, die einige Jahrhundert übersteigt. Man muß sich daher wundern, daß in so vielen, ja in den meisten ablichen Familien so sorglos mit diesen Nachrichten umgegangen wird, daher denn hernach, wenn einem oder dem andern ein Glück von dergleichen Art aufstößt, entweder die verlangten Nachrichten gar nicht aufgetrieben werden können, oder mit unglaublicher Mühe und schweren Unkosten aufgesucht werden müssen. Einen Beweis davon giebt gegenwärtige historische Abhandlung, welche ich von dem alten ansehnlichen teutschen ablichen Stamm Derer von Tümpling dem geneigten Leser vor Augen legen werde. Die Hochachtung, die ich dieser Familie schuldig bin, und die Ausarbeitung einiger historischer Nachrichten, wo ich von einigen Gliedern derselben besondere Nachrichten aufzusuchen benöthigt war, ist der Grund und die Gelegenheit worden, da mir unerwartete und ganz besondere Nachrichten davon zu Händen kommen, das Geschlechtsregister derselben in ein gewisses Licht zu setzen. Ich will daher dem hochgeschätzten Leser, so viel mir davon zu Handen kommen, mittheilen."

Wir erfahren aus dieser Vorrede zugleich, wie es den Herren vom Adel damals Pflicht gewesen ist, ja nothwendig, sich um ihre Ahnen zu bekümmern, da ohne einen solchen Nachweis der Eintritt in gewisse Orden und Benefizien für sie unmöglich war. (Dies gilt zum Theil auch noch heute, und spricht man in dieser Beziehung von „stiftsberechtigtem" und „nichtstiftsberechtigtem" Adel. Ein und dieselbe altabliche Familie kann Mitglieder beider Gattungen unter sich zählen, je nachdem dieselben nachzuweisen vermögen, daß auch ihre weiblichen Ascendenten durchgängig altablichen Ursprungs sind.) Wie oft kam der Adel nicht in Verdacht, sich dieser Ahnenreihe nur zu dem Zweck zu bedienen, um damit zu glänzen oder gar sich über seine Nebenmenschen zu erheben! Ich rede hier der vernünftigen Mehrheit das Wort — räudige Schaafe giebt es überall, sie zählen nicht.

Im Allgemeinen für das Folgende die Bemerkung: daß ich mit einiger Ausnahme die Worte Zeidelers beibehalten habe.

Die Tümplingschen Nachrichten sind auch in dem Werke enthalten, welches der churfürstl. sächs. Premierleutnant August Wilhelm Bernhard von Uechtritz Leipzig 1790 bis 1795 unter dem Titel veröffentlichte: „Diplomatische Nachrichten adelicher Familien" und zwar erstreckten sich diese großentheils über Sächsische Familien, zu denen wir die Tümplings ursprünglich rechnen müssen, da sie als solche seit Jahrhunderten in Obersachsen und Thüringen angesessen sind. Mehrere von den Mitgliedern dieses Geschlechts konnten zwar nicht widerstehen, von dem Ruhme des großen Friedrich angezogen in Preußische Militairdienste zu treten, allein dessen ungeachtet werden die Tümplings immer als ein Sächsisches, und zwar ihrem Ursprunge nach Thüringsches, Geschlecht angesehen werden. Der eben genannte v. Uechtritz hat nun die Genealogie dieser Familie vorzugsweise ein großes Verdienst, und ich habe mich bei Bearbeitung dieser Geschichte seiner Vorarbeit um so lieber bedient, als er die oben gedachte Zeidelersche Sammlung vom Jahre 1773 um 20 Jahre weiter vorgeführt hat, woran denn die neueste Zeit um so leichter angeknüpft werden konnte.

Anno 1859.

C. M. von Schöning.

Erstes Capitel.

Einleitung.

§. 1.

Plan und Inhalt des Werkes.

Das Geschlecht Derer von Tümpling, — oder, wie sie in früheren Zeiten mitunter auch geschrieben wurden, von Tumpelingen, Tumpeligen, Tumpeling, Tumpelinl, Tumpelingl, Tumplingl, Tumpling, Thumplingl, Thumpling, Thumpeling, Tümplingen, Timplingen, Tümpeling, Timpeling, Thümpling, Timpling und Tümplingl, — dessen Mitglieder gegenwärtig in der bedeutenden Mehrzahl in den Gebieten der Königreiche Sachsen und Preußen leben, existirte in den früheren Jahrhunderten fast ausschließlich in Thüringen, allwo es vornehmlich in der Camburg-Naumburger Pflege von Alters her, und soweit nur die über dasselbe vorhandenen Nachrichten zurückreichen, bis zur zweiten Hälfte des vorigen Jahrhunderts ansässig war. Dort liegen die alten Stammgüter der Tümplingschen Familie, deren Wiege daher auch aller Wahrscheinlichkeit nach in jenen von den Wässern der Saale und Ilm benetzten, mit Weingärten gezierten und durch Fruchtbarkeit gesegneten Gegend zu suchen ist. Von hier aus verbreitete sie sich weiter, zunächst nach den benachbarten Kreisen von Eisenberg, Neustadt, Zeitz und Merseburg. Die Tümplinge gehören sonach den alten Thüringschen Adelsgeschlechtern an, welchen sie auch sowohl von Chriacus Spangenberg in seinem Adels-Spiegel, als auch in den sonstigen ihrer gedenkenden Werken, z. B. in M. Joh. Sam. Trommsdorffs „accuraten neuen und alten Geographie von ganz Teutschland", in Gauhens Adelslexicon, Zedlers großem Universal-Lexicon, beigezählt werden. Ob ein Zweig dieses Geschlechts vor Zeiten nach Schlesien gekommen und von ihm die dortigen Löwenburgs abzuleiten sind, welche nach Gauhens Adels-Lexicon Thl. 2, S. 1664 auch den Namen Thumbling führen, und ob ein zweiter Zweig sich nach der Schweiz, wo es ein altes Schloß Namens Tümplingen geben soll, gewendet hat, sind Fragen, die zu beantworten wir unserer Seits außer Stande sind.

Nach dem im Jahre 1610 erfolgten Ableben Otto's von Tümpling auf Tümpling, Posewitz, Sulza ꝛc. theilte sich das Tümplingsche Geschlecht in drei Linien, nämlich in die nach ihren Stammgütern benannten Häuser: Tümpling-Posewitz, Tümpling-Sulza oder Bergsulza und Tümpling-Tümpling, oder, wie dieser letztgedachte Stamm nach seinem Gute Kasekirchen auch und zwar in der Regel genannt wird, von Tümpling-Kasekirchen. Nach dem Tode des Otto'schen Sohnes Hans Oswald von Tümpling-Sulza 1630 kam zu diesen drei Linien noch eine vierte: die von Tümpling-Sorna hinzu, welche jedoch, weil von dem genannten Sulzaer Tümpling abstammend, eigentlich nur als eine Abtheilung der Sulzaer Linie zu gelten hat. Von diesen vier Häusern haben das Sornaer und Kasekirchner die meisten Mitglieder aufzuweisen, sich auch bis auf die gegenwärtige Zeit fortgepflanzt, während die Linie Posewitz und Bergsulza minder zahlreich und im Mannsstamm ausgestorben sind.

Hiernach ergiebt sich der Plan für die Behandlung der Geschichte der Tümplingschen Familie von selbst: Es ist zunächst die Zeit des ungetheilten Geschlechts und sodann jede der genannten vier Linien zu behandeln gewesen. Der Uebersichtlichkeit halber ist das Ganze in Capitel und jedes Capitel in Paragraphen getheilt worden. Was die Vertheilung des Stoffs auf die einzelnen Capitel anlangt, so ist, da Otto von Tümpling, oder genauer die Theilung seines Nachlasses, für die Familiengeschichte Epoche machend ist, derselbe nebst seinen Kindern in einem besondern Capitel behandelt worden, das diesem vorhergehende betrifft die Zeit des ungetheilten Geschlechts, während in den darauf folgenden Capiteln die einzelnen Linien, und zwar jedes der beiden im Mannsstamm ausgestorbnen Häuser in einem Capitel, jede der beiden anderen umfänglicheren Linien dagegen in zwei Capiteln absolvirt worden sind. Jedem dieser Abschnitte ist ein Stammbaum, welcher die Verwandtschaft der darin behandelten Familienglieder verdeutlichen und eine gedrängte Uebersicht und Wiederholung des Inhalts des Capitels sein soll, dem ganzen Werke aber ein größerer sämmtliche Linie betreffender Stammbaum beigefügt worden. In dem gegenwärtigen ersten Capitel endlich sind die allgemeinen Vorbemerkungen über den Plan und die Quellen des Werkes, sowie über das Wappen und die Güter der Familie als Einleitung zusammengefaßt worden.

§. 2.
Quellen.

Die Quellen für die Geschichte des Tümplingschen Geschlechtes bestehen außer der den jetzt lebenden Familienmitgliedern darüber beiwohnenden Wissenschaft, zunächst

A.

in einzelnen schriftlichen Urkunden aller Art, wie solche in ähnlicher Weise für die Geschichte einer jeden Familie zu gelten haben, namentlich sind hier zu nennen:

1) die pfarramtlichen Zeugnisse, wozu auch die aufgezeichneten und aufbewahrten Reden, welche bei Beerdigungen von Familienmitgliedern gehalten worden, sowie auch die betreffenden Grabbdenkmäler zu rechnen sind.

2) Die Kirchenbücher derjenigen Parochieen, in welchen die Familie Güter besessen und gelebt hat.

3) Die Stammbäume und Ahnentafeln.

4) Die über die Beleihung der Tümplinge mit Lehn- und Ritter-Gütern und Gerechtsamen ausgestellten alten Lehnbriefe.

5) Die betreffenden Lehns- und Hypotheken-Acten. Da wir nicht Gelegenheit gehabt haben, die Lehnsacten sämmtlicher hier fraglichen Güter einzusehen, so sind auf diese Quelle diejenigen, welche sich etwa später einer Ergänzung der gegenwärtigen Blätter zu unterziehen gesonnen sein sollten, ganz besonders hinzuweisen, wie vielleicht überdies auch noch in den Archiven zu Meiningen, Weimar, Naumburg und vor Allem zu Magdeburg für die Vervollständigung der Tümplingschen Familiengeschichte Material enthalten sein dürfte.

6) Testamente, Erbrezesse und andere von Tümplingschen Geschlechtsverwandten unter sich abgeschlossene Verträge, welche theils von der Familie, theils in den Archiven der Behörden aufbewahrt sind, sowie die bei den Letztern sonst noch asservirten, Angehörige der Familie betreffenden, Acten, Vormundschaftsbücher und Scripturen.

7) Sonstige schriftliche Urkunden aus alter und neuer Zeit z. B. Schuldbekenntnisse, Bürgschaften, Briefe, auch alte Documente, in denen Tümplinge als Zeugen fungirt haben, Bestallungen ꝛc.

B.

Als zweite Quelle sind diejenigen Druckwerke namhaft zu machen, welche zerstreute und gelegentliche Nachrichten über einzelne der Tümplingschen Familie angehörige oder sie sonst angehende Personen und Gegenstände enthalten. Von diesen Werken mögen hier mit Uebergehung der Staatshandbücher, militairischen Ranglisten und Zeitungen nur diejenigen angeführt werden, welche bei der Bearbeitung des gegenwärtigen Werkes vorgelegen haben:

1) M. Adrian Beier, Architectus Jenensis d. i. die F. S. Residenz-Stadt Jena nach ihrem Umbfange ꝛc. 1681.

2) Merkwürdige und Auserlesene Geschichte von der berühmten Landgrafschaft Thüringen. Frankf. und Gotha 1684.

3) Der Neu-Sprossende Teutsche Palmbaum oder Ausführlicher Bericht von der hochlöblichen Fruchtbringenden Gesellschaft ꝛc. Nürnberg.

4) Joh. Sebast. Müller, sächsische Annalen. Weimar 1700.

5) Gottfried Mühlmann, Beschreibung von Laucha. Lpz. 1703.

6) Adam Friedr. Glasey, Kern der Geschichte des Hohen Chur- und Fürstl. Hauses zu Sachsen. Lpz. 1721, 2. Aufl. 1737 ꝛc.

7) Jo. Petri de Ludewig Reliquiæ Manuscriptorum omnis ævi Diplomatum ac Monumentorum ineditorum adhuc. Tom. V. Franc. et Lips. 1723.

8) Sächsische Merkwürdigkeiten, oder vollständige Alte, Mittle und Neue Historie von Sachsen ꝛc. Lpz. 1724.

9) Valentin König, Genealogische Adels-Historie. Lpz. 1727—1736.

10) Joh. Bernh. Heller, Sammlungen alter und neuer Merkwürdigkeiten aus der berühmten Landgr. Thüringen. Jena u. Lpz. 1732.

11) Caspar Sagittarius, gründliche und ausführliche Historia der Grafschaft Gleichen. Frankf. 1732.

12) H. T. Avemann, vollständige Beschreibung des uralten und weitberühmten Hochgräfl. Geschlechts der Herrn Reichs- und Burg-Grafen von Kirchberg in Thüringen. Frankf. 1747.

13) Joh. Heinr. v. Fallenstein, Thüringsche Chronika. Erf. 1738.

14) Sammlung verschiedener Nachrichten aus allen Theilen der historischen Wissenschaften. 2 Bd. Erlg. u. Lpz. 1749.

15) M. Joh. Dav. Gschwend, Eisenbergische Stadt- und Land-Chronika. Eisenbg. 1758.

16) Nachricht von verschiedenen Batallien, Actionen und Belagerungen, denen das hochlöbliche Graf Wiebsche Regiment beygewohnet. 1761.

17) Christian Friedr. Aug. v. Meding, Nachrichten von adlichen Wappen. 2 Thl. Weißenf. u. Lpz. 1788.

18) Friedr. Bülau, Geheime Geschichten und räthselhafte Menschen, Bd. 2 u. 9. Lpz. 1851 u. 1858.

C.

Endlich aber existiren mehrere Abhandlungen über die Geschichte der v. Tümplingschen Familie, welche theils ausführlicher und als selbstständige Werke, theils in gedrängter Kürze und sich auf wenige Mittheilungen beschränkend als Theile größerer Werke geschrieben worden sind. Die hier fraglichen Werke, von denen die sub 4 und 8 nur im Manuscript vorhanden sind, sind folgende:

1) M. Adam Friedr. Glafey, Antiquitates Tümplingianae, Lpz. 1716. Der vollständige Titel lautet: „Antiquitates Tümplingianae, Oder Ehren-Säule des Hauses Tümpling, Welche der jetzo florirenden Hoch-Adlichen Tümplingschen Familie zu Ehren aufgerichtet und erbauet M. Adam Friedrich Glafey. Leipzig, Gedruckt bey Christoph Fleischers seel. Wittwe, 1716." Diese Abhandlung enthält 4 Capitel, deren erstes „Vom Ursprung des Adels in Teutschland" handelt, während in den übrigen Capiteln der Nachweis geführt worden, daß die Tümplinge den alten angesehenen Adelsgeschlechtern angehören. Der Verfasser,

bekannt durch sein oben sub B. No. 6 genanntes Werk und nachmals Hof- und Justitien-Rath, auch Geheimder Archivarius in Dresden, widmete seine Schrift a) dem Königl. Poln. und Churf. Sächf. Kammer-Rath und Merseburgschen Hofmarschall Otto Wilhelm v. Tümpling auf Tümpling ꝛc., b) dem Fürstl. Gothaischen Kriegs-Commissar und Fürstl. Sachsen-Eisenbergschen Kämmerer wie auch Landesältesten des Eisenberger Kreises Rudolph Albrecht v. Tümpling auf Heiligen-Creuz, c) dem Fürstl. Sachsen-Merseburgschen Oberforstmeister und Kammerjunker Wolf Friedrich v. Tümpling auf Posewitz ꝛc. und d) dem Erb-, Lehn- und Gerichtsherrn Christian Ludwig v. Tümpling auf Kaselirchen.

2) Joh. Friedr. Gauhen, des Heil. Röm. Reichs Genealogisch-Historisches Adels-Lexicon, Lpz. 1740. In diesem bekannten Werke ist das Tümplingsche Haus Bd. 1 S. 2583 flg. behandelt, desselben auch Bd. 2 S. 1664 bei Erwähnung derer von Löwenburg gedacht. Ein kurzer Aufsatz darüber findet sich ferner

3) in dem bei Zedler in Leipzig und Halle im vorigen Jahrhundert erschienenen „Großen vollständigen Universal-Lexicon", Bd. 45, S. 1619.

4) Anton Christoph Zeideler, Pfarrer zu Neidschütz und Boblaß, hat 1773 eine Geschichte der Tümplingschen Familie geschrieben, welcher er den Titel gab: „Historische Nachrichten von der alten adelichen Familie Derer von Tümplingen aus alten und richtigen Urkunden gesamlet und verfertiget von Anton Christoph Zeidelern." Bei Abfassung dieses, mit großer Mühe und Gewissenhaftigkeit bearbeiteten Werkes ward Zeideler nicht nur Seiten der Familie selbst und vornehmlich Seiten des Kammerjunkers Philipp Johann Wilhelm v. Tümpling, sondern auch von seinen Amtsbrüdern, welche ihm die auf die Tümplingsche Familie bezüglichen Nachrichten in ihren Kirchenbüchern zukommen ließen, sowie von dem Rechtsconsulenten Kayser zu Naumburg, welcher in den ihm zugänglichen Archiven und sonst bezügliche Nachforschungen anstellte und überdieß auch bei der Redaction des Werkes behülflich gewesen zu sein scheint, wesentlich unterstützt. Es ist jedoch dieses Opus der ursprünglichen Absicht entgegen — man weiß nicht, aus welchem Grunde — nicht in Druck gegeben, sondern nur als Manuscript aufbewahrt worden. Darüber, welchen Familiengliedern dasselbe gewidmet gewesen, giebt die vorgedruckte v. Schöningsche Vorrede Auskunft.

5) Das „Privil. Zittauische Topographische Biographisch-Historische Monatliche Tagebuch", welches in seinen Nummern zuweilen Beschreibungen adlicher Geschlechter und Wappen bringt und, nebenbei bemerkt, noch heutigen Tages allmonatlich in seinem alten Formate

erscheint, enthält in der auf den Monat October 1787 erschienenen Nummer auch einen Abriß der Geschichte des Tümplingschen Hauses.

6) Aug. Wilh. Bernh. v. Uechtritz, Premier-Lieutnant und später Capitain bei der sächs. Infanterie, hat in den 1793 erschienenen 5. Band seiner diplomatischen Nachrichten adelicher Familien von S. 137 bis S. 220 einen ausführlicheren Aufsatz über die Geschichte des Tümplingschen Geschlechts aufgenommen. Der Verfasser hat dabei offenbar die Zeidlersche Arbeit benutzt, mit welcher seine Abhandlung zum Theil sogar wörtlich übereinstimmt. Doch hat er die Familiengeschichte 20 Jahre weiter, als Zeidler, nämlich bis Ende des Jahres 1792, fortgeführt.

7) Joh. Christian v. Hellbach, fürstl. Schwarzb. Sondersh. Hofrath in seinem zu Ilmenau 1826 erschienenen Adelslexicon hat gleichfalls, wenn auch nur äußerst kurz, die Tümplinge erwähnt.

8) Endlich ist des bereits in dem Vorworte in Ehren erwähnten, am 2. April 1859 verstorbnen, königl. Preuß. General-Majors ꝛc. von Schöning hier nochmals zu gedenken, welcher auf Veranlassung des Generals v. Tümpling zu Potsdam und diesem zu Liebe es unternommen hatte, eine Geschichte der Tümplingschen Familie zu schreiben, und sollte sein Werk gleichsam eine neue Auflage und Fortsetzung der Zeidlerschen und Uechtritzschen Zusammenstellungen sein. Ist nun auch das von Schöning hinterlassene, fast vollendete, Manuscript mit Rücksicht auf die darin nicht benutzten, uns erst neuerdings aufgestoßnen betreffenden Bücher, Schriften und Urkunden, und auch sonst, einer nicht unwesentlichen Umarbeitung zu unterwerfen gewesen, so hat doch dasselbe in dankbarer Verehrung gegen den Verfasser der gegenwärtigen Arbeit in manchen Stücken mit zu Grunde gelegt werden können, wie dieß auch auf dem Titel angedeutet worden.

§. 3.

Geschlechtswappen.

Das Tümplingsche Geschlechtswappen zeigt einen der Länge nach in zwei gleiche Hälften getheilten Schild, dessen rechte Hälfte roth, die linke dagegen weiß und silbern ist. Jede Abtheilung des Schildes enthält eine aufrecht gestellte Handsichel, welche mit der Spitze der gegenüberstehenden Sichel zugekehrt ist. Die Sichel des rechten Feldes ist silbern, die des linken roth. Aus dem über dem Schilde angebrachten offnen Turnierhelme erhebt sich mit fliegenden silberfarbenen Haaren, und einen grünen Kranz — nicht aber, wie v. Hellbach angibt, eine Krone — auf dem Haupte tragend, eine aufwachsende Jungfrau, welche in jedem der beiden erhobenen

2

Arme· eine mit der Spitze gegen sich gekehrte Sichel aufrecht hält. Die Sichel in der rechten Hand ist roth, die in der linken silbern. Die Kleidung dieser, mit dem Gesicht und überhaupt mit der Vorderseite dem Beschauer zugewendeten und bis in die Kniegegend sichtbaren, Figur ist ebenfalls getheilt: die linke Seite roth, die rechte weiß. Die Helmdecken sind roth auf Silber.

Die ältesten Abdrücke dieses Wappens, die uns vorgekommen, sind der unten Cap. II. § 4 sub f. gedachten, im Hauptstaatsarchive zu Dresden aufbewahrten, Urkunde vom Jahre 1444 angehängt. Die beiden fraglichen Siegel zeigen deutlich die Sicheln auf dem Schilde, sowie den Helm über demselben, enthalten aber nicht die aus dem Helme aufwachsende Jungfrau, welche bei keinem der andern alten uns vorgelegten Wappenabdrücke fehlt. Dagegen ist rings um den Schild und Helm der Vor- und Familien-Name des Wappeninhabers angebracht. M. Glafey hat übrigens in seinem antiquit. Tümplingian. behauptet, wie das Tümplingsche Wappen, da es eine einfache Figur und eine solche, welche in alten Zeiten in Ehren gestanden, die Sichel, enthalte, auf ein großes Alterthum der Familie schließen lasse.

§. 4.
Stammhaus.

Das Stammhaus des Tümplingschen Geschlechts, nach welchem sich dasselbe nennt — insofern nicht etwa der Ort von der Familie den Namen hat — ist: Tümpling, auch „Timpling" oder „Tümpelingen" geschrieben, ein altes Rittergut nebst Dorf. Dasselbe liegt an dem rechten Ufer der Saale, da, wo ein halbes Stündchen nördlich von Camburg ein namenloses Bächlein in den Fluß einmündet. Tümpling ist ein Rittergut von hohem Alter, schon 1394 kommt Oswald von und auf Tümpling vor, für dessen Ehefrau in dem genannten Jahre unter Andern auch freie Wohnung zu Tümpling als Leibgedinge stipulirt wurde. Im Jahre 1462 hat es Inhalts eines Lehnbriefes aus 6 Hufen Feld, 12 Acker Wiese- und Weide-Land und 5 Acker Weingärten sowie aus verschiedenen Gerechtsamen bestanden. Bald aber ward es bedeutend vergrößert. Nach einem Lehnbriefe von 1472 hatten nämlich die Brüder Hans und Oswald von Tümpling ein 19 Acker enthaltendes zu Tümpling gelegenes Bauergut gekauft, darauf einen Rittersitz errichtet und auf diese Weise, mit landesherrlicher Genehmigung, ein zweites Rittergut zu Tümpling gegründet, welches durch Consolidation noch mehrerer Rusticalien beträchtlich verstärkt wurde. Die späteren Besitzer vereinigten beide Rittergüter nebst den noch weiter dazu erworbenen Grundstücken zu einem Complex, und trugen den einen Rittersitz ab, an dessen Stelle sie das Schaafhaus erbauen ließen. Bei der Theilung der Verlassenschaft des 1610 verstorbenen Otto von Tümpling wurde der Flächenbestand des Rittergutes Tümpling zu 9 Hufen Feld, 40 Acker Wiese- und Weide-Land, 94 Acker Holz und 8 Weinbergen angegeben. Diese letzteren enthielten einen Flächenraum von 9⅓ Ackern, wie in der, 77 Jahre später erfolgten, Erbauseinandersetzung der Söhne Philipp Heinrichs v. Tümpling bemerkt ist, in welcher übrigens das Rittergut Tümpling als ein 10 Hufen haltendes Gut — das Wiesen-, Weide-, Holz- und Weinbergs-Land nicht mitgerechnet — bezeichnet wird. Bei Gelegenheit dieser beiden Erbregulirungen ist das Rittergut Tümpling einer Taxation unterworfen und im Jahre 1610 jedoch ohne die dazu gehörigen Weinberge zu 11993 Gulden, im Jahre 1687 dagegen zu 15168 Gulden veranschlagt worden, während dessen Werth nach den gegenwärtigen Verhältnissen mit dem Zehnfachen der angegebenen Schätzungssummen noch niedrig angegeben sein dürfte. Ist Tümpling hiernach auch noch keineswegs zu den größeren Besitzungen zu rechnen, so hat es doch Alles, was von einem seinen Besitzer bequem nährenden Rittergute erwartet werden kann, zumal es in einer schönen fruchtbaren Gegend gelegen, und mit guten Feldern, Triften, Wiesen, Weinbergen und Obstgärten gesegnet ist, wie ihm denn auch die Fischerei in der Saale und in dem kleinen Schmerlen- und Krebsbache, sowie auch ausreichende Waldung und die Hoch- und Nieder-Jagd gehörte und wohl noch jetzt zusteht. Das Gut war schriftsäßig, hatte Ober- und Nieder-Gerichte, und gehört dermalen zum Herzogthum Sachsen-Meiningen-Hildburghausen, während es früher gleichwie die übrige Camburger Pflege nach der 1680 von den sieben Söhnen Herzogs Ernst des Frommen vorgenommenen Gebietstheilung dem Herzogthum Eisenberg angehört und nach

2 *

deſſen mit dem Herzog Chriſtian 1707 erfolgten Ausſterben unter Gotha-Altenburgiſcher Hoheit bis zu der nach dem Tode Friedrichs IV., mit welchem 1825 die Linie Gotha-Altenburg erloſch, von den Häuſern Sachſen-Meiningen, Sachſen-Hilburghauſen und Sachſen-Coburg-Saalfeld am 12. November 1826 vereinbarten Auseinanderſetzung geſtanden hat. Eingepfarrt iſt Tümpling nach dem benachbarten Camburg, in deſſen Kirche es ſeinen eignen adlichen Sitz hat, wie denn auch auf daſigem Kirchhofe ein Tümplingſches Erbbegräbniß exiſtirt. Im Beſitz der Tümplingſchen Familie iſt das Gut von den älteſten Zeiten an, und mindeſtens ein Halbjahrtauſend hindurch, bis zum Jahre 1784 geweſen, wo es in Folge des zum Vermögen Carl Friedrichs v. Tümpling-Poſewitz ausgebrochenen Concurſes verkauft worden und in fremde Hand übergegangen iſt. Seitdem hat 'es nicht weniger als ſechs Mal — v. Trebra, v.d. Planitz, v.d. Biſſing, v. Schönberg, v. Beuſt, Vogt — ſeinen Beſitzer gewechſelt.

§. 5.
Tümplingſche Rittergüter.

Im Beſitz der Tümplingſchen Familie ſind folgende Rittergüter geweſen, und zwar

1) im Beſitz des ungetheilten Geſchlechts: Die zwei Rittergüter zu Tümpling, das nördlich von Oſterfeld gelegene Vorwerk Drohſchen (jetzt Droizen), der dritte Edelhof zu Laucha a. d. Unſtrut, das Naumburger Lehn zu Lenfeld und Heſſenhaußen, ferner Buſchow od. Puſchau (jetzt Pauſcha) bei Weißenfels, Schwerſtädt bei Buttelſtädt, die Herrſchaft Sulza a. d. Ilm, die zwiſchen Saale und Wiete unweit des Stammſitzes gelegnen Rittergüter Schindtz, Kaſekirchen od. Caſekirchen, Poſewitz, Stöben und der Unter- und Oberhof zu Leißlau od. Lißla.

2) Die Linie Tümpling-Poſewitz hat inne gehabt: Poſewitz, das dem benachbarte Zöthen und Stöben, Blößten od. Pleſien bei Merſeburg, Raußdorf od. Rauſchdorf zwiſchen Kahla und Roda, Tümpling, Wonnitz, Aue, Boblaß (auch Boblas und Poblaß geſchrieben) und Neidſchütz an einem in die Wiete einmündenden Bächlein gelegen, und endlich in deſſen Nähe Meyhen.

3) Die Güter der Sulzaer Linie waren: Die Herrſchaft Sulza, die Rittergüter Berg-Sulza zwiſchen Ilm und Saale, das obgenannte Raußdorf, Rothameuſchel od. Robameuſchel bei Camburg, Serba zwiſchen Eiſenberg und Bürgel, Etzoldishain mit Könneritz bei Zeitz und Gorentzen im Mannsfeld'ſchen.

4) Die Güter des Sornaer Zweiges der Linie Tümpling-Sulza: Stadt-Sulza, Tromsdorff bei Eckardsberga, Schieben bei Camburg, Kleinaga zwiſchen Gera und Zeitz, Hermsdorf bei Gera, Sorna mit Chursdorf bei Auma, Näthern bei Zeitz, Arnsdorf bei Hainichen, Freiroda mit Crölp und Löbſchütz nördlich von Camburg (nicht zu verwechſeln mit den ſogleich zu nennenden Crölpa und Liebſchütz), Staitz bei Weyda, Leubsdorf od. Leipsdorf bei Auma,

Unterhermsgrün bei Oelsnitz, Reinsdorf bei Plauen, Liebschütz bei Ziegenrück, Crölpa und Rockendorf bei Kahnis, Langenau und die in der Nähe von Bautzen gelegnen Rittergüter Spittwitz, Großseitschen, Birkau und Oberuhna mit Löschau.

5) Die Linie Kasekirchen endlich hat besessen: Leißlau ob. Lisla, Stöben, Tümpling, Kasekirchen, Heiligenkreuz, Schieben, Posewitz, Zöthen, sowie Aue und Röckenitzsch ob. Röcknitz bei Eisenberg.

Von diesen Gütern sind Sorna, Käthern und Reinsdorf noch gegenwärtig im Besitz der Familie, sie gehören dermalen dem unten Cap. VII. §. 5 näher gedachten Wolf v. Tümpling-Sorna.

Zweites Capitel.

Die Zeiten des ungetheilten Geschlechts.

§. 1.

Alterthum der Familie.

Ueber das Alterthum der Tümplingschen Familie vermögen wir Bestimmtes nicht zu berichten, wie sich denn auch schon Glasey bei dem Nachweis des hohen Alters derselben, welchen er in den antiq. Tümpl. theils aus dem Namen und Wappen der Familie, theils aus den ihm vorgelegnen ältesten Turnierbüchern und anderen Documenten geführt hat, nur auf die allgemeine Behauptung, daß die Tümplinge ein altes berühmtes Adelsgeschlecht seien, beschränkt hat, ohne dieß mit Ziffern bestimmter anzugeben. In §. 10 Cap. IV. seiner Abhandlung nennt er zwar das XII. Jahrhundert als Anfangspunkt, fügt aber in dem nämlichen Paragraphen bei: „Und sollen vielleicht wenige adliche Geschlechter in Thüringen sein, welche ihm an Alterthum und Flor in vorigen Zeiten es sollen zuvorthun. Daher die Tradition nicht unbegründet erscheinet, welche die Herrn von Tümpling unter sich haben, daß ihr Geschlecht schon bereits vor 700 Jahren (von 1716 an zurückgerechnet) bekannt gewesen." Hiernach müßte also die Familie schon ums Jahr 1000 existirt haben. Mit dieser Annahme stimmt ein zweites Anführen überein, welches sich in der bei der Beerdigung des 1669 verstorbenen fürstl. Sächs. Altenburgischen Hofmarschalls Philipp Heinrich von Tümpling auf Tümpling, Heiligenkreuz und Kasekirchen gehaltnen Grab-

rede findet, und mittelft deffen behauptet wird, daß „allbereit vor 700 Jahren
„das Tümplingſche Geſchlecht vor eine alte Adeliche rühmliche Familie ge-
„halten worden." Wenn es begründet iſt, was uns erzählt ward, daß nach
einer alten Chronik ein Tümpling in den erſten Zeiten des deutſchen Ritter-
ordens Mitglied deſſelben geweſen, ſo möchte auch hieraus ein Schluß auf
das hohe Alter der Familie zu ziehen ſein. Ferner iſt hierbei die in der
Familie verbreitete Sage nicht mit Stillſchweigen zu übergehen, daß die
Tümplinge aus Ungarn nach Thüringen eingewandert ſeien, welchenfalls dieſelben möglicher Weiſe mit der heiligen Elfabeth ins Land gekommen ſind,
wenn ſie nicht ſchon früher; vielleicht ſchon bei Gelegenheit der Einfälle der
Hunnen, ſich in der Saalgegend ſeßhaft gemacht haben. Die älteſten zuver-
läſſigen Nachrichten, welche uns über die Familie vorgekommen, ſtammen jedoch erſt aus dem XIV. Jahrhundert.

§. 2.
Albertus und Alyke.

Als die älteſten Namen in der Tümplingſchen Familiengeſchichte werden
„Albertus von Tümpling" und „Alyke ſeine Hausfrau" genannt. Dieſer Albertus oder Albrechtus ſoll, wie Zedler, Gauhen und das Zittauiſche Monatliche Tagebuch angeben, bereits im Jahre 1319 verftorben ſein. Auch
Glaſey gedenkt dieſes Albertus in Cap. IV. §. 3 der antiq. Tümp., wobei
er daraus, daß deſſen Name und Wappen an einem im Jahre 1319 geſtif-
teten Hoſpitale zu Jena angebracht ſei, den Schluß zieht, daß er dieſes Hoſpital erbaut und da er zu jener Zeit kein Kind geweſen ſein könne, ſchon in
der Mitte des XIII. Jahrhunderts gelebt haben müſſe.

Die gemeinſame Quelle, die den Nachrichten über dieſen Albertus zu
Grunde liegt, iſt eine Stelle in M. Adrian Beiers Archit. Ienens. In dieſem
Werke wird nämlich in Cap. 32 erzählt, daß zu Pfingſten 1319 zu Jena vor
dem Saalthore neben der, ſpäter zum Studentenhoſpital umgewandelten,
Niclas-Capelle ein Hoſpital geſtiftet worden ſei, welches der Männer-Spittel,
oder Brüder-Spittel, wohl auch der Neue Spittel oder Niclas-Spittel genannt
werde. Im Eingang dieſes Hoſpitals hänge ein getheilter Schild, in deſſen
goldfarbiger rechten Seite ein halber Adler, in der linken ſilberfarbenen aber
vier Triangel, und unter dem Schilde die Worte zu leſen ſeien:

„„Alberchtus Tümpling, Alyke ſeine Hanßfrau, den Gott gnädig ſey',
„„Herr Enderes Selcholmeifter!""

„Daraus erſcheinet nun" — fährt Beier fort — „ſoviel, daß Albertus
„von Tümpling, ein Thüringſcher von Adel, deſſen Nachkommen noch im J.
„S. Amt Camburg an der Saal und Ilmſtrom ihren Adelichen Sitz haben,
„dieſen Spittel wo nit geſtiftet, jedoch bereichert haben. Und daß dieſer
„Andreas genand Seckelmeiſter iſt geweſen Rector, Vicarius Sacellanus der

„Niclas-Capelle, nicht zwar im Anfang des Spittels a. 1319, sondern a. c.
„1446, da er den Niclaß-Altar mit 30 fl. Meißner Wehrung begabet, sonsten
„genand Andreas Schirmeister, und zu seiner Zeit den Schild der Timplingen
„erneuret. Denn An. C. 1415 bekennet Nicolaus von Hasele Probst, Helene
„von Uhlstedt Eptissin, Anna Wunterin Priorin im Kloster zu St. Michael in
„Jena, daß Alcke Tümplings eine ewige tägliche Messe zu St. Nicolai vor
„dem Saalthor gestifftet und den Rath zu Jena zum Lehnträger verordnet habe.“

Glafey nimmt nun hierbei an, daß bei der 1446 erfolgten Renovation
des Wappens die Tümplingschen Sicheln irrthümlicher Weise für 4 Triangel
angesehen worden seien, während der halbe kaiserliche Adler ein Zeichen kaiserlicher Gunst gewesen sei. Zugleich zieht er aus dem Umstande, daß 1446
eine Erneuerung des Tümplingschen Wappens am Hospital sich nöthig gemacht habe, den Schluß, daß Albertus schon bei der Stiftung des Spittels
betheiligt gewesen sein müsse. Daß jedoch nicht Albertus von Tümpling,
sondern der Rath der Stadt Jena der Stifter des Hospitals gewesen, geht
nach Beier aus der Stiftungs-Urkunde d. d. Pfingsten 1319 deutlich hervor.
Nach dieser ist nämlich die Stiftung vom Rath unter Vorwissen der Aeb-
tissin und des Probstes des Klosters zu St. Michael geschehen. „Darzu“
— sagt Beier — „das Ihre gethan haben die Edlen von, zu und in Tümp-
„ling, weil ihr Wappen im Eingange des Bruder-Spittels noch auf- und
„angehenget ist.“ Ist dieses über der Thür des Hospitals befindlich gewesene Wappen wirklich das Tümplingsche gewesen, so möchte allerdings anzunehmen sein, daß Albertus die Gründung des Hospitals durch eine Schenkung
oder durch ein Legat wenn nicht veranlaßt so doch wesentlich erleichtert hat.
Denn hätte er das Hospital erst später durch eine Schenkung oder ein Ver-
mächtniß bereichert, so würde sein Wappen wohl kaum an demselben angebracht worden sein. Gleichwohl scheint uns der Umstand, daß in der Stift-
ungsurkunde eines v. Tümpling mit keiner Silbe gedacht ist, sowie die obige
zweite Mittheilung Beiers von der von Alcke Tümplings gestifteten ewigen
Messe dieser Annahme zu widersprechen. Denn es müßte immerhin auffällig
erscheinen, wenn fast volle 100 Jahr nach der von Albertus und Alyke von
Tümpling zu Gunsten der Errichtung des Nicolai-Hospitals vor dem Saalthor zu Jena angeblich geschehenen Stiftung wieder eine Alyke v. Tümpling
— Alcke und Alyke ist ein und derselbe Name — in Jena und zwar ebenfalls vor dem Saalthore zu St. Nicolai eine Stiftung errichtet hätte. Ebenso
auffällig erscheint aber auch das Wappen, welches Glafey für ein corrum-
pirtes Tümplingsches gehalten hat. Die darunter stehenden Worte: „Alberchtus Tümpling, Alyke seine Haußfrau, den Gott gnädig sey, Herr Endersd
Selcholmeister“ sind jedenfalls erst von diesem Endersd Selcholmeister an
das Gebäude angebracht worden, denn hätten die Namen des Tümplingschen
Ehepaares schon früher dagestanden, so würde es nicht wohl erklärlich sein,

wie der Vicarius Sacellanus der Niclas-Capelle Andreas seinen Namen den Tümplingschen habe beifügen können. Sollte aber das Wappen das Tümp- lingsche vorstellen und schon bei der Errichtung des Hospitals an dasselbe angebracht und vom Seckelmeister circa 100 Jahr später erneuert worden sein, so läßt sich nicht recht absehen, wie der Seckelmeister dazu gekommen ist, das Wappen durch die Namen zu erläutern (nach welcher Erläuterung übrigens das Doppelwappen ein Alliance-Wappen vorstellen könnte), wie denn auch zweitens die Corruption des Wappens eines damals bekannten und in der benachbarten Camburger Pflege angesessenen Adelsgeschlechts nicht wohl zu präsumiren ist.

Wir unsrer Seits möchten nach alle dem nicht für unwahrscheinlich halten, daß Wappen und Namen im Eingange des Jenaer Männerhospitals einander Nichts angehen, daß Albertus und Alyke das Hospital und die Capelle zu St. Nicolai 1415 und vielleicht außerdem auch schon früher mit reichlichen Schenkungen, resp. Legaten, bedacht haben und daß der ehrliche Seckelmeister die Namen dieser Wohlthäter der Nachwelt ebenso verewigen wollte, wie dieß bei einem früheren Wohlthäter des Hospitals, dessen Wappen über dem Thor angebracht worden, geschehen war. Wenn übrigens Glafey angenommen hat, daß die Alyke von Tümpling, welche nach der Urkunde von 1415 die ewige Messe gestiftet hat, eine andere sein müsse, als die gleichnamige Ehefrau des Albertus, da in jener Urkunde der Name des Ehemannes nicht angegeben sei, so ist dieser Schluß sehr gewagt. Es ist vielmehr weit wahrscheinlicher, daß die ewige Messe von Alyken bald nach ihres Ehemannes Tode im Witwenstande errichtet worden. Daß aber end- lich Beide, Albertus und Alyke, zu der Zeit, als Enderöd Seckelmeister die fragliche Inschrift an dem Hospital anbringen ließ, bereits verstorben ge- wesen, scheint aus dem frommen Wunsche: „den Gott gnädig sey" hervor- zugehen. Weshalb übrigens Beier das Jahr 1446, in welchem Enderöd Seckelmeister auch seiner Seits der Niclas-Capelle eine Schenkung gemacht hat, als dasjenige bezeichnet, in welchem jene Inschrift an das Hospital angebracht worden, ist ebenfalls unbescheinigt.

Wir können demnach die Behauptung, daß Albertus oder Alberchtus mit seiner Hausfrau Alyke bereits in der Mitte des XIII. Jahrhunderts gelebt und 1319 das Hospital gestiftet habe, oder 1319 verstorben sei, nicht vertreten, sondern sind vielmehr der Ansicht, daß dieses Ehepaar erst gegen Ende des XIV. und zu Anfang des XV. Jahrhunderts gelebt habe.

§. 3.
Nachrichten aus dem XIV. Jahrhundert.

Müssen die Mittheilungen über Albertus und Alyke als ziemlich unbe- stimmt angesehen werden, so stehen dagegen die in Nachfolgendem über die

Tümplingſche Familie enthaltenen vereinzelten Nachrichten feſt, da ſich dieſelben auf Urkunden ſtützen, deren älteſte aus dem XIV. Jahrhunderte her-
rühren.   Da wir jedoch zwiſchen den darin genannten einzelnen Familiengliedern nur theilweiſe einen Zuſammenhang herzuſtellen, und aus ihrem
Leben eben nur das, was jene Urkunden beſagen, mitzutheilen vermögen, ſo
haben wir uns darauf beſchränkt zu müſſen geglaubt, den Inhalt der Urkunden kurz mitzutheilen und, ſo weit wir dies im Stande waren, unſere
Meinung über den wahrſcheinlichen oder möglichen Zuſammenhang der einzelnen Perſönlichkeiten unter einander beizufügen.

a) 1355 bekräftigen Conrad und Thith von Tümpeling neben
andern Zeugen eine am 5. Mai des genannten Jahres ausgeſtellte Schenkungsurkunde, mittelſt deren Seiten einiger Burggrafen von Kirchberg das
Dorf Hahn mit Pertinenzen dem St. Michaelskloſter zu Jena überlaſſen ward.

Daß dieſe beiden Tümplinge Brüder geweſen, was wohl anzunehmen,
geht aus der Urkunde nicht hervor, ebenſo wenig giebt dieſelbe darüber Auskunft, ob und wo die Zeugen anſäſſig geweſen.

b) 1356 ſchenkten die nämlichen Burggrafen dem Kloſter zu der Pforte
drei Höfe und eine Hufe Landes in dem Dorfe „zu dem Rode" (Burker-
roba).   In der am Sonntag vor St. Urban 1356 ausgeſtellten Urkunde ſind
zu deß Gezeugniß unter Andern auch Cuno und Dyche von Tumpelink
aufgeführt.

Wahrſcheinlich ſind Cuno und Dyche mit dem sub a genannten Conrad
und Thith identiſch, und mit dem in der Nähe von Schulpforte liegenden
Stammſitze beliehen geweſen, obſchon in der Urkunde davon Nichts enthalten.

c) 1359 wird Thitmar von Tümpling in einer an der Mittwoch
nach Chriſti Beſchneidung ausgeſtellten Urkunde als Zeuge dafür benannt,
daß die Brüder Albrecht und Hartmann Burggrafen von Kirchberg ihre
Rechte an dem Kirchenlehn zu Löbgeſchiß dem St. Michaelskloſter zu Jena
gegen Rückempfang der demſelben früher eingeräumten Rechte an dem Kirch-
lehn zu dem Rothenſtein überlaſſen haben.

Dieſer Thitmar iſt höchſt wahrſcheinlich mit dem sub a und b genannten Thith und Dyche identiſch.

d) 1359 wird Cuno von Tümpling in einer über das Schorten-
thal getroffenen Kaufhandlung als Zeuge allegirt.

Derſelbe iſt muthmaaßlich gleich dem sub b unter dem nämlichen Namen und sub a als Conrad Aufgeführten.

e) 1380 hatten die Brüder Dith. Hannes, Oswald und Erasmus von Timpeling eine Forderung von „hundirt Schock und zwei ol.
Schock Groſchin Behemiſchis Geldis" von Rudolf Schenken Herrn zu Tuten-
berg zu beanſpruchen, für welchen Schuldner ſich die Brüder Ludwig und

Heinrich Edele von und zu Blanckenhain mittelst Briefes d. d. 1380 sexta fer. post Jacobi verbürgten.

Diese Tümplinge, welche die Urkunde ausdrücklich als „Gebrudre" bezeichnet, sind möglicherweise Söhne des sub a, b und c genannten Thith (Dyche, Thitmar), da der zuerst genannte und daher präsumtiv älteste Bruder denselben Vornamen trägt. Zweifelhaft ist übrigens, ob hier nur von 3 Brüdern, wie Sagittarius in der Historie der Grafschaft Gleichen angenommen, oder von 4 Brüdern, wie im Zedlerschen Universallexicon angegeben, die Rede ist. Im erstern Falle würde der älteste Bruder mit zwei Vornamen bezeichnet worden sein, was jedoch in jener Zeit ungewöhnlich war.

f) 1380 wird Dietz von Tumpling von den Klosterfrauen zu Petersberg in einem Documente, mittelst dessen sie den halben Theil ihres Weingartens einem Bürger von Jena verkaufen, „Unsers Gottes-Haußes Freunnd" genannt.

Vielleicht ist Dietz identisch mit dem sub e genannten Dith.

g) 1383 am „Suntage vor sent Michelstage" verzichten „Cunradt vonn Tumpeling und Hedewich syn swester" für sich und alle ihre Erben auf die Dienste und Abgaben, die sie von des Pfarrers Leuten auf dem St. Ciriacusberge vornehmlich von den Leuten zu Sundhaußen zu fordern berechtigt waren.

Ob Cunradt ein Sohn des sub a, b und d aufgeführten Conrad oder Cuno gewesen? Da ihm Abgaben und Frohnen an den Pfarrbotalen des Pfarrers zu St. Ciriaci zu Camburg zustanden, muß er in Camburgs Nähe — wahrscheinlich mit dem Stammgute — angesessen gewesen sein.

h) 1394 ward die Gemahlin Otto's von Tumpelingen Kunegunde, deren Geschlechtsvormund Hans Tumpeling war, von Friedrich dem Streitbaren, Markgrafen zu Meißen und Landgrafen zu Thüringen, mit dem Allodium zu Krow und dem Kretscham daselbst, sowie mit einigen Zinsen in Robe beliehen mittelst Urkunde d. d. Wissenvels feria VIa post Jacobi ao. 1394.

i) 1394 unter dem nämlichen Tage ward für Oswalds von Tumpelingen auf und zu Tumpelingen Gemahlin Katharine, zu deren Geschlechtsvormund Hans Tumpeling bestellt worden war, ein Leibgedinge bestehend in freier Wohnung zu Tumpelingen und einigen Grundstücken daselbst stipulirt.

Dieser Oswald ist nach der Urkunde Besitzer des Stammgutes gewesen, ob er aber alleiniger Besitzer oder zugleich mit andern Verwandten damit beliehen gewesen, läßt sich ebensowenig angeben, als sagen, ob derselbe mit dem oben sub e mitaufgeführten Oswald identisch und der zum Curator seiner Gemahlin bestellte Hans Tümpling sein Bruder gewesen ist.

k) 1394 unter demselben Datum ward endlich auch die Gattin des Johannes von Tumpeling, Margarethe, ebenfalls mit einem Leib-gedinge beliehen, welches aus freier Wohnung zu Tümpling, 40 Ackern eben-daselbst, 4 Bauern zu Buschow, 3 Bauern zu Wonnitz, den Zehnten am Rode-berge, einem Weinberg in Posewitz und den Keltern zu Camburg bestand. Ihr Vormund war Vollrat von Roßpach.

Auch Johannes scheint an dem Stammgut einen Antheil, sowie außer-dem die Güter Buschow, Wonnitz und Posewitz besessen zu haben. Da zu Geschlechtsvormündern in der Regel Verwandte bestellt wurden, so ist Mar-garethe v. Tümplingen wahrscheinlich eine geborne von Roßbach gewesen.

l) 1397 ward d. d. Wissenuels quarta feria post Egidii für Gerdrud, die Gemahlin Johannis Tumpelingen mit Einwilligung der Brüder desselben — die aber dabei nicht namhaft gemacht sind — ein Leibgedinge be-stellt, welches in freier Wohnung zu Tumpeling und in einigen Nutzungen der Weinberge Nuweßitz und Rodeberg bestehen sollte. Als Curator ist Conrad Tumpelingen aufgeführt.

Conrad ist wahrscheinlich der sub g genannte Cunradt, Johannes aber wohl kaum mit dem sub k gedachten identisch. Denn, wenn letzteres der Fall wäre, so müßte Johannes zweimal verheirathet gewesen und seine erste Frau bald nach Bestellung des Leibgedinges gestorben sein, auch würde wohl die zweite Gemahlin dasselbe Leibgedinge, wie die erste, nicht aber ein bei weitem kärglicheres erhalten haben. Wenn aber hier von Brüdern des Jo-hannes die Rede ist, so läßt sich der Schluß rechtfertigen, daß dieser Jo-hannes identisch mit dem sub e genannten Hannes, der Johannes sub k aber ein Seitenverwandter gewesen ist.

m) 1398 befindet sich Otte v. Tümpeling unter denen, welche auf Befragen bezeugen, daß die Gerichte zu Camburg den Markgrafen zu Meißen zuständig seien und andere Herren dort keine Gerichte hätten. Da der In-halt dieser Urkunde von allgemeinerem Interesse ist, so mag deren Text hier wörtlich folgen:

„Diz ist daz bekentnyß vnd kuntschafft db dy manschafft der hochgeborn fursten herrn Fridrichs herrn wilhelms vnd herrn georgen Marcgrauen zcu miſſen ſagen vnd bekennen waz en wiſlich ſy von irem gerichte zcu kamburg. Czu dem erſten bekennen by geſtrengen herman monch hans von hogeniſte heinrich boſe albrecht boſe Conrad olſtete Bertold ryche Otte von tüm-peling hans olſtete heinrich von goſſirſtete by der hulde myner herrn vnd by erre warheit, baz ſy yn der phlege zcu kamburg nergen lehn holz gerichte noch obir lehn vngerichte mer wiſſen Sundir eyns daz iſt myner vorgnanten Jungen irluchten herrn. Dar noch bekennen by geſworn der geheiten bang, also ſy by erme eyde gefragit ſyn baz ſy ouch lehn andir gerichte mer wiſſen baz zcu halſe

abir ʒcu hant trete abir obir keyn vngerichte ben eyns myner hern vnd
alle halʒ gerichte myner hern ſyn.

Daʒ ſelbe bekennen by elbiſten gebuer von ſmedehuſen by erme eybe.

Daʒ ſelbe bekennen by gebuer von gaſſirſtete by erbe.

Daʒ ſelbe bekennen ry von Cruſſewicʒ by erme eybe.

Daʒ ſelbe bekennen by von ſegelicʒ by erme eybe.

Daʒ ſelbe bekennen by von liſelaw by erme eybe vnd Jo by elbiſten.

Daʒ ſelbe bekennen by von Goſtewiʒ by erme eybe.

Daʒ ſelbe bekennen by von Tulcpewicʒ by erme eybe.

Daʒ ſelbe bekennen by von heryngen by erme eybe.

Daʒ ſelbe bekennen by von krolip by erme eybe.

Beſundern hat der voyt von wiſſenuels genant hans von Czorbow gefragk
by vorgnannten erbir vnd vnerbir by erme eybe, ab ſy yn gedenken baʒ
ry von breſenicʒ y kein gerichte geſeſſen habin yn der mؤl, baʒ ubir
halʒ abir hant gen abir obir kyn vngerichte, ba habin by vorgnanten
ayner hern man erbir vnd vnerbir geſprochen by erme eybe, baʒ iʒ en
nicht wiſlich ſy noch ny irfaren habin.

Czu bekentniſſe allir vorgeſchriben rede · habin wir herman monch hans
vom hogniſt heinrich boſe albrecht boſe Otte tümpeling Rudiger von
frankeleiben vnd heinrich von goſſerſtete vnßer Inſigele uff dieſen brieff
vnben an laʒen brugken, der wir andern vorgnant alle ʒcu dieſem mal
mit yn gebruchen gegebin ʒcu lipcʒk am maxtage nach bem achcʒenben
tage nach gots gebort brycʒenhundirt Jar vnd barnach in bem achte vnd
Rupneʒigeſten Jare.“

Der hierbei mit als Gewährsmann aufgeführte Otte v. Tümpling iſt
wahrſcheinlich identiſch mit dem sub h genannten Otto.

n) 1400 ʒu Martini hat Hanns v. Tumpling vor dem Gerichte ʒu
Sculle (Stöhlen) das Vorwerk Drohſchen bem Kloſter zum Neuen-Werke
bei Halle für 200 Gülden verpfändet und dies Capital mit 13 fl. jährlich ʒu
verʒinſen angelobt.

Ob dieſer Hanns mit Einem der Obgedachten oder mit Einem der im
folgenden § Genannten dieſes Namens identiſch iſt, darüber läßt ſich zwar
Sicheres nicht ſagen, da aber das hier genannte Drohſchen unten §. 4, c
bei dem Leibgedinge wieder vorkommt, welches Oswald v. Tümpling ſeiner
Gemahlin beſtellte, Oswald aber ein Enkel des oben sub e genannten Hans
oder Oswald geweſen iſt, ſo könnte der hier fragliche Hanns mit dem sub e
genannten Hans allerdings ein und dieſelbe Perſon ſein.

Nachrichten aus dem XV. Jahrhundert.

a) 1402 war Hans v. Tümpling Mark- und Land-Gräflicher Voigt zu Saalfeld. In einer von ihm am Sonntag vor Luciä 1402 zu Saalfeld ausgestellten wider die von Langefeld in Betreff der Fischerei in der Saale gerichteten Urkunde nennt er sich selbst: „Ich, Hans von Tümpling, Voigt zu Saalfeld meiner gnädigen Herrn, der jungen Markgrafen Herrn Friedrichs und Herrn Wilhelms."

Die Identität dieses Hans Tümpling mit Einem der übrigen hier Genannten dieses Namens läßt sich zwar nicht nachweisen, indessen ist nicht unwahrscheinlich, daß er der oben in §. 3 sub k gedachte wohlhabende Johannes Tümpling gewesen, indem zur Stelle eines Voigtes gern möglichst angesehene und Sicherheit bietende Männer gewählt wurden.

Aus der ziemlichen Menge der am Ende des XIV. und zu Anfang des XV. Sæculi vorkommenden Tümplinge geht hervor, wie ausgebreitet schon zu jener Zeit die Familie gewesen sein muß. Daß dieselbe aber damals in hohem Ansehn gestanden, dafür spricht nach Glafey auch der hier angeführte Umstand, daß 1402 ein Sproß aus ihr markgräflicher Voigt war. In den Antiq. Tümpl. cap. IV §. 7 heißt es nämlich: „Nun ist bekannt, was Voigt „in denen alten Zeiten vor ein honorabler Titel war. Denn nachdem Carl „der Große zum Advocato der Römischen Kirche von dem Papste erklärt „ward, und die nachfolgenden Kaiser den Titel eines advocati, Teutsch = Voigt, „gaben und führten: So wollte ein Jeder denen Kaiser zu Ehren den Titel „eines Voigts führen und die Dignität eines Grafen wurde darunter verkauft. „Also finde ich in denen alten Zeiten, daß die Herrn von Plauen den Titel „der Voigte von Plauen geführt, daher auch das Voigtland oder terra ad„vocatorum seinen Namen bekommen. Die Grafen von Bentheim und Tek„lenburg führen den Titel der Erbvoigte von Cöln noch jetzt. Es ist zwar „solcher erst 1600 durch Frau Magdalena Graf Humberts von Nuenar Tochter „auf sie gekommen, ist aber bei diesen eine geraume Zeit zuvor gewesen. „Wollte mir Jemand entgegensetzen, ein Anderes sei ein unmittelbarer Reichs„Voigt, ein Anderes ein Voigt eines Reichs-Standes: So gebe ich die „Exempel derer Markgrafen zu Anspach und anderer Fürsten zur Antwort, „allwo die Voigts-Stelle noch jetzo die vornehmste Charge am Hofe mit ist. „Aus solchem Grunde siehet ein Jeder leicht, daß Voigt in denen dasigen „Zeiten eine gar honorable Charge gewesen, und nur den vornehmsten Fa„milien anvertraut worden. Da nun einer von Tümpling zu Ende des XIV. „Seculi ein Voigt zu Saalfeld gewesen, so ergiebt sich, daß die Tümplingsche „Familie auch in selbigen Zeiten müsse in großem Estim gewesen sein."

b) 1404 ist **Hans Tümpling**, welcher den zu Laucha a. d. Unstrut am Ende der Unter-Stadt gelegnen, unter dem Namen: Haushof (ursprünglich: Huges- oder Haugs-Hof) bekannten dritten Edelhof besessen hat, ohne Erben verstorben. Nach seinem Tode fiel seine Besitzung dem Landesherrn, Balthasar, zu.

c) 1429 am Montag nach Elisabeth beurkunden die Gerichte zu Camburg, daß „Hanß von Tumpeling und Jahn, Asmus, Titzel und „Steffan alle gebrudere, gnant de vonn Tumpeligen, das Vor- „werk Tumpelingk bei Camburg dem Kloster zum Neuen-Werke bei Halle für „zwehundert gute Rinsche guldenn", die jährlich mit 13 fl. zu verzinsen, verpfändet haben.

Diese fünf Brüder stammen jedenfalls von Einem der oben §. 3 sub e genannten vier Brüder Dith (= Titzel), Hannes, Oswald und Erasmus (= Asmus) ab, da sie zum größten Theil mit denselben gleiche Vornamen führen. Sollen wir einen Bestimmten von den vier Brüdern als Vater nennen, so möchten wir entweder Hannes oder Oswald als solchen bezeichnen. Denn abgesehen davon, daß von diesen Beiden nach §. 3 sub i und l anzunehmen ist, daß sie verehlicht gewesen, sprechen auch die Vornamen der hier fraglichen fünf Brüder dafür. Denn daraus, daß der zuerst genannte und daher wohl auch älteste: Hans, der zweite aber Jahn, was nur eine andre Form für Johannes oder Hans ist, geheißen hat, läßt sich folgern, daß deren Vater: Hans Tümpling gewesen sei. Ebenso aber kann daraus, daß keiner der 5 Brüder den Vornamen Oswald führte, die Namen der übrigen in §. 3 sub e genannten dagegen bei ihnen vorkommen, der Schluß gezogen werden, daß Oswald der Vater gewesen, welcher es vielleicht vorsätzlich vermieden, einem seiner Söhne den eignen Vornamen zu geben.

d) 1429 in einem am St. Andreastag ausgestellten offenen Brief bekennen dieselben fünf Brüder: „Hanns, Jhan, Aßmus, Titze und „Stephann gebruder, gnant de Tumplinge", daß sie unter Vorbehalt des Rückkaufsrechts dem Propste „Niclavvsse Prentin zum Neuen-werke „vor Halle syme Capittele und allen sinen nachkomelingen Sechs und zevven- „tzig rinische gulden jerliche zinße gut an golde swer", die ihnen an ihren Zinsleuten zustanden, für 400 fl. verkauft haben, sowie daß für die gehörige Zahlung der 26 fl. jährl. Zinsen ihre Güter, sowohl Felder, Dörfer, Weingärten, Wiesen, Holz und Fischereien, gleichviel in welchem Gerichtssprengel sie liegen und von welchem Lehnherren sie herstammen, haften sollten.

Daraus, daß in dieser Urkunde die 5 Brüder — und zwar an 5 Stellen — ganz in derselben Reihenfolge aufgeführt sind, wie in der sub c gedachten, erhellet, daß Hans der älteste und Stephan der jüngste derselben gewesen sein muß.

e) „1441 oder kurz zuvor" — heißt es in der bei der Beerdigung des 1656 verstorbenen Hans Georg v. Tümpling-Sorna gehaltnen Grabrede —

„als die Saracenen in Teutſchland fielen und die Teutſchen ſolchen barba-
„riſchen Böllern mit geſammter Hand widerſtunden, war neben viel hundert
„Meißniſchen und Thringſchen Edelleuten auch ein Tümpling unter dem Hauffen,
„geſtalt ein Teutſcher Poet zu der Naumburg mit Namen Vogel, der dieſe
„Schlacht beſchreibet, ſolches und vieler andern Geſchlechter gedenket."

Der Vorname dieſes Tümpling, deſſen auch das Zittauiſche Monatsheft
gedenkt, iſt nirgends angegeben. Wenn bei der hier mitgetheilten Nachricht
die Zeit, in welcher die betreffenden Kämpfe mit den Ungläubigen ſtattge-
funden, mit „1441 oder kurz zuvor" richtig angegeben iſt, ſo kann nur der
Zug gegen die Türken gemeint ſein, den der vortreffliche und leider ſo frühzeitig auf der Rückkehr von eben dieſem Kriegszug geſtorbene Kaiſer Albrecht
II. 1439 unternommen hat. Denn an dieſem Zuge haben jedenfalls auch
die deutſchen Hülfstruppen Theil genommen, welche dem Kaiſer im vorhergehenden Jahre zugezogen waren, als er die Utraquiſten in Böhmen unter
Heinrich Ptaxlo, die den polniſchen Prinzen Caſimir zum Gegenkönig gewählt hatten, bekämpfen mußte. Weit wahrſcheinlicher jedoch iſt hier wohl
der glorreiche Feldzug in Frage, den auf Veranlaſſung des Papſtes Eugen IV.
König Wladislaus von Polen und Ungarn 1443 gegen die Türken unternehmen ließ, wobei ſich das, zum Theil auch aus zugezogenen deutſchen Krie-
gern beſtehende, Heer unter Führung des tapfern Johannes Hunyadi un-
ſterblichen Ruhm erwarb und Siege davon trug, die von einem Poeten be-
ſungen zu werden würdig waren und die ganze chriſtliche Welt mit Jubel erfüllten.

f) 1444 ward Hans Tumpeling, welcher wegen gewiſſer Uebergriffe
und insbeſondere deshalb, weil er eine Koppel Pferde als Beute mit ſich
heimgeführt hatte, in Haft gekommen war, auf Verwendung ſeiner Freunde
von der Regierung gegen Urfehde begnadigt, mittelſt deren er und ſeine
Freunde angeloben mußten, künftighin Nichts gegen die Regierung zu unternehmen. Unter den 7 Edelleuten, die ſich für Hans verwendeten, waren auch
die beiden Brüder Jhan und Titze Tumpeling. Daß dieſelben auch
des ſchuldigen Hans Brüder geweſen ſeien, iſt zwar in der Urkunde nicht ge-
ſagt, jedoch anzunehmen und iſt kaum zu bezweifeln, daß die hier fraglichen
drei Tümplinge identiſch mit den oben sub c und d genannten gleichnamigen
Brüdern ſind.

Da es intereſſiren dürfte, den Text dieſer aus den Zeiten vor Kaiſer
Carls Peinlicher Halsgerichts-Ordnung herrührenden Urfehde kennen zu lernen,
ſo hat derſelbe hier Aufnahme gefunden:

„Wir nachgeſchrieben Hans Tumpeling Eckard vnd Arn Stammerer ge-
„brüdere geſeſſen zcu Balgeſtet, Jhan vnd Titcze Tumpelinge gebrüdere, Hans
„Caſpar vnd Oswalt von Boſen gebrüdere Bekennen vnd thun kunt offint-
„lichen gein allen die dieſen brieff ſehen oder horen leſen. Nachdem ich
„Hans Tumpeling vorgnant itzund an den Jrluchten vnd Hochgebornnen

„furſten vnd herren hern frideriche vnd hern wilhelmen hertzogen zcu Sachſen,
„lantgrauen Jnboringen vnd Marcgrauen zcu Mieſſen, mynen gnedigen lieben
„Herren vnd etzlichen den iren Zu der pflege zcu frieburg geſeſſen, ſemliche
„übergriffe gethan vnd eynteil pferde genommen hatte, darumb auch Jn
„gefengtniſſe kommen was, das ire gnade, nach gerichtes loufften, vnd mit
„rechte zcu mir meynten zuforbern laſſen vnd boch burch manigfeldige myner
„herren vnd frunde fliſſiger bete willen, mich zu gnaben genomen, vnd eyne
„orfehde, Jnmaſſen hernachgeſchrieben iſt, von mir vnd den obengeſchrieben
„mynen frunden zuthune geſonnen haben, Alſo bas wir vorgnanten Hans
„Tümpeling, Eckarb vnb Arn ſtammer, Jhan vnb Tizel Tumpeling, Hans
„Caſpar vnd oswalt von Boſen vnd vnnſer ieber beſunbern die genanten
„vnnſern gnedigen herren von Sachſen verorfehden gereben globen vnd mit
„offgerackten fingern liplichen zu den heiligen ſweren ſolden, wibber ire gnade
„vnd bie iren ewiglichen nicht zuthune, baruff wir auch dieſelben vnnſern gne-
„bigen herren verorfehben Reben globen vnd ſweren geinwertiglichen mit vnd
„in crafft bits brieues, bas wir wibber bie genanten vnſere gnebigen herren
„von Sachſen ire erben lande luthe wibber bie iren aber bie iren gnaben
„zuwerſprechen ſteen, geiſtlichs aber wertlichs ſtats ewiglichen uhmmer geſien
„noch gethun wollen, heimlich nach offenlich durch vnſſelbs, nach burch nye-
„manbs anbers, Jn keinewhs gantz anegeuerbe, Ab wir aber alle aber et-
„licher vnder vns, ba got fur ſie, boran bruchig wurben, wanne bann die
„genanten vnnſere gnebigen herren von Sachſen vns alle aber die die baran
„bruchig wurben weren von ſollicher überfarunge wegin, vermanen vnd förbern
„wurben, So reben vnd globen wir auch in crafft bißes briefs nach ſollicher
„manunge zuſtunbt Jn irer gnaben hoff zurieten vnb baruß nicht zukomen,
„wir haben bann iren gnaben vnd iren vmb ſolliche bruche vnd überfarunge
„nach irer gnaben Rete erkentniſſe gnügliche wandel vnt vgrichtung gethan,
„aber teten bas mit ihrer gnaben willen vnt wiſſen. alle argeliſt vnb
„geuerde hirJnne gantz vßgeſloſſen, des zu orkunbe vnb warem Bekentniſſe
„haben wir Hans Jhaen Tize Tumpelinge Arn Stammer, Hans vnd Of-
„walb von Boſen vorgenante vnnſere Jnſigele vnter den wir Eckarb Stam-
„mer vnd Caſpar von Boſen, auch hinorgenant, wanne wir eigener nichten
„haben, verbinden vnb verſchriben an biſſen brieff wiſſentlich laſſen hengen,
„der geben iſt zu wiſſennels, des bornſtags nach ſente oswalds tage, Nach
„Criſti vnnſers herren geburt viertzehenhunbert Jar vnb barnach Jn bem
„vieronbviertzigiſten Jaren.“

Die Siegel unter dieſer, im Hauptſtaatsarchiv zu Dresden aſſervirten Urfehde ſind noch wohl erhalten. Auf der Rückſeite der Urkunde ſtehen als Auf-
und Ueberſchrift die Worte: „Der Tumpling Stammer vnb Boſen Orfehde.“

g). 1448 am St. Andreastage bekennen Hans Tümpling, ſeine Ehefrau Barbara und beren Sohn aus erſter Ehe Gerhard Schonehals,

dem „Molenmeister Günther Stöuben zu Pogericz" 40 alte Schock Kreuz-
groschen Kaufgeld für ein Pferd und 60 Scheffel Getraide schuldig zu sein.

Wir erfahren hierdurch, daß Hans Tümpling, wahrscheinlich der im
vorhergehenden Absatz gedachte Pferdeliebhaber, an eine verw. Schonehals
verehlicht gewesen ist. Es heißt im Text ausdrücklich, daß Gerhard Schonehals der leibliche Sohn der Barbara sei und seines lieben Vaters seligen
Gedächtnisses Insiegel unter die Schuldverschreibung mit habe drücken lassen.
Daraus, daß die Ehefrau und der Stiefsohn das Document mit ausgestellt
und untersiegelt haben, folgt aber entweder, daß Hans keine eignen Kinder
gehabt hat oder daß seine Vermögensverhältnisse nicht günstig gewesen, denn
die Mitvollziehung der Urkunde Seitens der Genannten ist von diesen entweder als Bürgen oder in ihrer Eigenschaft als künftige Erben geschehen.

h) 1453 zu Johanni sind die Brüder Hans, Jhan, Erasmus
und Steffan von Thumpeling, ferner der Sohn des seligen
Titzen Thumpeling, sowie Hans und Lorenz Thumpeling mit
dem Stammgut Tumpeling und einem Burglehn zu Camburg, sowie mit
einigen Weingärten und Gerechtsamen als einem gesammten Mannlehn beliehen worden. Der Lehnbrief ist zu Weimar von Wilhelm, Herzog zu
Sachsen, Landgraf in Thüringen und Markgraf zu Meissen, ausgestellt.

Im Jahre 1453 war also von den oben sub c und d genannten 5
Brüdern der vierte gestorben mit Hinterlassung eines Sohnes, dessen Name
nicht angegeben, und der, weil er bei den späteren Lehnsreichungen nicht
wieder vorkommt, ohne Hinterlassung von leiblichen Lehnserben gestorben
sein muß. Die hier mitbeliehenen Hans und Lorenz sind höchst wahrscheinlich Söhne des in §. 3 sub k genannten Hans, von dem wir oben sub a
annahmen, daß er Voigt zu Saalfeld gewesen. Denn dieser Tümpling hatte
Theil an dem Stammgut, wie aus dem von ihm seiner Ehefrau Margarethe
bestellten Leibgedinge hervorgeht, und war außerdem Herr von Buschow.
Hans und Lorenz aber werden in einem spätern Lehnbrief — s. unten sub r
— ausdrücklich Brüder genannt und Hans dabei als Herr zu Buschow bezeichnet.

Wahrscheinlich war das Ableben Tietzes sowie des Vaters der Brüder
Hans und Lorenz Ursache zur Erneuerung der Lehnsreichung.

i) 1462 werden Jhan von Tumpling, dessen drei Söhne Cri-
stoffel, Haunß und Oßwald, sowie Jhans Bruder Asmus Thumpling mit dem Stammgute Thumpling beliehen und zwar dergestalt, daß
Jhan nebst seinen Söhnen als Inhaber dieses Lehens gelten, Asmus aber
erst dann in dessen Besitz kommen sollte, wenn sein Bruder und dessen
Söhne ohne Leibeslehnserben gestorben sein würden. Als Bestände des
Gutes sind dabei genannt: Haus, Hof und Vorwerk mit 6 Hufen Landes,

6 Acker Wiesen, 6 Acker Weiden, 5 Acker Weingärten und einer Fischerei in der Saale, außerdem Zinsen und Gerechtsame in mehreren Ortschaften.

Während nach den sub c, d und h gedachten Urkunden die Brüder Hans, Jhan, Asmus (oder Erasmus) Tietze (resp. dessen Sohn) und Steffen als gemeinschaftliche Besitzer des Stammhauses erscheinen, wird hier nur dem Jhan und seinen Söhnen das Gut in Lehn gereicht, und für den Fall des Aussterbens seiner Linie im Mannsstamm die Linie seines Bruders Asmus zur Succession berufen, wogegen der drei übrigen Brüder nicht gedacht wird. Es müssen daher die Brüder ein dieß bestimmendes Abkommen unter einander getroffen haben. Möglicherweise war der älteste Bruder Hans sowie Tietzes Sohn ohne Hinterlassung von leiblichen Lehnserben gestorben. Daß sich aber der jüngste Bruder, Steffan, vom Besitz des Gutes losgesagt haben muß, erhellt daraus, daß

k) 1463 am Donnerstag nach dem Tage des Apostel Paulus Steffan von Tümpling die Vorsteher des Gotteshauses zum Neuen-Werke bei Halle brieflich bat, sie möchten sich wegen der ihrem Gotteshause an dem Gute Tümpling zustehenden Forderungen an seinen Bruder Jhan, welcher der Inhaber des Gutes sei, wenden, seine Person aber dabei außer Spiel lassen.

Jedenfalls in Folge dessen, bekannten

l) 1463 Mittwochs nach Reminiscere Jhann von Tümpling und seine Söhne Christoffel, Hanns und Oßwalt, daß sie dem Probste zum Neuen-Werke vor Halle und seinem Capitel 13 fl. jährliche Zinsen zu Tümplingen für 200 fl. unter Vorbehalt des Wiederkaufsrechts überlassen hätten.

m) 1472 an der Mittwoch nach Corp. Christi wurden die Brüder Hans und Oßwalt von Thumpeling mit einem zweiten zu Thumpling gelegenen Besitzthum beliehen, welches bis dahin Zinsgut gewesen war. Die beiden Brüder hatten nämlich einen Bauerhof zu Tümpling mit 5 Acker Holz und 14 Acker Feld von Franz Hofmann gekauft, auch auf dem Bauerhof einen Rittersitz gebaut zu dem Rittersitze, den sie von ihrem seligen Vater hatten. Hierbei ward auch zugleich die Lehnsreichung bezüglich des alten Stammgutes erneuert.

Vater Jhann war demnach 1472 nicht mehr am Leben, denn es ist ausdrücklich von „Irem vater seligen" in der Urkunde die Rede. Daraus, daß hierbei des ältesten Bruder Christoffel nicht gedacht', könnte gefolgert werden, daß auch dieser damals schon gestorben sein müsse. Daß dem aber nicht so war, zeigt der nächste Paragraph.

n) 1472 am Freitag nach Corp. Christi bestellte Hans v. Tümpling seiner Gemahlin Ilse für den Fall seines zeitigeren Ablebens ein Leibgut, welches unter Andern bestehen sollte aus 3 Hufen Landes, 6 Acker Holz, 6 Acker Wiesen, 4 Acker Weideland. 2 Leibeigenen, 30 Groschen Zinsen und

30 Hühnern zu Tümpling, 30 alten Groschen und 8 Hühnern zu Camburg, 8 Scheffel Getreide zu Schmiedehausen, sowie aus 17 Scheffel div. Getreide, 42 Hühnern und 6 alten Schock zu Stöben. Wilhelm, Herzog zu Sachsen, Markgraf zu Meißen und Landgraf in Thüringen, bestätigte dies Leibgedinge, sicherte der Frau Ilse die Lehnsreichung für den Fall, daß ihr Eheherr vor ihr versterben sollte, zu, und bestellte ihr für diesen Fall auf ihr Verlangen zu Lehns- und Geschlechtsvormündern erstlich seinen lieben Rath und Gevatter Herrn Sigemund Grafen zu Gleichen und Herrn zu Thonne, und zweitens Herrn Jorgen Burggrafen von Kirchberg und Herrn zu Farnrode, ihren Sohn.

Daß Ilse oder Elisabeth, die Ehefrau des Hans Tümpling auf und zu Tümpling, in erster Ehe an den im Jahre 1462 verstorbnen Burggrafen Hartmann II. von Kirchberg verehelicht gewesen und aus dieser Ehe der 1519 verstorbne Burggraf Georg I. hervorgegangen, steht fest. Daß dieselbe eine geborne Gräfin von Gleichen gewesen, hat Avemann in seiner Geschichte der Burggrafen von Kirchberg nicht für völlig zweifellos gehalten, obschon er S. 258 zugiebt, daß dies angenommen werde und in Thl. I. Cap. 10 §. 1 auch diese Annahme deshalb für begründet hält, weil Burggraf Hartmann II. die Herrschaft Schauenforst besessen hat, welche 1442 noch den Grafen Gleichen gehört hat und an diese auch nach einer Nachricht von 1485 wieder zurückgefallen ist. Andere z. B. v. Fallenstein in der Thüringschen Chronika halten jedoch für ausgemacht, daß diese Ilse eine geborne Gräfin von Gleichen gewesen, und spricht dafür auch sehr wesentlich der hier angeführte Lehnbrief, weil nach demselben Frau Ilse außer ihren Sohn erster Ehe auch noch den Grafen Sigismund von Gleichen ausdrücklich selbst zum Lehns- und Geschlechtsvormund begehrt hat, dazu aber in der Regel die nächsten Verwandten gewählt wurden.

o) 1474 am Sonntag Quasim. bestellte Oßwalt v. Thumpling seiner Gemahlin Anna Grundstücke und Zinsen zu Droetz als Leibgedinge für den Fall, daß er vor ihr mit Tode abgehen sollte. Sie erhielt dabei Matzen vom Hahn und Dieterichen Zscharras zu Vormündern.

Daß Droetz gleichbedeutend mit dem oben §. 3 sub n erwähnten Drohschen (später Drobßen genannt), ist wohl ohne Zweifel. Aus welchem Geschlechte dagegen Anna stammte, ist ungewiß. Diejenigen, welche diesen Oßwalt für den Vater Christophs des Jüngern (f. unten sub w und §. 7) und damit für einen der alten Stammväter der jetzt lebenden Tümplinge halten, wie z. B. Zedeler und v. Uechtritz, erzählen, daß seine Gemahlin eine geborne von Schaurodt aus dem Hause Röpsen gewesen sei. Andere haben sie für eine geb. von Drandorff gehalten. Indessen sind beide Angaben von sehr zweifelhafter Glaubwürdigkeit.

3*

p) 1483 belieh Bischof Dietrich zu Naumburg mittelst eines am Montag nach Epiphan. Domini zu Zeitz ausgestellten Lehnbriefs den Hans Tümpling und dessen Ehefrau Elisabeth mit Grundstücken und Gerechtsamen zu Lenfeld und zu Hessenhaußen, welche sie vom Schenk Heinrich von der Veste gekauft hatten, dergestalt, daß dieses Lehen nach deren beiderseitigem Tode dem Burggrafen Jorgen v. Kirchberg, dem leiblichen Sohne der Elisabeth, zufallen sollte.

q) 1483 unter demselben Tag belieh der nämliche Bischof die Brüder und Vettern Hans, Oswald, Hans zu Naumburg, Hans zu Buschow und Lorenz „alle die Tumpeling gnant" mit verschiedenen Lehngütern und Deputaten. Und zwar erhielten die Brüder Hans und Oswald Naturaldeputate und Zinsen in den Orten Naumburg, Heiligen-Kreuz, Krutschin und Dreitzschen, Hans Tümpling zu Naumburg dergleichen zu Boblis und Segelitz und Hans Tümpling zu Buschow die Hälfte des Sadilhofes zu Buschow mit 4 Hufen Ackerland, 2 Wiesen, 2 Stücken Gehölz, 1 Baumgarten und einigen Zinsen.

Daß die Brüder Hans und Oswald mit dem oben sub i, l flg. Erwähnten und Hans zu Buschow und Lorenz mit den sub h aufgeführten Gebrüdern identisch sind, ist zweifellos. Wer dagegen der Hans zu Naumburg gewesen, läßt sich zwar mit Gewißheit nicht sagen, indessen dürfte die Vermuthung dafür sprechen, daß derselbe entweder der oben sub h gedachte Sohn Tietzes oder ein Sohn des ebendaselbst genannten Asmus gewesen. Insbesondere halten wir die letztere Annahme deshalb für wahrscheinlich, weil Asmus mittelst des sub i gedachten Lehnbriefes für den Fall, daß sein Bruder Jhan und dessen Söhne Christoffel, Hans und Oswald ohne Leibeslehnserben sterben sollten, die Anwartschaft auf das Stammgut erhielt, dem Hans zu Naumburg aber ganz dieselbe Anwartschaft in dem folgenden Lehnbriefe eingeräumt wird. Es wurden nämlich

r) 1483 am Donnerstag nach Barnabas die gebruder Hans und Oßwald v. Thumpeling, die gebruder Hans und Lorencz von Thumpeling und der geueoter Hans Thumpeling mit zwei Rittersitzen zu Tümpling und verschiedenen Grundstücken, darunter auch mit einer großen Zahl bis dahin bäuerlich gewesenen, mit Zinsen und Deputaten theils zu Tumpeling theils in den benachbarten Ortschaften: „municz, droicz, „Stoben, doberichaw, krewßwitz, lißlaw, mulschicz, Smedehusen, Gofferstedt, „lachstet, Wich, Sulcza und lamberg" dergestalt beliehen, daß „wu die gnanten „Hans vnd Oßwalt von Thumpeling beide mit tode ane leibslehinserben ab- „gingen Alßdann vnd nicht eher sullen solich obgeschriben guttere mit Jre Zu- „gehorungen off hansen lorencz vnd hansen Tumpeling gebruder vnd geueotern „vnd Jre leibslehinßerben komen vnd gefallen."

s) 1486 am Sonnabend nach Viti wurden ganz dieselben Lehen sowie ein im vorgedachten Lehnbriefe nicht mit erwähntes Burglehn zu Camburg den Brüdern Hanß und Oßwalt von Tumpling und ihren rechten Leibeslehnserben „vnd von Jrer vleiffigen Bete wegen mitfampt Jne Hanßen „vnd Hanßen von tumpling genettern", auch iren vettern" vom Herzog Albrecht zu Sachsen, Landgraf in Thüringen und Markgrafen zu Meißen, in Lehn gereicht dergestalt, daß diese Güter und Zinsen dem Hans und Oswald zugehören und für den Fall, daß sie ohne Leibeslehnserben versterben sollten, aber nicht eher, deren Vettern Hans und Hans Tümpling zufallen sollten.

Es ist sonach dieser Lehnsbrief lediglich eine Wiederholung des im vorhergehenden Absatz gedachten mit Hinweglassung des Lorenz, welcher inzwischen ohne männliche Descendenz verstorben sein muß und dessen Ableben wahrscheinlich auch die Veranlassung zur Erneuerung des Lehnbriefes gewesen ist.

t) 1491 hat Margarethe v. Tümpling dem damals berühmten Jungfrauen-Kloster zu Roda als Aebtiffin vorgestanden und ist in den alten Nachrichten darüber nach Glafeys Zeugniß angegeben, daß sie eine Vornehme und vor Andern Berühmte von Adel gewesen.

u) 1491—1498 ist Hans Tümpling Amtsverweser in Buttelstädt und nebst dem Pfarrer Joh. Ludovici dabei gewesen, als der Gotteskasten oder Kirchenstock mit 7½ Schock bezahlt worden, ingleichen 1493, 1497 und 1498 als das ausgelegte Geld aus dem Gotteskasten genommen und bezahlt worden ist.

Der hier gedachte Hans hat das Rittergut Schwerstedt bei Buttelstädt besessen und kommt derselbe noch in mehreren anderen Urkunden vor und ist, da er als Mitbelehnter des Stammgutes aufgeführt wird, jedenfalls identisch mit dem sub q, r und s erwähnten Hans zu Naumburg. Daraus, daß er in einer Urkunde vom Jahre 1498 als „Hans Thumpeling ietzund zu Schwert-„städt" aufgeführt ist, folgt, daß er früher an einem andern Orte sein Domicil gehabt haben muß.

v) 1493—1495 und wahrscheinlich noch längre Zeit war Niclaus v. Tümpling Klosterprobst zu Remse, was hervorgeht

1) aus einem Kaufbrief vom Donnerstag in der Pfingstwoche 1493, mittelst dessen Hans von Hogenneft zu Luckau mehrere Güter und Zinsen im Amte Zwickau an das Kloster zu Remse verkaufte.

2) aus einer am Thomastag 1493 ausgestellten Urkunde, nach welcher Anna verw. v. Schönburg geb. Gräfin v. Rieneck Frau zu Glauchau mehrere Güter und Zinsen im Amte Zwickau dem Kloster zu Burgelin und Remse gegen das Dorf Grumpach tauschweise überließ, und

3) aus einer in der Osterwoche 1495 zu Luckau im Amte Altenburg ausgestellten Quittung, mittelst welcher Hans v. Hogenneft zu Luckau den Empfang von Kaufgeldern für an die Klöster Burgelin und Remse verkaufte Güter bekannte.

Als Curiosum ist hierbei zu bemerken, daß der Propst Niclaus v. Tümpling, dessen Verwandtschaft mit den übrigen hier genannten Familienmitgliedern unbekannt ist, seinen Namen unter jeder der drei gedachten Urkunden verschieden geschrieben hat, er unterzeichnete nämlich die Urkunde sub 1: „Niclavs Tumplingk", die sub 2: „Nicolaus Thumplingk" und die Quittung sub 3: „Nicolaus Tumpeling".

w) 1496 wurden von Georg Herzog zu Sachsen, Landgraf in Thüringen und Markgraf zu Meißen, anstatt und in Vollmacht seines Vaters Herzogs rc. Albrecht mit den sub r und s gedachten Gütern und Gerechtsamen beliehen: „Hans von Tumpling vnd Hanß, Oswalt von Tumplings „seligen Son, geuettere, vnnd Jre Rechteun leibs lehens Erben, vnd von „Jrer vleissigen Bette wegenn, mit sampt Jnen, Hanf vnd Hans von „Tumpling gesettern, Auch Jre vettern" dergestalt, daß diese beiden gleichnamigen Vettern erst dann, wenn Hans von Tümpling der Aeltere und der Oswaldsche Sohn Hans ohne Leibeslehnserben versterben sollten, zum Besitz des Lehen kommen sollten.

Dieser Lehnbrief ist nur eine Erneuerung und Wiederholung des oben sub s gedachten mit dem alleinigen Unterschied, daß hier anstatt Oswald dessen Sohn Hans als Lehnsinhaber genannt wird. Oswalds Ableben, welches wahrscheinlich gleichfalls 1496 erfolgte, war die Ursache der Erneuerung der Lehnsreichung. Die vier gleichnamigen Lehnsvettern unterscheiden sich, um dies hier zu wiederholen, von einander folgendermaßen:

1) Der zuerst Genannte ist Jhans zweiter Sohn, der mit Ilsen geb. Gräfin v. Gleichen verw. Burggräfin v. Kirchberg verehlicht war.

2) Der zweitgenannte Hans Tümpling, welcher mit dem Ersten im gemeinschaftlichen Besitz der betreffenden Leben war, war der Sohn Oswalds, welcher Letztere wiederum der dritte und jüngste Sohn Jhans war. Es war also Hans No. 2 nicht sowohl der Vetter, als vielmehr der Neffe des Hans No. 1.

3) Der an der dritten Stelle Genannte war der Besitzer von Buschow, Bruder des verstorbenen Lorenz und nach unserm Dafürhalten Sohn des Hans Tümpling, welcher Voigt zu Saalfeld war.

4) Den Letzten endlich halten wir für den Sohn des Asmus, mithin für den Cousin des Hans No. 1. Es ist bereits mitgetheilt, wie derselbe anfänglich zu Naumburg, später aber zu Schwerstädt domicilirte und Amtsverweser von Buttelstädt gewesen.

Wenn nun aber in dem Lehnbriefe bestimmt angegeben ist, daß des seligen Oswalds Sohn: Hans geheißen, so ergiebt sich, daß diejenigen im Irrthum sind, welche — wie z. B. v. Uechtritz — behaupten, Oswalds Sohn sei der Christoph Tümpling gewesen, von welchem erwiesner Maaßen und nach den übereinstimmenden Angaben aller alten Ahnentafeln und Geſchlechtsregiſter Otto v. Tümpling als Enkel, ſowie die Stammväter der vier Tümplingſchen Linien und ſomit auch die ſämmtlichen jetzt vorhandenen Tümplinge abſtammen. Wer aber war dieſer Chriſtoph und deſſen Vater? Dieſe Frage beantworten wir im folgenden Paragraphen.

§. 5.
Chriſtoph und ſeine Vettern.

Während die beiden jüngern Söhne Jhans von Tümpling: **Hans** und **Oswald** ziemlich reich begütert waren und ſich die Lehen über das Stammgut, welches ſie zuerſt 1462 zugleich mit ihrem älteſten Bruder **Chriſtoffel** erhalten hatten, wiederholt von Neuem reichen ließen, finden wir von dieſem älteſten Bruder keine Nachricht wieder vor, insbeſondre hatte derſelbe keinen Antheil an dem nicht unbeträchtlichen Grundbeſitz, welchen Hans und Oswald zu verſchiedenen Zeiten von einzelnen Bauern ſich zuſammengekauft und zu einem zweiten Rittergute in Tümpling umgeſchaffen hatten. Chriſtoffel ſcheint auch den größten Theil des alten Stammgutes ſeinen Brüdern überlaſſen, und ſich nur mit einem geringern Theile und hauptſächlich einem Weinbergsgrundſtück begnügt zu haben. Dieſes Grundſtück, bekannt unter dem Namen: „der Großeberg“, war damals noch nicht Pertinenz des Stammgutes, ſondern ein eignes Lehngut, deſſen Obereigenthümer das Kloſter zur Pforte war. Chriſtoph ſtarb zeitig und hinterließ einen unmündigen Sohn deſſelben Vornamens. Dieſer Letztre iſt es nun, von dem mit Beſtimmtheit die Abſtammung der ſämmtlichen in den nachſtehenden Capiteln und Paragraphen genannten Tümplinge abgeleitet wird.

Chriſtoph war alſo noch unmündig, als er ſeinen Vater verlor und in den Beſitz der von dieſem hinterlaſſenen Grundſtücke gelangte. Sein Onkel Hans ward ſein Vormund und verwaltete für ihn das väterliche Beſitzthum. Da es nun dem Chriſtoph an hinlänglichen Mitteln zu gebrechen ſchien, ſo wurden unter Verpfändung des Großeberges am Sonnabend nach Lätare 1493 zunächſt 100 fl. gegen 6ß Zinſen und ſodann am Freitag nach Petri Vincula deſſelben Jahres 200 fl. gegen 5½ß Zinſen vom Domſtift zu Naumburg für ihn geborgt. Die betreffenden Urkunden ſind jedoch nicht in Form von Schuld- und Pfandverſchreibungen, ſondern in Form von Käufen ausgefertigt, mittelſt deren Chriſtoph 6 reſp. 11 fl. jährliche Zinſen auf dem Großeberge um 100 fl. reſp. 200 fl. wiederkäuflich an das Domſtift verkaufte. Während in der erſtgedachten Urkunde der Vormund als Mitverkäufer und Hans Tümpling der Aeltere zu Puſchow und Hans Tümpling der Jüngere zu Swerſtedt als Einwilligende aufgeführt ſind, iſt in der zweiten Urkunde nur Chriſtoph allein als Verkäufer genannt, dagegen der Vormund neben Hans zu Puſchau und Hans zu Schwertſtet als Einwilligender bezeichnet. Uebrigens iſt dabei der Vormund als Voigt zu Saaleck aufgeführt, unter welchem Titel derselbe in den übrigen Urkunden nicht vorkommt. Daß Hans diesen, in damaligen Zeiten ansehnlichen, Titel erhielt, ist bei seiner Wohlhabenheit und seinen durch Frau Ilse erlangten Verbindungen nicht Wunder zu nehmen. Nach erreichter Mündigkeit gingen dem Christoph Zweifel darüber bei, ob die Aufnahme des zweiten Darlehns der 200 Gulden nöthig gewesen und ob diese Summe auch wirklich in seinem wahren Nutzen verwendet worden sei und belangte er deshalb sowie wegen einiger andern Differenzen, als: wegen des Eigenthums an einem Waldgrundstücke von 3 Ackern, an einigen Frohndiensten, an einer Schaaftrift sowie an einer Heerde Schaafe, seinen ehemaligen Vormund gerichtlich. Es kam auch am Dienstag nach Trinitatis 1498 vor dem Amte zu Camburg zu einem Schied zwischen Christoph und Hans. Unter den Beiständen, die hierbei jeder Theil zugezogen, ist auf Hanses Seite auch „Hans von Thumpeling ietzund zu Schwertstedt" aufgeführt. Da aber die Differenz wegen der 200 fl. im Vergleichswege nicht beizulegen war, entspann sich darüber ein Proceß, der durch ein am Montag nach Bartholomei 1505 publicirtes Urthel des Leipziger Schöppenstuhls zu Gunsten Christophs dahin entschieden ward, daß Hans, da er den ihm auferlegten Beweis nicht zu führen vermocht, das Rittergut und besonders den Weinberg Christophs von der darauf gelegten Schuld wieder zu befreien, ihm auch allen erweislichen Schaden zu ersetzen und die sämmtlichen Kosten des Processes zu bezahlen schuldig.

Christoph verbesserte nach und nach seine Vermögensverhältnisse, so daß er außer seinem Antheil an dem Stammgute und außer dem Großenberge auch das Gut Schindiß in Besitz bekam. Verehlicht war er mit Magdalenen Marschall aus dem Hause Herren-Gosserstädt und hinterließ bei seinem bereits 1507 erfolgten Ableben einen Sohn: Oswald und zwei unmündige Töchter, welchen Letzteren, da die Witwe sich wieder verheirathet hatte, in der Person Heinrichs von Lichtenhahn und Rudolfs von Bülnau zu Druschl an der Mittwoch nach Exaudi 1510 Vormünder bestellt wurden.

Hans, der Oheim und ehemalige Vormund Christophs, überlebte Letzteren um einige Jahre, und hinterließ zwei Söhne: Oßwald und Otto, welchen 1513 die Güter, die ihr verstorbner Vater besessen und von den Bauern gekauft hatte, in Lehn gegeben wurden. Da in diesem Lehnbriefe der früher mitbelehnten Vettern: Hans des Aelteren zu Puschow, Hans zu Schwerstedt und des von Oßwald nachgelassenen Sohnes Hans, nicht wieder gedacht ist, rechtfertigt sich die Annahme, daß diese drei Lehns- und Namens-Vettern vor 1513 ohne männliche Nachkommenschaft verstorben sein müssen. Ebenso müssen auch die beiden Brüder Oswald und Otto ohne Leibeslehnserben verstorben sein, wenigstens sind in den alten Familiennachrichten keine Nachkommen derselben erwähnt, indem danach die später vorkommenden Tümplinge sammt und sonders bestimmt von Oswald, Christophs Sohn, abstammen.

§. 6.

Oswald.

Oswald, der Sohn Christophs und der Magdalene v. Marschall, geboren gegen Ende des XV. Jahrhunderts, war Erbsaße auf Tümpling, Rasekirchen und Lißla. Seine Gemahlin war Anna Maria von Creuß, eine Tochter Melchiors von Creuß (auch Kreyßen geschrieben), der Präsident und Amtshauptmann zu Zeiß, Colbiß und Leißnig und nachmals chursächs. Rath und Director der 1539 in Meißen vorgenommenen Religionsänderungen war und 1549 die Herrschaft Frohburg kaufte, und der Brigitte von Altbeck. Durch diese Heirath und wahrscheinlich auch durch Beerbung seiner ohne männliche Descendenz verstorbenen Vettern gelangte Oswald zu ziemlicher Wohlhabenheit. Er starb circa 1560 zu Tümpling und liegt auf dem Cyriax berge bei Camburg vor der dortigen Kirche am Oelberge und zwar auf dem nach der Stadt zu gelegnen Theile des Gottesackers begraben. Er hatte ausdrücklich verboten, ihn in der Kirche zu beerdigen, woraus erhellt, daß die vor ihm zu Tümpling verstorbenen Familienglieder unter der Kirche auf dem Cyriaxberg begraben liegen.

Kinder hat Oswald, der übrigens in einer der alten Ahnentafeln Hans Oswald genannt wird, sieben hinterlassen und waren dieselben 1575 noch sämmtlich am Leben. Es sind uns von ihnen jedoch nur drei bekannt geworden, nämlich a) eine Tochter, welche an Dietrich von Machwitz verheirathet war, deren Vornamen wir jedoch nicht anzugeben vermögen, b) eine zweite Tochter, von der gleichfalls etwas Weiteres, als daß sie an Rudolf Edlen von der Planiß verehlicht war, nicht bekannt ist und c) einen Sohn, Otto, von welchem das folgende Capitel handelt.

Es gedenken zwar mehrere aus der ersten Hälfte des XVI. Jahrhunderts stammende Urkunden und Actenfaszikel eines Oswald v. Tümpling, so z. B. wissen wir, daß 1518 die Testamentarien der alten Frau v. Tümpling (die dabei nicht mit Vornamen genannt) gegen Oswald klagbar wurde, daß 1535 für Agnes, die Ehefrau Oswalds, ein Leibgedinge bestellt ward, daß 1544 das Capitel zu Naumburg den Oswald v. Tümpling rückständiger Zinsen halber gerichtlich belangte. Allein der in diesen Urkunden gedachte Oswald dürfte kaum mit dem in dem gegenwärtigen Paragraphen behandelten, sondern vielmehr mit dem zu Ende des vorigen § gedachten Oswald, dem Sohne des Hans, identisch sein. Dagegen könnte eine Urkunde vom Jahre 1541, mittelst welcher Wilhelm von Warhausen 40 Gulden jährliche Zinsen auf seinem Gute Posewitz an Oswald von Tümpling verkaufte, wohl unsern Oswald angehen, da Oswalds Sohn Otto nicht nur diese Zinsen auf Posewitz, sondern das Gut Posewitz selbst besessen hat.

§. 7.
Ahnenreihe des ungetheilten Geschlechts.

Während Zeißeler, welchem ein großer Theil der in diesem Capitel erwähnten Urkunden unbekannt war, folgende Ahnenreihe des ungetheilten Tümplingschen Geschlechts als wahrscheinlich bezeichnet:

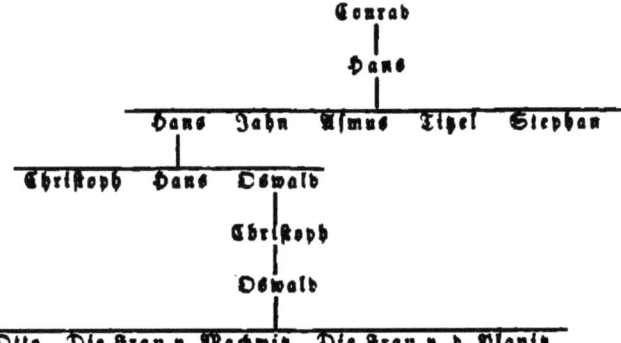

und v. Uechtritz diese Abstammung als feststehend angesehen und dabei den in diesem Stammbaum zuerst genannten und als Sohn Conrads bezeichneten Hans für den Voigt zu Saalfeld gehalten hat, ist auf Grund der vorstehenden Mittheilungen diese Ahnenreihe hier folgendermaßen aufzustellen:

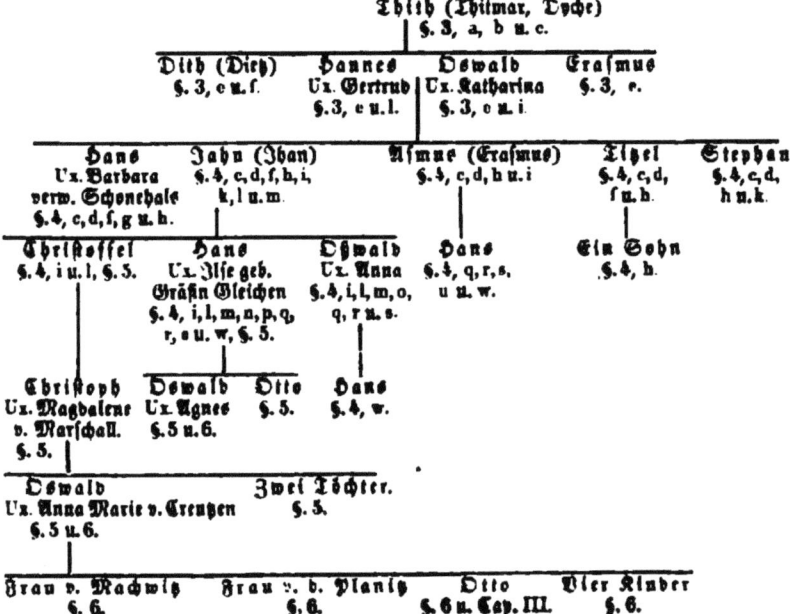

Hierbei ist die Seitenlinie nebst den Personen, deren Verwandtschafts-
grad mit den übrigen sich nicht mit Wahrscheinlichkeit bestimmen ließ, unberücksichtigt gelassen worden, nämlich: Albrechtus mit Ahlen (§. 2), Conrad oder Cuno, der Bruder des Thith (§. 3, a, b und d), Conrad mit
seiner Schwester Hedewich (§. 3, g und l), Otto mit Kunigunden (§. 3, h
und m), Hans, der Voigt zu Saalfeld, mit Margarethen und seinen Söhnen
Hans zu Buschow und Lorenz (§. 3, k, §. 4, a, h, q, r, s, w und §. 5),
die in §. 3, n und §. 4, b und e Erwähnten Namens Hans, endlich Margarethe (§. 4, t) und Nicolaus (§. 4, v).

Die uns vorgekommenen alten Ahnentafeln gehen übrigens nur bis Christoph
v. Tümpling, dem Vater Oswalds und Großvater Ottos zurück.

Drittes Capitel.

Der reiche Otto.

§. 1.

Ottos Lebensgeschichte.

Otto, oder wie er in einer alten Ahnentafel vollständiger genannt
wird, Otto Friedrich von Tümpling, war der Sohn Oswalds auf
Tümpling, Kasekirchen und Leißlau und der Anna Maria von Creutzen, im
Jahre 1523 zu Tümpling geboren, und ein sehr begüterter und wohlhabender
Herr. Denn trotzdem, daß er sechs Geschwister hatte und daher das Erbtheil seiner Eltern ihm nicht ungeschmälert zufallen konnte, hat er nicht nur
die väterlichen Güter Tümpling und Leißlau behauptet, wogegen Kasekirchen
in andere Hände überging und erst später wieder in den Besitz der Tümplingschen Familie gelangte, sondern auch vom Glück begünstigt die Güter
Posewitz und Stöben sowie die Herrschaft Sulza dazu erworben. Die letztgenannte Besitzung hat er 1595 von den Herzögen Johann Wilhelm und
Johannes zu Sachsen für 10620 Gülden gekauft, nachdem selbige nur erst
kurz zuvor durch Consolidation verschiedener Complexe geschaffen und zu einem
ungetheilten Mannlehn creirt worden war. Die Bestandtheile dieser Herrschaft, welche theils in den Fluren des Städtchens Sulza an der Ilm, theils
in der nördlich davon gleichfalls an der Ilm gelegnen Flur von Dorf-Sulza,
theils zu Berg-Sulza zwischen Ilm und Saale lagen, waren aber folgende:
a) die alte fürstliche Schäferei mit ihrer Hufe zu Bergsulza, b) die in der

Reformation säcularisirten Probsteigüter daselbst, c) das Rittergut Stadtsulza, welches über drei Jahrhunderte im Besitz der Herrn v. Ebersberg gewesen und ein von diesen dem Oberlehnsherrn heimgefallnes Lehn war, d) das Backhaus zu Dorfsulza, e) zwei Drittel des Backhauses zu Stadtsulza und f) verschiedene Zinsen und Gerechtsame.

Nach einigen Nachrichten hatte Otto diese Besitzung nicht unmittelbar von den genannten Herzögen, sondern von Tham von Dennstedt gekauft, welcher sie nur erst ganz kurze Zeit vorher von den Herzögen gegen das halbe Hausdorf eingetauscht und für 10000 fl. angenommen haben soll. Außerdem besaß Otto bereits vor dem Ankauf der Herrschaft Sulza das eine nicht zu derselben gehörende Drittheil des Backhauses zu Stadt-Sulza, sowie auch einige Zinsen daselbst. Otto hatte sonach ein sehr schönes arrondirtes Besitzthum, denn Leißlau an der Camburg-Naumburger Heerstraße und ziemlich in der Mitte der beiden genannten Städte gelegen grenzte mit Stöben, dieses wiederum mit der Herrschaft Sulza und mit Tümpling und Letzteres mit dem südlich davon und von Camburg östlich gelegnen Fluren von Posewitz. Das Stammgut bildete den Kern und Mittelpunkt dieser Besitzung, und hatte hier der reiche Otto sein Domicil. Wahrscheinlich war auch er es, der den einen der beiden Rittersitze zu Tümpling abbrechen und dafür eine Schäferei erbauen ließ. ·

Doch nicht ungetrübt blieb Ottos Glück. Denn 1551 hatte er das Unglück, einen seiner Knechte, Namens Bartholomäus Erfurth, zu entleiben, ob aus Versehen und Unvorsichtigkeit, oder ob aus Uebereilung und in der Hitze, oder ob in der Nothwehr, mag dahingestellt bleiben. Letzteres ist aus dem Grunde angenommen worden, weil man neben dem Leichnam Erfurths eine geladne Büchse mit gespanntem Hahn liegend gefunden hat. Otto selbst aber fühlte sich doch nicht ganz rein in seinem Gewissen, denn er ward landesflüchtig, als wegen dieser That der Achtsproceß gegen ihn angestellt werden sollte. Indessen ward er am Donnerstag nach Jacobi 1553 vom Churfürst Johann Friedrich pardonnirt und die wider ihn eingeleitete Untersuchung niedergeschlagen, ihm dabei jedoch nach frommem Brauch die Zahlung von 20 guten Schock an die Kirche zu Camburg aufgegeben. Diese Abolitionssumme zahlte er übrigens erst volle 50 Jahr später, nämlich im Jahre 1603 als achtzigjähriger Greis, nachdem ihm wegen deren endlicher Abentrichtung unterm 23. November 1603 Zahlungsauflage zugegangen war.

1575 am 27. April verglich sich Otto mit seinen Schwägern Dietrich von Machwitz und Rudolf von der Planitz wegen der von den Letzteren beanspruchten vollständigeren Ausstattung ihrer Eheweiber dahin, daß er denselben annoch 100 Thaler zu zahlen versprach, womit sich die Schwäger, deren Forderung ursprünglich auf je 300 Thaler gerichtet war, zufrieden und abgefunden erklärten.

Einen Theil seiner Besitzungen, nämlich die vordem zum Kloster Pforte gehörig gewesenen Weingärten und somit den Hauptbestandtheil des Grundbesitzes seines Großvaters Christoph, hätte Otto dadurch beinah verloren, daß er das Gesuch um Lehnsreichung dieser Grundstücke über Gebühr verzögert hatte. Er kam, als ihm dieser Verlust drohte, unterm 25. Juli 1594 bei der churfächf. Regierung zu Dresden mit einem Entschuldigungs- und Bitt-Schreiben ein und wurden ihm auch, nachdem die Sache dem Reichskammergerichte zu Speier vorgelegen, die betreffenden Grundstücke noch im Jahre 1594 in Lehen gegeben, ihm aber dabei zugleich in Gemäßheit des reichskammergerichtlichen Ausspruchs „eine ernste Verweisung seines Unfleißes „und nachläßigkeit in Suchung der Lehen" ertheilt.

Verheirathet war Otto zu zweien Malen. Wie seine erste Gattin, die er zeitig verlor, geheißen, ist unbekannt. Von derselben hatte er einen Sohn: Wolf Christoph, und zwei Töchter: Marie und Sabina. Seine zweite Gemahlin war Catharina v. Bünau aus dem Hause Schieben, mit der er drei Söhne: Georg Otto, Hans Oswald und Rudolph Albrecht, gezeugt hat. Auch diese zweite Ehefrau ward von ihm, wenn auch nur um wenige Jahre, überlebt. Er starb im 87. Jahre seines Lebens am 12. Februar 1610 zu Rümpling, während die Todesjahre seiner beiden Frauen mit Bestimmtheit nicht angegeben werden können.

§. 2.
Otto's Kinder.

Die Kinder aus Ottos erster Ehe waren, wie bereits oben bemerkt:

1) Wolf Christoph, welcher mit Anna v. Haußen verehlicht war und mit seiner Familie auf dem ihm von seinem Vater zum Aufenthaltsort angewiesenen Gute Leißlau lebte. Hier starb er auch, wenig Wochen nach des Vaters Tode, am 26. April 1610 mit Hinterlassung seiner genannten Ehefrau und dreier unmündiger Kinder, nämlich zweier Töchter und eines ihm gleichnamigen Sohnes.

2) Marie, welche sich mit David v. Elben auf Rothamenschel verheirathete. Ihr Gemahl war beim Heimgang ihres greisen Vaters bereits gestorben und ward sie bei der Regulirung der väterlichen Erbschaft von ihrem Sohn Christoph Otto v. Elben vertreten.

3) Sabina, verehlichte sich an Hans Georg von Weidenbach zu Flurstedt, dessen Bruder Wolf Christoph fürstl. Altenburgischer Stallmeister war. Beim Tode ihres Vaters war sie nebst ihrem Gatten und Schwager noch am Leben.

Aus seiner zweiten Ehe hatte Otto ebenfalls drei Kinder:

4) Georg Otto, welcher 1612, zwei Jahre nach seines Vaters Ableben, unverehlicht gestorben ist. Die Angabe Uechtritzes, daß er 1617 gestorben

und mit Magdalenen verheirathet gewesen sei, ist unbegründet, wie aus der über die Theilung seines Nachlasses noch vorhandenen Original-Urkunde erhellt.

5) Hans Oswald, am 27. October 1570 zu Tümpling geboren, hat sich bei Lebzeiten seines Vaters verehlicht. Doch das Nähere darüber ist, wie seine Lebensgeschichte überhaupt, weiter unten zu berichten.

6) Rudolph Albrecht, geboren zu Tümpling im Jahre 1571, ist erst nach seines Vaters Tode zur Ehe verschritten. Er scheint bei Vaters Lebzeiten stets bei demselben gewesen zu sein und konnte auch Otto in seinem hohen Alter, besonders nachdem ihm auch seine zweite Ehefrau durch den Tod entrissen worden, der kindlichen Pflege und Unterstützung bei Verwaltung seiner umfänglichen Besitzung nicht wohl entbehren. Aus diesem Grunde hat wahrscheinlich auch Hans Oswald mit seiner Gattin in Tümpling beim Vater gewohnt.

Vor den vier Söhnen Ottos ward

a) Wolf Christoph der Stammvater der Linie von Tümpling-Posewitz, b) Hans Oswald der Ahnherr des Hauses von Tümpling-Sulza und c) Rudolph Albrecht der Gründer der Linie von Tümpling-Rasekirchen, oder von Tümpling-Tümpling, deren Mitglieder es liebten, sich „die eigentlichen Tümplinge“ zu nennen.

Es wird daher auf die Lebensgeschichte der drei Brüder im Eingange der von den soeben gedachten Stämmen handelnden Capitel noch einmal zurückzukommen sein.

Hinsichtlich der beiden ältesten Söhne Wolf Christoph und Georg Otto ist hier noch zu erwähnen, daß sich dieselben in ihren jüngern Jahren in Kriegsdienste begeben und an einer Campagne Theil genommen haben, dabei aber in Gefangenschaft geriethen, so daß sie sich ranzioniren mußten. Es ward ihnen jedoch hierbei, sowie später, als sie durch Unglück in Schulden gerathen waren, von ihrem Vater Unterstützung zu Theil. Um nun die beiden jüngsten Söhne durch das, was er den älteren im Voraus gegeben hatte, nicht zu verkürzen, veranlaßte Otto diese Letztern zum Abschluß eines Vergleichs, nach welchem jeder der beiden jüngsten Brüder nach ihres Vaters Ableben 300 fl. im Voraus erhalten sollte. An welchem Kriegszug und an welchen Kämpfen die beiden Brüder Theil genommen, ob etwa an den Grumbachschen Händeln, oder ob in Frankreich an den Hugenottenkämpfen, die den Herzog Johann Wilhelm von Sachsen nicht unbetheiligt ließen, oder ob in den Niederlanden, vermag nicht angegeben zu werden. Daß aber das, was Otto für diese Söhne „in Kriegswesen vor Ranzion und anders“ bezahlen mußte, in ziemlich früher Zeit geleistet werden, scheint daraus hervorzugehen, daß in dem am 22. März 1606 von den vier Brüdern abgeschlossenen Vergleiche wörtlich gesagt ist: „alß Erinnern wir zween Eltisten vmß der gut-„that vnsers liebenn Vaters noch guter maßen, müßen auch selbstenn gestehenn,

„daß durch Vnglück wir in ziembliche schuldt geratenn, der Vater vns voraus „verholffen." Wären ihnen die fraglichen Unterstützungen erst kurze Zeit vor Abschluß des Vergleichs zu Theil geworden, so würde es Seiten der beiden ältesten Brüder kaum der Versicherung, daß sich dessen noch gut erinnerten, bedurft haben.

Da Ottos zweite Gemahlin, Catharina von Bünau, keine Tochter hatte, auf welche ihre Morgengabe und ihr sonstiges Eigenthum nach ihrem dereinstigen Ableben hätte übergehen können, so traf sie darüber zu Gunsten ihrer Söhne letztwillige Anordnung. Sie begab sich zu diesem Behuf am Donnerstag nach Invocavit 1599 in Begleitung ihres bestätigten kriegischen Vormunds, Ludwig v. Sommerlatt zu Molau, in das fürstliche Landgericht zu Camburg und erklärte daselbst zu Protocoll, wie sie ihr gesammtes Vermögen ihren drei Söhnen mortis causa geschenkt haben wolle, und stellte denselben dabei das rühmliche Zeugniß aus, „daß sie sich gegen ihr, als der leiblichen Mutter, „von iugendtt auf vnndtt bis auff gegenwerttige stunde, Alles kindlichen ge- „horsambs, Liebe vndtt trewe beflissen, wie frommen gottesfürchttigen kindern „wohl ahnnstehett, eigenett vnndtt gebührett, welches sie mitt Wahrhheitt anders „nicht sagen könne." Bei dieser Gelegenheit errichtete sie auch zwei, 30 Tage nach ihrem Tode zahlbare, Legate, nämlich a) 100 fl. baar ihrer Schwester Marie von Bünau, und b) 20 Thlr. der Kirche zu Camburg, welche dies Capital „ahn einem gewissen ortt umb einen benanntten Zinß Ausleihen, den- „selben Jherlichen berechnen vndtt zu vnndtterhaltunge der Schulen vnd Armen „Schulerlein zum der geschafferin gedechtnuß Ahnewenden" sollte.

§. 3.
Die Otto'sche Verlassenschaft.

Otto hatte zwar mittelst eines in der Canzley zu Altenburg deponirten und am 20. März 1610 publicirten Testaments darüber, wie es mit seinem Nachlasse gehalten werde solle, verfügt, und darin jeder der beiden Töchter 600 fl. über das, was sie bereits bei Gelegenheit ihrer Verheirathung erhalten hatten, sein sämmtliches übriges Vermögen aber seinen vier Söhnen vermacht. Da sich aber die Verlassenschaft auch unberücksichtigt der Mannlehngüter, welche den Töchtern gegenüber allerdings nicht in Betracht zu kommen hatten, als eine bedeutende herausstellte, so erklärten sich die beiden Töchter durch das Testament verkürzt und drohten mit einer Klage auf Erfüllung ihres Pflichttheils. Um nun so einem ärgerlichen Processe und aller Mißstimmung in der Familie vorzubeugen, schlossen die Kinder Otto's, und was den am 26. April 1610 verstorbenen ältesten Sohn betrifft an dessen Statt der Vormund des von ihm hinterlassenen Sohnes, am 3. Juli 1610 einen vom väterlichen Testamente mehrfach abweichenden Erbtheilungsvergleich unter einander ab, nach welchem jede Tochter 1000 fl. an baarem Gelde und 1300 fl.

an außenstehenden Forderungen anstatt der ihr zugedachten 600 fl. erhielt. In die übrige Masse theilten sich die vier Söhne, resp. der Enkelsohn, zu gleichen Theilen, nachdem noch jeder der beiden jüngern 300 fl. in Gemäßheit des obgedachten brüderlichen Vergleichs vom Jahre 1606 im Voraus bekommen hatte. Die Theilung geschah aber in der Weise, daß zunächst die Lehngüter in vier Portionen zerlegt und um diese gleichmäßig zu machen, denjenigen Portionen, deren Werth nach der vorgenommenen Taxation sich geringer herausstellte, eine entsprechende Summe von der vorhandenen Baarschaft zugelegt ward. Die Weinbergsgrundstücke wurden, um auch hierin möglichst Gleichmäßigkeit herzustellen, besonders getheilt, da vor dem Erbvergleiche zu den Gütern Sulza und Leißlau keine Weinberge gehörten. Wem jede einzelne Portion zufallen sollte, ward durchs Loos bestimmt. Hiernach erhielt:

I. Wolf Christoph

a) das Rittergut Posewitz, zu welchem außer dem Wiesen- und Holz-Lande acht Hufen Ackerland, ein Fischwasser, sowie Zinsen und sonstige Gerechtsame gehörten, und welches zu 8175 fl. taxirt worden war, b) die Weinberge zu Posewitz, c) den auf 300 fl. gewürderten dritten Theil des Backofens zu Stadt-Sulza und d) 2145 fl. — baar zur Gleichstellung mit den übrigen Portionen.

II. Georg Otto:

a) das Rittergut Tümpling, zu dem 9 Hufen Ackerland, 94 Acker Holz, 40 Acker Wiesen- und Weide-Land, ein Haus im Dorfe und verschiedne Gerechtsame gehörten, und welches auf 9793 fl. gewürdert worden war, b) drei Weinberge zu Tümpling, nämlich den Bölwer-, den Kleinen-Berg und den kleinen Dieczel, c) 827 fl. in baarem Gelde zur Gleichstellung mit den übrigen Theilen.

III. Hans Oswald:

a) die Herrschaft Sulza zu dem Preis von 10620 fl. und b) drei Weinberge zu Tümpling, nämlich den Pfitz- und Kötzschen-Berg und den großen Dieczel.

IV. Rudolph Albrecht:

a) das Rittergut Leißlau mit dem Ober- und Unterhof, 5 Hufen Ackerland, Teichen und allen sonstigen Zubehörungen zu dem Taxwerth von 6126 fl., b) das Rittergut Stöben, welches zu 2399 fl. abgeschätzt worden war, c) den Backofen zu Dorf-Sulza zu dem Taxwerthe von 500 fl., d) zwei Weinberge zu Tümpling, nämlich den Langen- und Großen Berg und e) 1595 fl. baar zur Gleichstellung mit den vorgedachten Portionen.

Ueberdies erhielt noch Jeder der vier männlichen Erben 748 fl. 4 Gr. 6 Pf. in klingender Münze, 1500 fl. an außenstehenden Forderungen und Mancherlei an Vorräthen, Vieh und Mobilien aller Art.

§. 4.
Die Verlassenschaft des Otto'schen Sohnes Georg Otto.

Wir haben bereits oben erwähnt, daß, während von den vier Söhnen Otto's der älteste und die beiden jüngsten die Stammväter der Linien Posewitz, Sulza und Kasekirchen wurden, der zweite Sohn, Georg Otto, welchem das Stammgut Tümpling zugefallen war, im Jahre 1612 ohne Hinterlassung von Descendenz und unverehelicht gestorben ist. Nach der zwischen seinen Brüdern über die Vertheilung seines Nachlasses getroffenen Vereinbarung vom 31. März 1612 übernahm der jüngste, Rudolph Albrecht, das Rittergut Tümpling nebst den drei Weinbergen und entschädigte seine Miterben. Da er diese Entschädigung nicht durchaus in baarem Gelde resp. durch Ueberweisung von außenstehenden Forderungen zu bewirken vermochte, so überließ er das Rittergut Stöben und den Backofen zu Dorf-Sulza seinem Bruder Hans Oswald zu Sulza. Es gestalteten sich die Grundbesitz-Verhältnisse der Erben nunmehr folgendermaaßen:

1) der unmündige Wolf Christoph behielt die ihm aus dem großväterlichen Nachlasse zugefallenen Besitzungen, nämlich das Rittergut Posewitz, die Weinberge daselbst und den dritten Theil am Backofen zu Stadt-Sulza;

2) Hans Oswald besaß fortan die Herrschaft Sulza, das Rittergut Stöben, drei Weinberge zu Tümpling und den Backofen zu Dorf-Sulza;

3) Rudolph Albrecht dagegen die Rittergüter Tümpling und Leißlau und fünf Weinberge zu Tümpling.

Da wir diesem Capitel eine Uebersicht der Stammväter der vier Tümplingschen Linien beizufügen beabsichtigen, so haben wir hier noch zu erwähnen, daß Hans Oswald, der Herr von Sulza und Stöben, neben andern Kindern auch zwei Söhne: Hans Georg und Hans Oswald hinterließ, welche seinen Stamm fortsetzten. Da nun sein Vermögen fast ausschließlich in dem gedachten Grundbesitz bestand, so konnte bei der von ihm hinterlassenen zahlreichen Familie die Herrschaft Sulza nicht ungetheilt erhalten bleiben. Dieselbe ward nach seinem Tode in die beiden Rittergüter Stadt-Sulza und Berg-Sulza getheilt, von denen sein ältester Sohn, Hans Georg, Stadt-Sulza, der jüngere, Hans Oswald, Berg-Sulza erhielt. Von diesen beiden Besitzungen war, wie oben in §. 1 angegeben, Stadt-Sulza ein uralter Rittersitz und sonach das Hauptgut der 1595 gegründeten Herrschaft Sulza, wie denn auch der ältere Hans Oswald zu Stadt-Sulza sein Domicil gehabt hat. Deshalb fiel Stadt-Sulza dem ältesten Sohne, Berg-Sulza dagegen dem jüngeren zu. Jeder dieser Beiden hatte zahlreiche Nachkommen. Man hat nun die Nachkommenschaft eines Jeden zu einer besondern Linie gestempelt, indem man die des Hans Georg, dessen Enkelsohn Georg Wolf I. das Rittergut Sorna kaufte, die Sornaer Linie, die des Hans Oswald dagegen die

Berg-Sulzaer Linie nannte und zu der letzteren auch den gemeinsamen Ahnen Hans Oswald den Aelteren zählte. Daß diese Eintheilung nicht ganz gerechtfertigt ist, liegt auf der Hand. Hätte man die Nachkommen Hans Oswalds des Aelteren, welche im Gegensatz zu der Nachkommenschaft seiner beiden Brüder d. i. zu den beiden Linien Tümpling-Posewitz und Tümpling-Rasekirchen auch eine Linie zu bilden hatten, in zwei Abtheilungen theilen wollen, so hätte man die gesammte Nachkommenschaft einschließlich ihres Ahnherrn mit dem gemeinsamen Namen der Linie Tümpling-Sulza, die Descendenz des ältesten Sohnes Hans Georg aber: das Haus v. Tümpling-Stadtsulza, die Nachkommen des jüngeren Bruders Hans Oswald II.: das Haus v. Tümpling-Bergsulza nennen sollen. Da es aber nicht unsre Sache ist, neue Einrichtungen und Benennungen einzuführen, sondern nur das Gewesene und Bestehende mitzutheilen, so werden wir in der Folge von den Linien Tümpling-Bergsulza und Tümpling-Sorna neben den Linien Tümpling-Posewitz und Tümpling-Rasekirchen sprechen. Der Anschluß dieser vier Stämme an die zu Ende des vorigen Capitels gegebene alte Ahnenreihe, die mit Otto schloß, sowie das gegenseitige Verwandtschaftsverhältniß der Ahnherrn der vier Linien soll durch gegenwärtige

Abstammungs-Uebersicht

verdeutlicht werden:

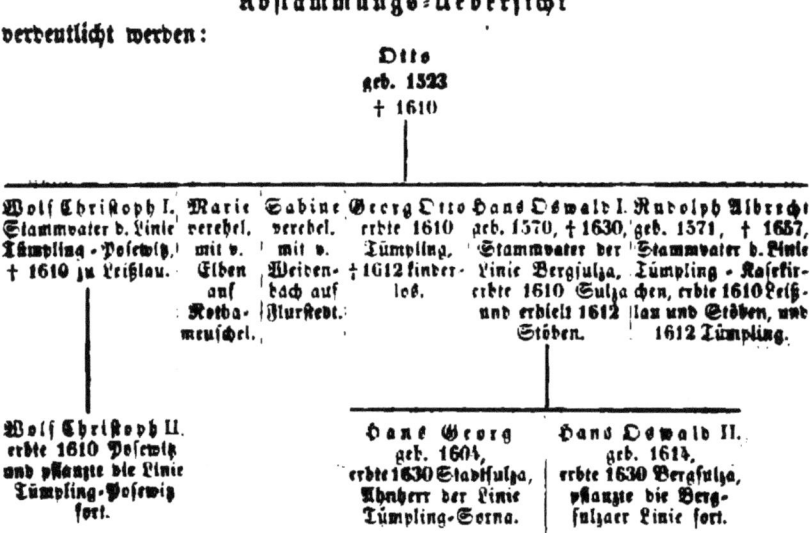

Otto
geb. 1523
† 1610

Wolf Christoph I. Stammvater d. Linie Tümpling-Posewitz, † 1610 zu Leißlau.

Marie verehel. mit v. Elben auf Rothameuschel.

Sabine verehel. mit v. Weidenbach auf Flurstedt.

Georg Otto erbte 1610 Tümpling, † 1612 finderlos.

Hans Oswald I. geb. 1570, † 1630, Stammvater der Linie Bergsulza, erbte 1610 Sulza und erhielt 1612 Stöben.

Rudolph Albrecht geb. 1571, † 1657, Stammvater d. Linie Tümpling-Rasekirchen und Stöben, und 1612 Tümpling.

Wolf Christoph II. erbte 1610 Posewitz und pflanzte die Linie Tümpling-Posewitz fort.

Hans Georg geb. 1604, erbte 1630 Stadtsulza, Ahnherr der Linie Tümpling-Sorna.

Hans Oswald II. geb. 1614, erbte 1630 Bergsulza, pflanzte die Bergsulzaer Linie fort.

Viertes Capitel

Das Haus von Tümpling-Posewitz.

§. 1.
Wolf Christoph I.

Wolf Christoph v. Tümpling, dessen Lebensgeschichte in der Hauptsache bereits im vorigen Capitel mitgetheilt worden, war der älteste Sohn des reichen Otto und der einzige männliche Sproß aus dessen erster Ehe. Die Zeit seiner Geburt ist ebenso unbekannt, wie die seiner Kriegsfahrten und die seiner Verehelichung. Dagegen steht fest, daß er am 26. April 1610 auf dem väterlichen Gute Leißlau alsbald nach seinem Vater gestorben ist. Sein Leichenbegängniß muß einen ziemlichen Aufwand verursacht haben, denn aus Anlaß desselben ließ seine Wittwe, wie in der die Theilung des Ottoschen Nachlasses betreffenden Urkunde angegeben, nicht nur 12 Scheffel Korn, 2 Scheffel Waizen und 9 Scheffel Hafer, sondern auch 3 Eimer guten Weines, 2 Faß Bier und einen gemästeten Pommerschen Ochsen von Tümpling nach Leißlau holen.

In seinem Leben hat Wolf Christoph Mancherlei versucht, sich namentlich auch zugleich mit seinem Bruder Georg Otto im Kriege umgesehen, dabei aber keine glücklichen Erfahrungen gemacht. In Folge seiner Gefangennehmung und anderer Unglücksfälle, die er bei seinen Unternehmungen erlitt, gerieth er in Schulden, aus denen ihm sein Vater heraushalf. Otto versah ihn nämlich nicht nur mit den nöthigen Geldmitteln, sondern überließ ihm auch eins seiner Schlösser, das zu Leißlau, zur freien Wohnung. Ob aber dieses Domicilium für Wolf Christoph wirklich nur den Character eines refugii hatte, oder ob ihm Leißlau pachtweise überlassen worden war, — was indessen unwahrscheinlich ist, weil eines solchen Pachtverhältnisses wohl in dem über die Vertheilung des Ottoschen Nachlasses verabfaßten Recesse gedacht worden sein würde, und weil außerdem beim Bestehen eines solchen Verhältnisses das bei Wolf Christophs Beerdigung aufgewendete Getreide kaum hätte geborgt zu werden brauchen, — oder ob er daselbst als Wirthschafts-Inspector seines Vaters gelebt hat, ist unentschieden.

Seine Ehefrau war Anna Christine von Haußen aus dem Hause Lützen-Sömmern, welche ihn überlebte. Es wurden derselben am 18. Mai 1610 Hans Sigismund von Haußen zu Lützen-Sömmern und Carl von Zehmen zu Neuderte vor Scöhlen als Curatoren bestellt. Außer dieser Wittwe hinterließ Wolf Christoph zwei Töchter: Sabina und Anna Magdalene, und einen ihm gleichnamigen Sohn.

§. 2.
Wolf Christoph II.

Wolf Christoph der Jüngere und seine beiden Schwestern Sabina und Anna Magdalene waren bei ihres Vaters Ableben 1610 noch unmündig.. Es wurden ihnen daher Vormünder bestellt, und zwar dem minorennen Junker zunächst in der Person Herrmann Münchs auf München-Gosserstädt, den beiden Schwestern dagegen in den Personen Georg Christoph Münch's zu Würchhausen und des ihrer Mutter beigegebenen Curators Hans Sigismund von Haußen auf Lützen-Sömmern. Im Jahre 1616 war der letztgenannte Vormund gestorben und Münch zu Würchhausen der alleinige Vormund der beiden Fräuleins, während Wolf Christoph anstatt Münch auf Münchengosserstädt seine beiden Oheime Hans Oswald v. Tümpling zu Sulza und Rudolph Albrecht v. Tümpling zu Tümpling und Leißlau zu Vormündern erhalten hatte. In dem nämlichen Jahre quittirte der Vormund der beiden Schwestern über 250 fl., welche den Letzteren als Schmuckgeld aus ihres Vaters Nachlaß zugefallen waren. Daß Wolf Christoph aus der Verlassenschaft seines Großvaters das Rittergut Posewitz sowie den dritten Theil des Backofens zu Stadt-Sulza — nicht aber, wie v. Uechtritz angegeben, das Rittergut Stadt-Sulza — erhalten, ist bereits im vorhergehenden Capitel mitgetheilt worden. Von den Vorräthen, Kleidungsstücken und sonstigen Mobilien, die ihm aus jenem Nachlaß auf seinen Theil zufielen, seien hier curiositatis causa nur erwähnt: 10 Eimer guten und 5 Eimer sauern Weines, 56 Schrot geräuchert Fleisch, 3 halbe Sauköpfe, 5 Schinken, 2 Schock Lichter, 1 Hasengarn, 1 Lerchennetz, 3 Büchsen, 1 Pulverflasche, 1 Köcher, 2 gute Harnische, 1 Paar Panzer-Aermel und Schürze, 1 dicker Wamms, 1 Pelz mit Füchsen gefüttert und mit breitem Sammt verbremet, 1 schwarzer Federbusch u. s. w.

Wolf Christoph, der sich ausschließlich der Bewirthschaftung seines Gutes Posewitz widmete und stets dort lebte, verehelichte sich 1625 mit Sybilla von Bünau, des chursächs. Lieutnants Rudolph v. Bünau auf Schindiz und der Barbara v. Bünau aus Slöhlen Tochter, mit welcher er folgende neun Kinder gezeugt hat, die sämmtlich zu Posewitz geboren sind:

1) **Christine Elisabeth**, geb. d. 9. März 1626, verehelichte sich am 12. Februar 1644 mit Junker Conrad Heinrich Schencken von Mohlau.

2) **Dorothea Sybilla**, geb. d. 9. Februar 1627.

3) **Dorothea Elisabeth**, geb. d. 29. Februar 1628, verheirathete sich 1660 mit dem Erbsaffen zu Eberstadt Hans Heinrich von Braun.

4) **Sybilla**, geb. d. 3. Februar 1629.

5) **Adam Friedrich**, geb. d. 6. September 1630, ist im nächstfolgenden Paragraphen behandelt.

6) **Wolf Christoph** III., geb. d. 19. August 1631.

7) **Anna Sophie**, geb. d. 29. August 1632, hat sich mit Georg Rudolph von Rockhausen auf Großgöstewitz verehelicht, welcher in kaiserlichen Militairdiensten beim Heisterischen Cavallerieregiment als Lieutnant stand.

8) **Johann Georg**, geb. am 25. September 1633 und

9) **Polita Juliane**, geb. d. 20. Januar 1635.

Die Söhne sub 6 und 8 müssen unverehelicht gestorben sein. Es ist von ihnen etwas Weiteres, als daß sie an den angegebenen Tagen geboren und später Mitbelehnte von Posewitz gewesen sind, nicht bekannt.

§. 3.
Adam Friedrich.

Adam Friedrich setzte von den neun Kindern Wolf Christophs II. allein dessen Stamm fort und bestätigte dadurch — wie überhaupt die ganze Posewitzer Linie — Etwas, was sich in der Genealogie so häufig findet, daß nämlich die Nachkommenschaft durch viele Kinder nicht gesicherter erscheint, als durch einen einzigen Sohn. Adam Friedrich war am 6. September 1630 zu Posewitz geboren und Erbherr auf Posewitz und Zöthen. Nach dem ihm im Camburger Kirchenbuche ertheilten ehrenvollen Zeugnisse ist er ein frommer christlich gesinnter Mann gewesen. Denn sein am 15. März 1672 im besten Mannesalter in Folge eines Schlaganfalls plötzlich, während einer Reise von Altenburg in die Heimath, erfolgter Hintritt ist vom Pfarrer zu Camburg in das Todtenregister also eingetragen worden: „Anno 1672. Herr Adam „Friedrich von Tümpling auf Posewitz und Zöthen, mein liebgewesenes „frommes Pfarrkind, ist den 15. Mart. zu Zeitz eingeschlaffen, als er von „Altenburg zurückgereißt früh um 5 Uhr durch einen Schlagfluß gerührt und „seelig verstorben, dessen entseelter Cörper des andern Tags hierher gebracht „und in sein Ruhekämmergen gesetzt worden. Das adel. Leichbegängniß aber „ist den 22. April des adel. Gebrauchs nachgehalten worden." Die Leichen vornehmer Personen wurden in damaligen Zeiten und noch bis in die Mitte des vorigen Jahrhunderts herab zwar alsbald nach ihrem Tode beigesetzt, aber das feierliche Leichengepränge mit seinem Trauerzug und Leichenschmaus erfolgte oft erst, wie hier, mehrere Wochen, in einzelnen Fällen wohl auch erst einige Monate darauf mit großem Aufwand und Luxus unter Tragung eines Paradesarges. So ward König Friedrich Wilhelm I. von Preußen, welcher am 31. Mai 1740 gestorben war, zwar bereits am 4. Juni in der Garnisonkirche zu Potsdam beigesetzt, am 22. Juni aber fand erst die feierliche Leichen-Ceremonie statt unter Paradirung der Truppen mit Speisung der Offiziere so, wie es der König selbst vorgeschrieben hatte. Beim Ableben des Großen Friedrich geschah dieß nicht mehr, da dieser Gebrauch inzwischen fast überall abgekommen war. Von dem Preuß. General-Lieutnant von Einsiedel ist bekannt, daß er am 14. October 1745 in Potsdam gestorben und am 16. desselben Mts. auf seinem Gute bei Jüterbock in der Stille beerdigt worden, nach Ablauf eines Vierteljahres aber, am 30. Januar 1746, ihm auf den Gütern zu Bärwalde ein feierliches Leichenbegängniß unter Einholung eines Paradesarges gehalten worden ist. Ein anderes dergleichen Beispiel siehe unten Cap. VI. §. 2. Doch kehren wir zu unserm Adam Friedrich zurück! An demselben ist neben seiner Frömmigkeit auch sein practischer und für das Wohl seiner Nachkommen besorgter Sinn zu rühmen, den er unter Andern auch dadurch bethätigte, daß er nicht allein das väterliche Gut Posewitz in gutem Stand hielt, sondern zu demselben auch das benachbarte Rittergut Zöthen dazu kaufte, von der Ansicht ausgehend, daß zur Aufrechterhaltung des Ansehns seiner Familie die Behauptung und Vergrößerung des Grundbesitzes das geeignetste Mittel sei.

Zur Ehe schritt er Dom. 25 p. Trinit. 1656 mit Sabinen Catharinen von Gräfen, des Hans Friedrich v. Gräfen (Gräfendorf?) auf Raubschütz und der Sidonie Catharine von Bärenstein aus dem Hause Großhelmsdorf Tochter, welche ihn überlebte und drei Jahr darauf, 1675, seinen gleichnamigen Vetter auf Berg-Sulza heirathete. Die Kinder Adam Friedrichs, sämmtlich zu Posewitz geboren, waren:

1) Wolf Friedrich, geb. d. 27. März 1658. Von ihm handelt der nächste Paragraph.

2) Wolf Heinrich, geb. d. 10. November 1659, ward zugleich mit seinem nur genannten Bruder am 25. Juni 1680 mit Posewitz belehnt. Außerdem kaufte er von seinem Stiefvater Adam Friedrich v. Tümpling aus der Berg-Sulzaer Linie das Gut Raußdorf bei Roda, woselbst er auch wohnte. Er blieb unverehelicht und starb im 52. Lebensjahre am 20. October 1711 zu Uhlstädt auf dem Schlosse seines Schwagers von Hünefeld.

3) Rudolph Wilhelm, geb. d. 19. Juli 1663, ist, da von seinem Leben Nichts bekannt worden, muthmaaßlich noch bei seines Vaters Lebzeiten jung gestorben.

4) Sophie Elisabeth, geb. d. 1. December 1668, vermählte sich am 4. December 1684 auf dem väterlichen Stammschloß mit Friedrich Ludwig von Hünefeld auf Uhlstädt und Christgrün, einem sehr Reichen von angesehener Familie.

§. 4.
Wolf Friedrich.

Wolf Friedrich, der älteste Sohn Adam Friedrichs v. Tümpling, war am 27. März 1658 zu Posewitz geboren und widmete sich dem Forstfache. Nach Beendigung seiner dießfallsigen Studien kam er an den Merseburger Hof, ward daselbst Kammerjunker, Oberforstmeister und endlich Oberjägermeister. In der letztgenannten Stellung ist er zu Merseburg am 28. September 1728 im 71. Lebensjahre eines sanften Todes gestorben, beigesetzt aber ward er in der Kirche zu Blösien, wo ihm auch ein schönes Epitaphium errichtet ist. Er hatte nämlich außer den vom Vater auf ihn übergegangnen beiden Gütern Posewitz, allwo er das alte Schloß abbrechen und ein neues herrschaftliches Wohnhaus errichten ließ, und Zöthen auch das Rittergut Blösien bei Merseburg besessen, welches seine Ehefrau Johanna Barbara geb. von Bodtfeldt aus dem Nachlasse ihres Vaters ererbt und um 12000 fl. angenommen hatte. Die Verehelichung mit der Bodtfeldt erwies sich überhaupt in jeder Hinsicht vortheilhaft, da Johanna Barbara eine ebenso reiche und vornehme, als sein gebildete und dabei doch practische Dame war, welche ihrem Manne treulich in dem Streben beistand, die zahlreichen Kinder, mit denen ihre Ehe gesegnet war, gut zu erziehen. Diese treffliche Gattin und Mutter war die jüngste Tochter Melchiors von Bodtfeldt auf Blösien, des letzten männlichen Sprossen des alten Geschlechts von Bodtfeldt, und der 1708 verstorbnen Martha Catharina von Burckersroda aus dem Hause Marck-röhliz. Melchior von Bodtfeldt aber war Director der Landschaft des Stifts Merseburg, wozu er 1679 von der Ritterschaft des genannten Stifts gewählt worden war, er starb im 67. Lebensjahre am 15. October 1695, nachdem er sich bereits drei Jahre zuvor seinen Sarg und den in diesem aufbewahrten Leichenanzug hatte anfertigen lassen. Aus seiner Ehe waren sechs Töchter, aber kein Sohn, hervorgegangen. Von diesen Töchtern sind hier außer der verehel. v. Tümpling nur zwei zu nennen: die drittälteste, Catharina Dorothee, welche Carl Hieronymus von Bose auf Benckendorf und Döhliz am Berge heimführte, und die fünfte, Hippolytta, welche am 9. September 1665 geboren nach ihres Vaters Tode am 9. Februar 1698 den churfächs. Oberaufseher der Elster-, Pleiß- und Weißritz-Flöße Carl Christoph von Römer auf Rauenstein und Brandenroda geheirathet und mit demselben 30 Jahre in zufriedner, jedoch kinderloser, Ehe gelebt hat. Nach dem am 5. April 1728 erfolgten Ableben ihres Gatten lebte sie auf dem ihr als Wittwensitz vermachten Schlosse Brandenroda und starb daselbst als hochbetagte Greisin im 92. Jahr ihres Alters am 12. November 1756. Sie hinterließ Brandenroda ihrem Neffen, dem churfächs. Hauptmann Carl von Bose, jedem der drei Söhne ihrer jüngsten Schwester, Johanna Barbara, dagegen 8000 Thaler. Diese Letztere war am 15. October 1689 mit unserm Wolf Friedrich getraut worden, lebte mit ihm 39 Jahr hindurch in glücklicher Ehe und überlebte ihn um 5 Jahr, indem sie am 13. November 1733, gleichfalls zu Merseburg, gestorben ist. Sie hat ihrem Eheherrn zwölf Kinder und darunter sieben Söhne geboren, von denen jedoch wiederum nur ein Einziger den Stamm fortgepflanzt hat. Diese Kinder waren folgende:

1) **Christiane Erdmuthe**, geb. zu Merseburg d. 9. November 1690,

vermählte sich d. 20. Februar 1719 mit Carl August von Wolfersdorff auf Altscherbitz oder Serbitz, chursächf. Major der Cavallerie, Domherr und Senior der Hohen Stiftskirche zu Merseburg, welchem sie fünf Kinder geboren hat. Sie starb am 9. December 1742 zu Merseburg, wo sie im Kreuzgange der bischöflichen Stiftskirche begraben liegt. Ihr Gemahl folgte ihr am 20. December 1746 im Tode nach.

2) Sophie Catharine, geb. d. 2. März 1692, verehellichte sich 1723 mit dem königl. Poln. chursächf. Kammerjunker und Oberforstmeister zu Siebenlehn Hartmann von Geusau auf Barnstädt, einem Wittwer, dessen erste Gemahlin, Marie Wilhelmine von Zwehmen aus Wegwitz, im Wochenbett gestorben war. Sophie Catharine überlebte dagegen ihren Gatten, dem sie eine Tochter geboren, um 11 Jahre und starb am 28. October 1768 zu Torgau, wo Geusau zuletzt sein Domicil hatte.

3) Louise Charlotte, geb. d. 20. August 1693 zu Merseburg, starb ebendaselbst als zwölfjähriges Mädchen am 31. October 1705.

4) Johanne Eleonore, geb. d. 16. Januar 1695, vermählte sich am 22. Mai 1719 mit dem chursächf. Rittmeister Hans Friedrich von Nißmitz auf Ißlau, Nebra und Kleinlauchstädt bei Merseburg, und starb am 4. Mai 1776 im 82. Lebensjahre zu Merseburg, nachdem ihr Gemahl 1760 zu Roßbach ihr im Tode vorangegangen war.

· 5) Wilhelmine Helene, geb. d. 17. October 1696 zu Merseburg, heirathete 1731 den dasigen Domherrn Henning Bernhard von Neuendorff auf Neuendorff, Wegeleben und Grinningen, ward jedoch schon am 6. October 1732 Wittwe und lebte als solche über 36 Jahr zu Merseburg, wo sie am 22. Januar 1769 gestorben ist und im Kreuzgange der Stiftskirche begraben liegt. Aus ihrer Ehe hatte sie einen Sohn, den sie aber gleichfalls bald zu verlieren das Unglück hatte, indem er als neunjähriger Knabe am 3. August 1741 nach langwieriger Krankheit starb.

6) Otto Friedrich, geb. d. 27. April 1698, pflanzte den Posewitzer Stamm fort. Seine Lebensgeschichte siehe unten §. 7.

7) Heinrich Carl, geb. d. 22. September 1699, ward ein sehr gelehrter Herr. Seine Lebensgeschichte enthält der nächstfolgende Paragraph.

8) Christian Gottlob, geb. d. 26. October 1701, ist in §. 6 behandelt.

9) Johann August, geb. d. 17. November 1703, kaufte von Denen von Portzig das Rittergut Boblaß, an dessen Besitz er sich jedoch nicht lange erfreuen konnte, da er immer kränkelte und schon in seinem 28. Lebensjahre, am 26. April 1731, zu seinen Vätern versammelt ward. Er starb ehelos und liegt in der Kirche zu Boblaß unter einem geschmackvollen Epitaphium begraben.

10) Friedrich Erdmann, geb. zu Merseburg d. 15. October 1705, starb noch in dem nämlichen Jahre.

11) **Rudolph Wilhelm**, geb. d. 3. October 1708 und gestorben d. 14. Januar 1709 zu Merseburg.

12) **Moritz Wilhelm**, geb. d. 27. Juni 1712 zu Merseburg, ist gleichfalls als zartes Kind, am 16. Juli 1713, ebendaselbst gestorben.

§. 5.
Heinrich Carl.

Heinrich Carl v. Tümpling, Domprobst zu Merseburg und herzogl. Sachsen-Gotha-Altenburgischer Steuer-Ober-Einnehmer, war Wolf Friedrichs zweiter Sohn, geboren zu Merseburg am 22. September 1699 und Erbe der aus dem Nachlasse seines Großvaters mütterlicher Seits stammenden Besitzung Blösien, zu der er 1738 durch Kauf das alte Familien-Stammgut Tümpling, sowie Wonnitz und Stöben von seinen Vettern aus der Kasekirchner Linie erwarb. Heinrich Carl verband mit seinem Reichthum Dank der trefflichen Erziehung, die ihm seine Eltern hatten geben lassen, hohe Bildung und gründliche Gelehrsamkeit. Nachdem er zunächst in den gewöhnlichen Unterrichtsgegenständen sowie in den neuern Sprachen durch Privatpräceptoren im elterlichen Hause unterwiesen worden war, besuchte er das Gymnasium seiner Vaterstadt und genoß außerdem Privatunterricht fort, so daß er mit guten Kenntnissen ausgestattet 1719 bis 1722 die Universität zu Halle frequentirte und daselbst mit ebenso viel Ernst und Eifer, als Vergnügen den juristischen, wie den classischen Studien oblag. Denn Heinrich Carl war ein Freund der schönen Wissenschaften und vornehmlich der lateinischen Sprache. Wer ihm einen wohl stylisirten lateinischen Brief schrieb, der war schon dadurch bei ihm empfohlen und konnte sich gewiß einer angenehmen Antwort versichert halten. Dazu war er ein gottesfürchtiger und wohlthätiger Herr, und ist ihm in dieser Beziehung das Zeugniß gegeben worden, daß er „ein gütiger Vater der Armen, sonderlich verlaßner Wittwen „und Waisen, vornehmlich armer Studirender auf Schulen und Universitäten „gewesen, und daß er viel Gutes in der Stille gethan habe." Nach vollendeten Studien ging er auf Reisen, wie dieß bei begüterten Edelleuten damals üblich war. Er sah sich dabei nicht nur im deutschen Vaterlande um, sondern besuchte auch Holland, Frankreich und England, woraus sich übrigens seine Kenntniß in fremden Sprachen beurtheilen läßt, da man damals nicht wie in unsern Tagen voraussetzen konnte, mit der deutschen Sprache überall fortzukommen. Auf diesen Reisen wohnte er unter Andern 1722 der Krönung König Ludwigs XV. von Frankreich in Rheims bei, ebenso war er im darauf folgenden Jahre zu Prag anwesend, als daselbst die Krönung Kaiser Carls VI. und dessen Gemahlin als König und Königin von Böhmen stattfand. Schon in seinem 22. Lebensjahre, am 20. Mai 1721, ward er Domherr zu Merseburg. Nach der Rückkehr von seinen Reisen begann er seine juristische Carrière und ward 1725 Regierungs-Assessor zu Merseburg. 1746 ward er Senior des Domstifts, 1757 Dombechant und 1760 Dompropst bei der bischöflichen Hohen Stiftskirche zu Merseburg mit Beibehaltung des Canonicats und Decanats des Unterstifts St. Sixti, auch Canonicats des Hohen Stifts. 1764 ward er Ordensritter des vom Churfürst Friedrich Christian errichteten Stiftsordens und endlich 1767 herzoglich Gotha-Altenburgischer Steuer-Ober-Einnehmer des Eisenbergschen Kreises.

Am 8. Februar 1734 verehelichte er sich mit Friedericken Henrietten Freyin von Schwan, des churfächf. Kammerherrn und Accisraths Carl Ernft Freiherrn von Schwan auf Thurm, Benusberg und Herold und Christianen Henrietten von Einsiedel aus dem Hause Lumzig Tochter, welche ihm jedoch keine Leibeserben geschenkt hat und am 29. Mai 1775, 64 Jahr alt, gestorben ist. Heinrich Carl ging ihr im Tode voran, er starb am 13. Mai 1773 im fast vollendeten 74. Lebensjahre und zwar bei vollem Bewußtsein mit dem Ausrufe: „O! Gott! Es geht etwas Großes mit mir „vor! Ich bin bereit, mein Gott! Schick's mit mir, wie Du willst!" Seine Wittwe hat ihm in der Merseburger Stiftskirche, in der er beigesetzt ist, ein schönes Monument aus sächsischem weißem Marmor aufrichten lassen, welches circa 1000 Thaler gekostet haben soll.

§. 6.
Christian Gottlob.

Christian Gottlob auf Boblaß, Neidschütz, Blösien, Tümpling, Wonnitz und Stöben war der dritte Sohn Wolf Friedrichs und am 26. October 1701 zu Merseburg geboren. Auch er war, wie sein Bruder Heinrich Carl, ein wissenschaftlich gebildeter Herr, hatte, um Jura zu studiren, drei Jahre die Universität zu Halle frequentirt und darauf noch zwei Jahre zu Jena den Studien obgelegen. Nach dieser schönen Grundlage begab er sich gleichfalls auf Reisen, welche er jedoch abzukürzen genöthigt ward, da er nach dem Ableben seines jüngern Bruders Johann August am 26. April 1731 von seiner Mutter veranlaßt und dringend gebeten ward, das von jenem nachgelassene Gut Boblaß zu übernehmen. In Entsprechung dieses Wunsches sah er von der Staatscarrière ab und widmete sich der Landwirthschaft. Um aber sein Besitzthum und damit zugleich den Kreis seiner Wirksamkeit zu vergrößern, kaufte er von dem Herrn von Portzig das benachbarte Gut Neidschütz dazu, sowie 1740 von dem Amtshauptmann v. Tümpling-Raselkirchen die Erbgerichte zu Aue, welche er indessen 1770 an seines Bruders Sohn, Carl Friedrich, wieder verkaufte. Boblaß war sein Aufenthaltsort und legte er daselbst eine neue Brennerei nach Nordhäußner Art an. Nach dem Tode seines Bruders Heinrich Carl 1773 erbte er die Güter Blösien, Tümpling, Wonnitz und Stöben. Verehelicht hat er sich am 3. Februar 1737 mit der am 30. October 1714 gebornen Wilhelmine Amalie Edlen von der Planitz, Carl August Dietrichs v. d. Planitz auf Poritz, Franckenhausen, Lehma und Carthause, fürstl. Sachsen-Gothaischen Kammerjunkers und Eisenbergischen Hausmarschalls, und Christianen Sybillen von Zehmen aus dem Hause Weißbach Tochter, welche zu heirathen anfänglich sein Bruder, der Domprobst Heinrich Carl, die Absicht gehabt haben soll. Diese Ehe blieb jedoch ebenso, wie die seines nurgenannten Bruders, kinderlos. Er starb zu Boblaß, woselbst er die Kirche hatte erbauen lassen, am 18. November 1779 an einem Stickfluß, nachdem er seinen Neffen in Meyßen, Carl Friedrich v. Tümpling auf Posewitz und Zöthen, den Sohn seines ältesten Bruders, zum Universalerben eingesetzt hatte. Ob, wie v. Uechtritz angegeben, seine Gemahlin in dem nämlichen Jahre einige Monate vor ihm gestorben, oder ihm, wie eine andre Nachricht lautet, erst am 3. Juni 1788 im Tode nachgefolgt ist, vermögen wir nicht mit Bestimmtheit anzugeben.

§. 7.
Otto Friedrich.

Otto Friedrich auf Posewitz und Zöthen, am 27. April 1697 zu Merseburg geboren, war der älteste Sohn Wolf Friedrichs v. Tümpling und Johannen Barbara'n v. Bodtfeldt, und der Einzige unter seinen Geschwistern, welcher den Posewitzer Stamm fortgepflanzt hat. Nachdem er im elterlichen Hause durch Privatunterricht die nöthige Vorbildung erhalten hatte, erlernte er bei dem im Forstwesen erfahrnen und berühmten alten Wildmeister Claudern in „der fröhlichen Wiederkunft" bei Kahla die Jägerei und ging sodann seiner weitern wissenschaftlichen Ausbildung wegen nach Halle. Nach dem Tode seines Vaters 1728 trat er in den Besitz von Posewitz und Zöthen, ward Merseburgischer Kammerjunker, hielt sich aber, da er an einer etwas schweren Zunge litt, vom Hofe fern, galt jedoch für einen Herrn vom ehrenwerthesten Character und sehr christlicher Gesinnung. Zu seiner Gemahlin wählte er 1735 Ernestine Karoline v. Tümpling-Bergsulza, Georg Friedrichs v. Tümpling auf Serba und Rothameuschel, fürstl. Sachsen-Weimarschen Hauptmanns, Tochter, mit der er in sehr glücklicher Ehe lebte. Es ward jedoch diese Ehe leider und zum größten Nachtheil für die daraus entsprossenen Kinder bald durch den Tod gelöst, indem die Gemahlin zwei Tage nach der Geburt ihres dritten Kindes am 18. August 1739 starb. Otto Friedrich lebte von da an in stiller Trauer und größter Zurückgezogenheit zu Posewitz bis an sein Ende, welches im 72. Jahre seines Alters, am 15. Februar 1769, erfolgte. Er ward zu Camburg bestattet, woselbst auch seine 30 Jahr zuvor verstorbene Gattin ruht.

Wie bereits gedacht, hatte Otto Friedrich drei Kinder, nämlich:

1) Carl Friedrich, geb. d. 7. Juli 1737, von dem der nächste §. handelt.

2) **August Wilhelm**, geb. b. 28. Juli 1738 zu Posewitz, starb vier Monate nach dem Tode seiner Mutter am 23. December 1739.

3) **Ernestine Wilhelmine**, geb. zu Posewitz am 16. August 1739, hatte das Unglück, alsbald nach ihrer Geburt ihre Mutter zu verlieren. Sie ward zuerst beim Vater, später jedoch in dem fürstl. Magdalenenstifte zu Altenburg standesmäßig erzogen, und am 18. October 1763 dem hannöverschen Major Johann Christoph von Münch auf München-Gosserstädt vermählt. Sie war ein fein gebildetes anmuthiges Wesen, von dem sich, bevor sie ihren nachmaligen Gemahl kennen lernte, auch der churfächf. Major Günther von Bünau auf Haynichen und Mephen, ein sehr ehrenwerther und angesehener Offizier, so angezogen fühlte, daß er sie zur Ehe begehrte. Allein Ernestine Wilhelmine empfand nicht Gegenliebe und lehnte Bünaus Hand ab. Letztrer aber stand in der Meinung, es sei dieß nur des körperlichen Uebels halber geschehen, mit dem er behaftet war, und drang auf Operation seines Leibesschadens. Diese Operation, welche Dr. Kaltschmidt in Jena vollzog, lief aber so unglücklich ab, daß Günther v. Bünau noch am nämlichen Tage, am 11. November 1762, starb. Seine Güter fielen seinem, ihm an Lauterkeit der Gesinnung ziemlich nachstehenden, Bruder Rudolph zu, und Mephen gelangte in den Besitz der Tochter dieses Rudolph v. Bünau, welche, wie wir sogleich im nächsten Paragraphen sehen werden, die zweite Ehefrau Carl Friedrichs von Tümpling ward.

§. 8.
Carl Friedrich und seine Kinder.

Carl Friedrich erblickte am 7. Juli 1737 zu Posewitz als das erstgeborne Kind Otto Friedrichs auf Posewitz und Zöthen das Licht der Welt. Bei der Wohlhabenheit seines Vaters und dem Reichthum seiner beiden kinderlosen Oheime, Carl Heinrich und Christian Gottlob, gehörte keine besondre Divinationsgabe dazu, ihm hohes irdisches Glück und eine angesehene Stellung in der Welt vorauszusagen, wenn er eine solche einzunehmen bestrebt sein wollte. Letzteres war nun aber nicht der Fall. Carl Friedrich war vielmehr im Gegentheil so wenig bemüht, Ansehn und Achtung zu erlangen, und gab sich einer so thörichten Sorglosigkeit und unüberlegten Verschwendung hin, daß er am Abend seines Lebens ohne Stellung und Besitzthum, verarmt dastand. Zweifelsohne trug zu dem Unglück dieses bedauernswürdigen Mannes der Umstand mit bei, daß er seine Mutter frühzeitig verlor und daher als Kind der Liebe und Leitung einer frommen und gebildeten Dame entbehren mußte, deren guter Einfluß sich dem Gemüthe des Kindes gewiß tief eingeprägt und seine Wirkung auch für die spätern Jahre nicht verloren haben würde. Die zweite, in der ersten mit begründete, Ursache von Carl Friedrichs Unfertigkeit ist darin zu suchen, daß er zu früh aus dem väterlichen Hause gekommen und seine Bildung keine abgeschlossene, sondern eine ziemlich zerrissene und planlose gewesen ist, wie denn endlich auch die Persönlichkeit seiner zweiten Frau, obschon sie als eine tüchtige Wirthin bezeichnet worden ist, an seinem Elend nicht die wenigste Schuld getragen haben mag.

Sein Vater, ein wissenschaftlich gebildeter Herr, hätte gern gesehen, daß er sich den gelehrten Studien gewidmet hätte und brachte ihn deshalb und weil er nach dem Tode seiner Gemahlin die Erziehung des Sohnes zu Hause fortzuführen sich nicht getraute, in noch zartem Alter in dem Hause des Rectors Mörlin am Gymnasium zu Altenburg unter, welcher die Beaufsichtigung und Unterweisung des Knaben zu übernehmen sich bereit erklärt hatte. In Mörlins Hause blieb Carl Friedrich 5 Jahr und kam sodann, ohne daß wir den Grund dieser Veränderung anzugeben vermögen, nach Naumburg, wo er ebenfalls einige Jahre hindurch Unterricht genoß. Weil er aber keine Neigung zum Studiren, dafür aber Lust zur Landwirthschaft an den Tag legte, nahm ihn sein Vater wieder zu sich nach Posewitz, und ward so der Bildungsgang Carl Friedrichs in der Mitte abgebrochen. Wohl wäre es gerathener gewesen, wenn Otto Friedrich darauf, daß sein Sohn seine Studien zu Ende geführt, bestanden, oder ihn zu einem tüchtigen und strengen Oekonom in die Lehre gethan hätte, anstatt ihn zu sich nach Hause zu nehmen. Aber wer mag einem besorgten Vater es verargen, wenn er nach dem frühen Tode seiner Gemahlin und nach dem Verluste seines zweiten Sohnes den einzigen ihm gebliebnen Sohn, auf dem alle seine Hoffnung ruhte, zu sich nahm, um dessen practische Ausbildung selbst zu leiten und dadurch zugleich das Trübe der eignen Einsamkeit zu erhellen? Seine väterliche Fürsorge beurkundete Otto Friedrich auch dadurch, daß er den Sohn zur Eingehung einer anständigen Ehe zu disponiren suchte, und gelang ihm dieß auch, indem Carl Friedrich 1759 Anna'n Carolinen Freyin von Schenck aus dem Hause Wiedebach die Hand zum Bunde reichte. Wie mag sich der alternde Vater über diese ganz in seinem Sinn geschlossene Heirath gefreut und mit welch frohen Hoffnungen die willkommene Schwiegertochter in seinem Hause aufgenommen haben, in welchem das junge Paar seine Wohnung eingeräumt erhielt! Aber leider war dieses Glück nur von sehr kurzem Bestande. Denn schon nach Verlauf eines Jahres starb die junge liebenswürdige Frau, am 12. August 1760, nachdem sie am 16. März ein Töchterchen geboren hatte.

Am 27. December 1762 schritt Carl Friedrich zur zweiten Ehe und vermählte sich mit Carolinen Elisabeth Wilhelminen von Bünau, der am 7. August 1744 zu Hahnichen gebornen Tochter des Sachsen-Gothaischen Capitains Rudolph von Bünau und der Johanne Erdmuthe von der Mosel, welche Letztre wiederum die Tochter des reichen Heinrich Siegmund v. d. Mosel auf Mosel, Rodenbach und Helmsdorf war. Brachte ihm die

Bünau auch das Gut Meyhen zu, und war die mit ihr eingegangne Ehe
auch mit Nachkommenschaft reich gesegnet, so muß diese Partie doch als eine
unglückliche angesehen werden. Auch Otto Friedrich scheint diese zweite Ehe
nicht mit dem Vertrauen und der Freude begrüßt zu haben, wie die erste,
denn sonst würde er sicher darauf gedrungen haben, daß sein Sohn nach wie
vor bei ihm zu Posewitz geblieben wäre und auch seine zweite Frau zu ihm
in's alte Stammgut eingeführt hätte. Er that dieß aber nicht und zog es
vor, sein Alter in Einsamkeit auf Posewitz hinzubringen, und die ihm nicht
genehme zweite Schwiegertochter aus dessen Mauern fern zu halten. Carl
Friedrich zog aus dem väterlichen Schlosse zu seiner jungen Frau auf deren
Gut Meyhen und lebte dort bis er, um das Maaß seines Elends voll zu
machen, im Groll von ihr schied. Nach dem Zeugniß des Rechtsconsulenten
Kayser zu Naumburg hatte Caroline Elisabeth Wilhelmine von Bünau eine
schlechte Education genossen. Ihr Vater sei ein grober dummer Edelmann,
ihre Mutter eine sehr einfältige Frau und halb blödsinnig gewesen und sei
nur um ihres Vermögens willen zur Ehe begehrt, von ihrem Gatten aber
sodann schlecht ästimirt worden. Es sei daher der Ehestand Bünau's kein
musterhafter gewesen. Die Tochter habe die böse Ehewirthschaft ihrer Eltern
von Jugend auf mit angesehen, wo habe sie also bei dem Mangel guter
Erziehung feine Sitte und Anstand her haben sollen? Sie habe schon vor
ihrer Verehelichung zu Carl Friedrich in vertrauterem Verhältniß gestanden,
als sich geziemet. Hiernach konnte bei den Tümplingschen Eheleuten von
einer gegenseitigen Hochachtung wohl kaum die Rede sein, und ist deshalb
sowie bei dem Mangel einer gründlichen Bildung, welcher bei beiden Gatten
wahrnehmbar war, der traurige Ausgang dieses Ehebundes nicht grade ein
Wunder. Anfänglich jedoch ging Alles gut und gab sich auch Carl Friedrich
der neuen Wirthschaft mit Eifer hin. Er ließ das Wohnhaus zu Meyhen
restauriren, legte einen schönen Garten an und setzte überhaupt das Gut mit
seiner Gemahlin, die sich ebenfalls der Landwirthschaft annahm, in guten
Stand. Es scheint, als habe ihm der Respect vor seinem alten Vater und
seinen beiden Oheimen noch einigen Halt gegeben, dessen er in seinem Innern
entbehrte. Nach dem Tode seines Vaters 1769 erbte er Posewitz und Zöthen,
und kaufte das Jahr darauf von seinem Onkel Christian Gottlob die Erbgerichte zu Aue, doch ist es sehr fraglich, ob er das dafür stipulirte Kaufgeld
je bezahlt hat, zumal er des genannten Onkels Universalerbe ward. Letzteres
geschah 1779 und erhielt er die sämmtlichen Besitzungen, die jener inne gehabt und zum Theil selbst erst nicht lange Zeit vorher von seinem Bruder
geerbt hatte. Anstatt nun auf Erhaltung dieses ansehnlichen Grundbesitzes
Bedacht zu nehmen, ward Carl Friedrich ein Verwüster dieser Güter, wie es
bei Zeibler heißt, indem er seinen Leidenschaften freien Lauf ließ und sich
einer Verschwendung hingab, welche die Behörden füglich hätte veranlassen

sollen, ihm im Interesse seiner Kinder einen Zustandsvormund beizuordnen. Er trennte sich von seiner Ehefrau, die ihm acht Kinder geboren, und ergab sich einem so unüberlegten Treiben, daß er in Concurs verfiel und eins seiner Güter nach dem andern mittelst nothwendiger Subhastation verkauft werden mußte. Nach dem Verlust seines Grundbesitzes und Vermögens lebte er zuletzt in Camburg. Hier söhnte sich seine Gemahlin mit ihm aus und ließ ihn, als er am 28. November 1788, 51 Jahr alt, in den dürftigsten Verhältnissen gestorben war, auf ihre Kosten beerdigen. Welcher Abstand zwischen dieser Beerdigung und den Begräbnissen seiner Vorfahren und nächsten Ascendenten, die von Posewitz und von Tümpling aus gleichfalls in Camburg beigesetzt worden waren! Auch Carl Friedrichs hinterlassene Wittwe liegt zu Camburg begraben, wo sie in ihren letzten Jahren nach dem Verkauf von Meyhen gelebt hat und am 27. September 1791 gestorben ist.

Zu beklagen waren die aus dieser Ehe hervorgegangenen Kinder, die sich fast der Mittel zu ihrer nothdürftigen Existenz beraubt sahen. Sehr characteristisch finden wir die Söhne im Dienst des aus den Kriegen des Großen Friedrich glorreich hervorgegangnen Heeres, — sie suchten ein standesmäßiges Unterkommen, das ihnen die heimathliche Erde nicht bieten konnte, im Auslande mit dem Degen bei der Fahne. Im Interesse dieser armen Kinder war es in der That sehr zu bedauern, daß Keiner ihrer beiden kinderlos verstorbnen reichen Großoheime auf die Idee gekommen war, zur Begegnung der Verarmung ihrer Familie eine Stiftung zu errichten. Freilich konnten dieselben bei der damaligen Wohlhabenheit der Familie kaum annehmen, daß die Armuth so bald über ihre Verwandten in solcher Weise hereinbrechen würde, daß die letzten männlichen Sprossen sich veranlaßt finden würden, der alten Heimath den Rücken zu kehren und ihren Stamm durch Verharren im ehelosen Stande aussterben zu lassen, denn dieselben mochten nicht daran denken, sich anderswo eine Häuslichkeit zu gründen, und konnten auch bei ihrer Mittellosigkeit kaum daran denken. Die Kinder Carl Friedrichs waren aber folgende:

1) Aus der ersten Ehe:

Caroline Friedericke, geb. zu Posewitz d. 16. März 1760, blieb unvermählt, lebte lange Zeit in Serba und zuletzt in Eisenberg, wo sie im März 1830 gestorben ist.

2) Aus der zweiten Ehe:

a) Friedrich Günther, geb. d. 23. Juli 1763 zu Meyhen, starb bald nach der Geburt.

b) Johanne Friedericke Wilhelmine, geb. zu Meyhen d. 1. October 1764, lebte ledigen Standes zu Camburg und ist daselbst drei Jahr nach ihrer Mutter, am 9. September 1794, gestorben.

c) **Eleonore Ernestine Friederike**, geb. zu Meyhen d. 17. Januar 1766, lebte zu Camburg und heirathete am 6. Januar 1796 **Philipp Wilhelm Leopold von Tümpling** aus dem Hause Kasekirchen. Sie starb zu Weimar am 6. Januar 1840, am 44. Jahrestage ihrer Hochzeit, nachdem ihr ihr Gemahl, dem sie zwei Kinder geboren, 1829 im Tode vorangegangen war. Es würde nicht ungerechtfertigt sein, diese Vermählung eine rührende zu nennen, da sich in derselben die verarmten letzten Sprossen zweier Familienzweige über den Trümmern des Glückes, das früher ihren Häusern beigesellt war, die Hand zum Bunde der Treue und zum gemeinsamen Tragen des Mißgeschicks reichten, welches schon in dem Gefühle liegen muß, herabgekommene Glieder einer alten, einst reich begüterten und angesehenen, Familie zu sein. Und wahrlich doppelt schwer lastet Armuth auf einer alten adeligen Familie! Von ihren Standesgenossen in der Regel nicht mehr für voll angesehen, vom unverständigen Theile des Publicums theils mit einem gewissen Spott, theils trotzdem noch als „gnädige Herrschaft, der man Das und Jene schon theuer anrechnen dürfe", betrachtet, ist sie bei aller Mittellosigkeit dazu verdammt, auf ihren für sie unglücklichen Adelsstand noch Rücksichten zu nehmen, und dem Verlangen, ihre Kinder ihrem Wunsche und ihrem Stande gemäß erzogen zu wissen, sowie noch manch Anderem zu entsagen. Die in unsern Tagen hier und da in Erwägung gezogene Aufhebung des Adelstandes würde in keines Anderen Interesse mehr liegen, als grade in dem solcher verarmten Adeligen selbst. Ein Glück, wenn sie, wie dieß hier der Fall war, in einer zufriedenen Ehe und im Schooße ihres stillen Familienlebens einen Ersatz finden für das, was zu entbehren und zu dulden ihnen auferlegt ward.

d) **Amalie Christiane Louise**, geb. zu Meyhen d. 20. April 1767, starb ebendaselbst am 23. Februar 1774.

e) **Carl Rudolf Christian Maximilian Leberecht**, geb. zu Meyhen d. 12. Januar 1769, trat in Preußische Kriegsdienste, ward 1785 Gefreiten-Corporal und am 30. Mai 1787 Fähnrich beim Infant.-Regiment Graf Anhalt (no. 43, von Strachwitz) in Schlesien, avancirte am 14. Februar 1790 zum Lieutnant bei demselben Regimente und starb als solcher am 3. Februar 1795 in den Winterquartieren der Armee in Südpreußen, 26 Jahr alt und unverehelicht.

f) **Heinrich Gottlob Friedrich Ludwig**, geb. zu Meyhen am 6. August 1771, ward am 14. April 1790 Fähnrich bei demselben Regiment, bei dem sein vorgenannter Bruder stand, avancirte am 19. Februar 1794 zum Seconde-Lieutnant und am 25. Januar 1803 zum Premier-Lieutnant, starb aber schon im September desselben Jahres zu Nimptsch in Schlesien im 32. Lebensjahre unverheirathet.

g) Johann Christian **Adolf Wilhelm**, geb. zu Meyhen am 12. September 1774, trat gleichfalls in Preußische Kriegsdienste, ward 1791 Gefreiten-Corporal beim Regiment Kronprinz (no. 18, Königs-Regiment in Potsdam), avancirte am 23. Februar 1794 zum Fähndrich, am 21. August 1795 zum Seconde-Lieutnant, am 16. März 1806 zum Premier-Lieutnant bei dem nämlichen Regiment, am 2. Januar 1813 zum Capitain bei dem Garnison-Bataillon des 1. Westphälischen Infanterie-Regiments, ward am 2. September 1813 pensionirt und starb am 2. März 1822 im 48. Lebensjahre unverehelicht zu Großglinicke bei Spandau.

h) **Henriette Christiane Louise Wilhelmine**, geb. d. 4. Juli 1781 zu Posewitz, blieb ledig, lebte zuerst in Camburg, sodann bei ihrer oben sub c genannten verheiratheten Schwester und gegenwärtig bei der Letzteren Tochter, der Frau Major und Finanzhauptkassirer Baumbach zu Altenburg, als der letzte Sproß des Hauses von Tümpling-Posewitz.

Zum Schluß dieses Capitels folgen hier nächst dem Stammbaum der Linie Tümpling-Posewitz die Ahnentafeln für die Kinder Wolf Friedrichs sowie für die aus der zweiten Ehe Carl Friedrichs hervorgegangnen Kinder.

Stammbaum des Hauses von Zimpling-Posewitz.

Adolf Christoph I., des reichen Otto ältester Sohn.
(Anna v. Haugen).

Adolf Christoph II.
(Sybilla v. Bünau.)

Anna Magdalene.

Sabina.

Christine Elisabeth v. Schrad.	Dorothee Sybilla.

Dorothee Elisabeth v. Brenn.

Sybilla.

Adam Friedrich
(Sabina Catharina v. Gräffen.)

Adolf
(Anna Catharina Christoph III. v. Rothausen.)

Anna Sophie
Georg.

Johann
Julian.

Bolla
Julian.

Wolf Friedrich
(Johanna Barbara v. Bohlsleib.)

Wolf Heinrich.

Rudolph Wilhelm.

Sophie Elisabeth v. Bohlsleib.

Moritz
Wilhelm.

Christiane Ernestine Catharine v. Wolfersdorf.	Sophie Charlotte v. Genseu.	Louise Eleonore v. Rigula.	Johanne Wilhelmine Friederike Ernestine von Neuendorf. Caroline von Zimpling).

Heinrich
Carl
(Friederike Amalie v. b. Planiz).

Christian
Gottlob
Wilhelm.

Johann
August.

Friedrich
Erdmann.

Rudolph
Wilhelm.

Carl Friedrich
(a. Anna Caroline Caroline Freyin v. Schad,
b. Caroline Elisabeth Wilhelmine v. Bünau).

August Wilhelm.

Ernestine Wilhelmine v. Wünch.

Caroline Friederike.	Friedrich Günther.	Johanne Friederike Wilhelmine.	Eleonore Ernestine Friederike v. Zimpling.	Amalie Christiane Louise.	Carl Rudolph Christian Maximilian Lebrecht.	Heinrich Gottlieb Lebr.	Johann Christian Adolf Wilhelm.	Orar. Christ. Louise Wilhelmine.

Nr.				
16.	Martha v. Witzleben aus dem Hause Wollmerstedt.			
15.	Hans Heinrich v. Heßler auf Kloster- u. Burg-Heßler, Boßstädt u. Schlöben.	Martha Catharina v. Heßler aus dem Hause Burgheßler.		
14.	Barbara v. Brandenstein aus dem Hause Oppurg u. Positz.	Samson v. Burckersroda auf Markröhliz u. Tölitau.	Martha Catharina v. Burckersroda a. d. H. Markröhliz.	
13.	Samson v. Burckersroda auf Markröhliz u. Delta.			Johanna Barbara v. Bodtfeldt aus dem Hause Blößen.
12.	Marie v. Biesenroth aus dem Hause Wengelsdorf.	Ottilie v. Kannewurf aus d. Hause Niederbruna.	Melchior v. Bodtfeldt selbst auf Blößen.	
11.	Hans Heinr. v. Kannewurf auf Niederbruna, Liebenau und Möckerling.			
10.	Marie v. Bose aus dem Hause Ober-Frankleben.	Andreas v. Bodtfeldt auf Blößen u. Körbigsdorf.		
9.	Andreas v. Bodtfeldt auf Gensau, Blößen und Körbisdorf.			
8.	Sabina v. Oelcniz.			
7.	Sigismund v. Bernstein auf Kautschüz und Großhermsdorf.	Sidonie Cath. v. Bernstein aus dem Hause Großenhelmersdorf.		
6.	Catharina v. Brand aus dem Hause Hermsdorf.	Hans Friedrich v. Gräffen auf Reichstüz und Kaselkirchen.	Catharina Sabina v. Gräffen aus dem Hause Rauhschüz.	Wolf Friedrich v. Tümpling auf Posewiz, Zöthen und Blößen.
5.	Hans Friedrich v. Gräffen auf Goldschau.			
4.	Martha Barb. geb. v. Bünau aus dem Hause Schkölen verw. v. Wolframsdorff.		Adam Friedrich v. Tümpling auf Posewiz u. Zöthen, Hause Rauhschüz.	
3.	Rudolph v. Bünau auf Schindiz.	Sybilla v. Bünau aus dem Hause Schindiz.		
2.	Anna Christine v. Haußen aus Lützen-Sömmern.	Wolf Christoph v. Tümpling auf Posewiz.		
1.	Wolf Christoph v. Tümpling zu Leislau.			

5*

Ahnentafel für die Kinder Carl Friedrichs von Tümpling zweiter Ehe.

1.	Adam Friedrich v. Tümpling auf Polewiß und Zschen.
2.	Catharine Sabine v. Gräfen aus dem Hause Franksciß.
3.	Melchior v. Poblietzt auf Blößen.
4.	Martha Catharine v. Burckersroda aus dem Hause Marköbitz.
5.	Georg Christoph v. Tümpling auf Gerba.
6.	Catharina Marie v. Wüsch aus d. Hause Würchhausen.
7.	Christoph Otto v. Gleuben auf Gerbstädt, Thal, Schnackt rc.
8.	Auguste Marie v. Alsburg aus dem Hause Schernick.
9.	Heinrich v. Bünau auf Dahnen.
10.	Anna Dorothea v. Kirnberg aus dem Hause Galis und Dahnen.
11.	Hans Heinrich v. Gräfa auf Golbschau.
12.	Blandina Christiane v. Gäßberg aus dem Hause Golbschau.
13.	Christian Heinrich v. d. Wesel auf Wesel und Steigenbach.
14.	Hippolita v. Schierstädt.
15.	Christian Ernst v. Werskenbach auf Reischädel.
16.	Marie Magdalene v. Gäßberg aus dem Hause Reischädel.

Wolf Dietr. v. Tümpling auf Polewiß, Zschen und Blößen.

Johanna Barbara v. Poblietzt aus dem Hause Blößen.

Georg Friedrich v. Tümpling auf Rothaumreiſel.

Carl. Gebeta v. Gleuben aus dem Hause Gerbstädt.

Günther v. Bünau auf Dahnen.

Sabina Elisabeth v. Gräfa aus dem Hause Golbschau.

Christ. Glasau v. d. Wesel auf Wesel, Rothenbach, Delmsdorf und Oberschala.

Anna Dorothea v. Werskeß aus dem Hause Reischädel.

Otto Friedrich v. Tümpling auf Polewiß u. Zschen.

Ernst. Caroline v. Tümpling ausßerehemerischel.

Rudolph v. Bünau auf Dahnern.

Johanne Erdmuthe v. d. Wesel a. d. H. Unterwesel.

Carl Friedrich v. Tümpling.

Carol. Elisabeth. Wilh. v. Tümpling.

Carl Friedrich v. Tümpling.

Fünftes Capitel.

Das Haus von Tümpling-Bergsulza.

§. 1.

Hans Oswald I.

Hans Oswald, des reichen Otto dritter Sohn, ward am 27. October 1570 zu Tümpling geboren. Von den Gütern seines Vaters erhielt er, wie in Cap. III. §. 3 und 4 mitgetheilt, 1610 die Herrschaft Sulza und 1612 das Rittergut Stöben. Seinen Wohnsitz schlug er in dem alten Rittersitze zu Stadt-Sulza auf. Dort lebte er zurückgezogen in stiller Frömmigkeit für das Wohl seiner Seele und seiner Familie wirkend. Er hat sich zu zweien Malen verehelicht: das erste Mal am 19. Januar 1602 mit Annen Marien von Bitzthum, Friedrichs von Bitzthum aus Apolda und Marien von der Planitz aus dem Hause Planitz Tochter, und nach deren am 21. August 1623 erfolgtem Ableben zum andern Male, am 16. Juli 1627, mit Julianen Sophieen von Marschall, Rudolphs von Marschall auf Ophaußen und Herrengosserstädt Tochter, welche im Jahre 1653 als Wittwe zu Stadtsulza noch gelebt hat. Hans Oswald dagegen ist schon am 29. November 1630 mit Tode abgegangen. Seine Kinder, die sämmtlich zu Stadt-Sulza geboren sind, waren:

1) Catharina Marie, geb. d. 14. November 1602, hat sich am 18. Mai 1618 mit Heinrich Siegmund von Marschall auf Tromsdorf verehelicht.

2) Hans Georg, geb. d. 3. Juli 1604, erhielt nach seines Vaters Ableben von der Herrschaft Sulza, welche in die beiden Güter Stadt-Sulza und Berg-Sulza getrennt ward, das erstgenannte Gut. Doch seiner Lebensgeschichte haben wir nicht hier, sondern erst zu Anfang des nächsten Capitels zu gedenken, da er der Ahnherr der Sornaer Linie ist.

3) Otto Friedrich, geb. d. 17. März 1606, ward 1619 Page zu Altenburg und ist ledig und noch vor seinem Vater gestorben.

4) Rudolph Wilhelm I., geb. am 9. Januar 1607, ward 1622 Page bei dem Grafen von Schönburg zu Glauchau.

5) Philipp Ernst I., geb. d. 10. September 1608, starb schon am 26. Januar des nächstfolgenden Jahres.

6) Anna Marie, geb. am 12. Juli 1610, blieb ledig, vertrat 1645 bei der Taufe Hans Oswalds III. mit Pathenstelle und starb am 3. October 1663 zu Bergsulza.

7) Dorothee, geb. d. 16. September 1612 zu Sulza, ist ebendaselbst im 70. Lebensjahre, am 25. Januar 1682, ledigen Standes gestorben.

8) **Hans Oswald II.**, geb. b. 1. April 1614, erhielt das Gut Berg-sulza. Von ihm handelt der nächstfolgende Paragraph.

9) **Philipp Ernst II.**, geb. b. 7. Januar 1621, ist jung gestorben.

Während die genannten 9 Kinder sämmtlich aus der ersten Ehe Hans Oswalds stammten, war aus dessen zweiter Ehe nur ein Zwillingspaar:

10) **Margaretha** und

11) **Sophie Elisabeth**, hervorgegangen, welches am 8. October 1629 geboren, in zarter Jugend wieder verstorben ist.

§. 2.
Hans Oswald II.

Hans Oswald, der fünfte Sohn seines gleichnamigen Vaters, ge-boren am 1. April 1614, ererbte aus dem väterlichen Nachlaß nach Theilung der Herrschaft Sulza das Rittergut Bergsulza, von dem seine Linie den Namen hat. Er verehelichte sich am 29. Januar 1640 mit Elisabeth von Rottulinsky Freyin von Zeltsch aus Schlesien, Adam Rottulinskys Freiherrn von Zeltsch auf Ulrichshalm ꝛc. und der Elisabeth von Pflugl aus dem Hause Grobitz Tochter. Die Rottulinsky's waren eine alte schlesische Familie, von welcher später ein Zweig in den Grafenstand erhoben worden ist. Aus diesem Zweige stammte Marie Anna, welche 1729 vom Fürsten Joseph Johann Adami von Liechtenstein zur Gemahlin erlesen ward.

Hans Oswald starb in der Nacht vom 24. zum 25. Mai 1688 zu Berg-sulza, 74 Jahr alt, während seine Gemahlin bereits 1671, am 25. November, heimgegangen war. Aus seiner Ehe sind folgende zehn Kinder entsprossen, die sämmtlich zu Bergsulza geboren sind:

1) **Adam Friedrich**, geb. am 27. September 1640, erbte nach seines Vaters Tode als ältester Sohn Bergsulza und kaufte später das Gut Rauß-dorf oder Rauschdorf bei Roda dazu. Nach dem 1672 erfolgten Ableben seines ihm gleichnamigen Vetters aus der Posewitzer Linie pachtete er die von demselben hinterlassenen Güter Posewitz und Zöthen, und heirathete dessen Wittwe Catharina geb. von Gräfen am 18. August 1675. Seine Ehe blieb jedoch kinderlos. Bei dem Mangel eines Leibeserben verkaufte er seine Güter und zwar Bergsulza an seinen Bruder Georg Christoph, Raußdorf dagegen an seinen Stiefsohn Wolf Heinrich v. Tümpling-Posewitz. Er setzte sich darauf in Stadt Roda zur Ruhe und starb daselbst am 23. September 1693, während seine Wittwe ihn über 20 Jahr überlebte und als hochbetagte Greisin am 14. November 1727 gleichfalls zu Roda das Zeitliche segnete.

2) **Johann Georg**, geb. d. 26. October 1641, starb jung.

3) **Georg Christoph**, geb. d. 9. Februar 1643, ist der Einzige von Hans Oswalds Söhnen, welcher dessen Stamm fortpflanzte, wie im nächsten Paragraphen des Näheren mitgetheilt.

4) **Hans Oswald III.** Von diesem ist etwas Mehreres, als daß er am 27. April 1645 zu Bergsulza geboren worden, nicht bekannt.

5) **Dorothee Elisabeth,** geb. d. 3. September 1646, starb bereits das Jahr darauf am 28. November.

6) **Otto Friedrich,** geb. d. 20. April 1648, trat in weimarsche Kriegsdienste und starb im 42. Lebensjahre als Offizier beim Ramsdorffischen Cavallerieregiment zu Weimar kinderlos und unverehelicht am 11. Jan. 1690.

7) **Eva Christina,** geb. d. 3. September 1650, blieb unvermählt, lebte bei ihrem ältesten Bruder und starb in ihrem 40. Lebensjahre, am 4. Februar 1690, zu Bergsulza.

8) **Marie Elisabeth,** geb. d. 20. Januar 1652, ward nur eine Woche über ein Jahr alt und starb am 27. Januar 1653 zu Bergsulza.

9) **Rudolph Wilhelm II.,** geb. d. 12. Mai 1654, vermählte sich am 19. August 1688 als Cornet — wie es im Trauregister von Bergsulza heißt — mit Eva Magdalene verw. von Mandelsloh geb. von Wintzingerode, Friedrich Ludwigs von Mandelsloh auf Neumark, erst französischen, dann lüneburgischen Capitains, nachgelassener Wittwe. Er ist jedoch ohne Hinterlassung von Kindern gestorben.

10) **Agnes,** deren Geburtsjahr unbekannt ist, heirathete Dom. Estomihi 1683 den chursächsischen Lieutnant Hans Sigismund von Hauffmuß auf Unternessa, und ist 1692 gestorben.

§. 3.
Georg Christoph.

Georg Christoph, der dritte Sohn Hans Oswalds II., geboren zu Bergsulza am 9. Februar 1643, war fürstlich weimarscher Kammerjunker und Oberstlieutnant, ein versuchter Offizier. Außer dem Stammgut Bergsulza, das er von seinem Bruder Adam Friedrich acquirirte, hat er die Güter Serba und Rothameuschel besessen. Ersteres, welches seinen Namen von den Sorbenwenden hat und ursprünglich Sörbaw (d. h. Sorben-Au) geschrieben ward, kaufte er 1675 von einem von Sandersleben, dem er nachmals verschwägert ward, Letzteres dagegen brachte ihm seine dritte Ehefrau zu. Sein Domicil hatte er in den Zeiten, in denen er nicht in seinem Standquartier lebte, anfänglich in Bergsulza, später jedoch in Serba, woselbst er auch am 2. December 1702 verstorben ist. Wie schon angedeutet, hat er sich drei Mal verehelicht, nämlich:

a) zum ersten Male am 15. Januar 1671 mit Catharinen Marien von Münch aus dem Hause Würchhausen, hinterlassener Wittwe des schwedischen Capitains und fürstl. sächs. Amtmanns zu Zwätzen Hieronymus Franz von Langenhagen, welche ihm fünf Kinder geboren hat.

b) Seine zweite Gemahlin war die am 24. März 1669 geborne Marie

Sybilla von Sandersleben, Georg Abrahams v. Sandersleben, vormals auf Serba, Tochter, welche er am 6. Juli 1690 heirathete. Dieselbe starb bereits am 1. Januar 1696 mit Hinterlassung zweier Töchter.

c) Zum dritten Male hat er sich am 27. December 1696 mit Sophien Justinen von Elben aus dem Hause Rothameuschel verehelicht, welche ihn fast volle 50 Jahre überlebt hat und in dem Alter von 87 Jahren 4 Monaten am 15. August 1752 zu Rothameuschel gestorben ist. Von dieser dritten Frau hat Georg Christoph Kinder nicht gehabt.

Die sieben Kinder Georg Christophs waren

I. aus der ersten Ehe:

1) Catharina Marie, geb. 1672 zu Bergsulza, ist am 5. März 1746 in einem Alter von 74 Jahren unverehelicht zu Rothameuschel gestorben.

2) Georg Friedrich, geb. 1674, siehe den nächstfolgenden Paragraph.

3) Anna Margarethe, geb. 1675.

4) Hans Georg, geb. d. 27. October 1676 zu Serba, starb ebendaselbst zur größten Betrübniß seiner Eltern, 3½ Jahr alt, am 27. April 1680.

5) Anna Sophie, geb. d. 26. Juli 1679 und gestorben drei Vierteljahr alt am 25. April 1680 zu Serba.

II. Die beiden Kinder zweiter Ehe waren:

6) Agnesa Christine, geb. d. 25. August 1691 zu Serba, verehelichte sich an Zacharias Zeuner zu Rothameuschel, woselbst sie auch am 28. October 1750 gestorben ist.

7) Anna Magdalene, geb. d. 14. April 1693 zu Serba, starb daselbst als siebzehnjährige Jungfrau am 2. Mai 1710.

§. 4.
Georg Friedrich.

Georg Friedrich, der älteste Sohn Georg Christophs, war sachsenweimarscher Hauptmann „zum fürstl. Bürgelischen Defensions-Volk", wie es in dem alten Serbaer Kirchenbuche heißt, und Besitzer von Serba und Rothameuschel, in welchem letztern Gute er am 28. October 1732 acht und fünfzig Jahr alt gestorben und in dem Erbbegräbniß in der dasigen Kirche beigesetzt worden ist. Verehelicht hat er sich am 3. October 1705 mit Catharinen Hedwig verw. von Platho (Platen) geb. von Steuben, des fürstl. braunschweigischen Kammerjunkers Christoph Otto v. Steuben auf Gerbstädt, Friedeburg, Thal, Tresewitz und Schnabitz und der Auguste Marie von der Asseburg aus Schermcke Tochter. Sie brachte ihm einen Stiefsohn Friedrich Wilhelm von Platho zu, der jedoch noch als Knabe am 15. Mai 1707 zu Serba an den Blattern starb, während sie selbst am 20. Mai 1739 zu Camburg gestorben ist, wo sie nach dem Tode ihres Gatten und nach dem Verkauf seiner Güter gelebt hat.

Aus dieser Ehe gingen vier Kinder hervor:

1) **Rudolph August**, geb. zu Serba am 28. Juli 1706, starb noch im nämlichen Jahre am dritten Weyhnachtsfeiertag zum höchsten Leidwesen seiner Eltern.

2) **Ernestine Caroline**, geb. im Mai 1708, verheirathete sich 1735 mit dem Kammerjunker Otto Friedrich von Tümpling-Posewitz, starb aber schon vier Jahr darauf, am 18. August 1739. Vergl. Cap. IV. §. 7.

3) **Ludwig Otto**, geb. d. 10. März 1712, ist im folgenden Paragraphen behandelt.

4) **Friedricke Louise**, ist unvermählt 1734 am 30. August zu Camburg, wo sie bei der Mutter lebte, gestorben.

§. 5.
Ludwig Otto.

Ludwig Otto v. Tümpling auf Etzoldishain, Könneritz und Gorenitzen war der zweite Sohn Georg Friedrichs und am 10. März 1712 geboren. Sowie sein Vater und Großvater Offiziere gewesen waren, verrieth auch Ludwig Otto große Neigung zum Militairstand. Auf Anrathen und unter Mitwirkung seines Vaters, welcher diese Neigung gern sah, bemühte er sich um Aufnahme in das Militair Preußens, als des Landes, in welchem sich der Soldatenstand der besondern Gunst des Herrschers, Königs Friedrich Wilhelm I., zu erfreuen hatte. Sein Gesuch ward bereitwilligst berücksichtigt und ward Ludwig Otto 1730 beim Infanterie-Regiment Fürst Franz von Anhalt-Bernburg inscribirt, 1735 ward er Fähndrich, 1736 Seconde-Lieutnant und 1741 nach Ausbruch des ersten schlesischen Krieges Premier-Lieutnant. Im zweiten schlesischen Kriege, dem er gleichfalls beiwohnte, ward er Capitain, dagegen war es ihm nicht vergönnt, auch in dem siebenjährigen Kriege mit activ zu sein, da er einer am linken Arme erhaltenen harten Contusion halber sich genöthigt sah, schon 1748 den Abschied zu nehmen. Da er aber noch in seinem besten Mannesalter stand und an die Thätigkeit eines bestimmten Berufes gewöhnt war, bewarb er sich um eine Anstellung im Civilstaatsdienst, wozu er übrigens bei seiner ehrenvollen Entlassung aus dem preußischen Kriegsdienste ausdrücklich Erlaubniß erhalten hatte. Er war auch so glücklich, eine solche Anstellung schon 1749 zu erhalten, indem er mittelst Decrets vom 11. Januar 1749 königl. poln. und churfürstl. sächs. Amtshauptmann zu Merseburg ward. Unterm 13. December 1753 ward ihm eine Supernumerar-Kammer-Rathsstelle im Stifte Naumburg cum spe succedendi in locum et salarium ordinarium ertheilt, und bald darauf auch eine wirkliche Kammer-Rathsstelle übertragen. Außerdem ward er am 9. September 1763 „wegen „seines, auch besonders in den jüngsten Kriegs-Läuften rühmlich bewährten „treu devotesten Dienst-Eifers" ꝛc. zum Kammerherrn ernannt. In dem nämlichen Jahre ward er auch mit dem markgräflich Bayreuthischen rothen Adlerorden decorirt.

Ludwig Otto war eine liebenswürdige Persönlichkeit biederen und ritterlichen Sinnes. Dieß ward auch von seinen Kriegscamraden, unter diesen aber insbesondre von seinem vertrauten Freund, von Zimmermann, der nachmals Oberst des preußischen Infanterie-Regiments Anhalt-Bernburg war, durch die That anerkannt, denn v. Zimmermann setzte ihn zu seinem Universalerben ein, wodurch Ludwig Otto zu seinen beiden bei Zeitz gelegnen Rittergütern Etzoldishain und Könneritz noch das im Mannsfeld'schen gelegne Gorentzen erhielt. Sein Domicil war Etzoldishain, woselbst auch seine vier jüngsten Kinder geboren sind. In seinen spätern Jahren lebte er jedoch in Zeitz und ist auch dort im 68. Lebensjahr am 1. September 1779 am zurückgetretnen Podagra gestorben.

Die Gemahlin Ludwig Otto's, welche er nach Vertauschung des Degens mit der Feder im Jahre 1749 geehelicht hat, war Henriette Charlotte Friedrike Sophie von Erdmannsdorf, am 30. Juni 1730 geborne Tochter des Oberforst- und Wildmeisters, nachmals aber Geheimen Raths Johann Friedrich von Erdmannsdorf auf Rennersdorf, Elbersdorf, Stauch und Hirschfeld und der Anna Sophie von Hoym aus dem Hause Guteborn. Sie starb im 46. Lebensjahr zu Zeitz am 3. October 1775 und ward am 6. desselben Monats früh um 2 Uhr in der dasigen Unterkirche beigesetzt.

Die Kinder Ludwig Otto's waren:

1) Carl Heinrich Christian, geb. am 24. Januar 1750 zu Dresden, starb in seinem vierten Lebensjahre, am 5. August 1753, zu Etzoldishain zum größten Schmerz seines Vaters, welcher mit ihm nicht nur einen geliebten Sohn, sondern auch die Hoffnung auf Erhaltung seines Stammes in's Grab sinken sah.

2) Charlotte Henriette Sophie Friedrike, am 21. April 1751 zu Etzoldishain geboren, hatte bei ihrer am 23. desselben Monats stattgefundnen Taufe 15 Taufzeugen, unter denen auch ihre beiden Großeltern mütterlicher Seits aus Dresden sich befanden. Sie vermählte sich erst nach dem Tode ihres Vaters und zwar am 22. September 1782 zu Zeitz mit dem königlich preußischen Major Heinrich Ludwig von Byern.

3) Johanne Henriette Wilhelmine, geb. am 2. Juni 1752 zu Etzoldishain, hat sich gleichfalls erst nach ihres Vaters Ableben verehelicht, indem sie am 28. Juni 1788 zu Groß-Aschersleben dem königlich preußischen Lieutnant beim Regiment von Kalkreuth Friedrich Wilhelm von und zu Mannsbach die Hand reichte.

4) Johanne Friedrike Sophie Louise, geb. zu Etzoldishain am 25. August 1753, starb in ihrem 24. Lebensjahre, am 13. März 1777, zu Zeitz an der Auszehrung.

5) **Anna Ernestine**, geb. am 16. Februar 1755 zu Etzoldishain, vermählte sich am 30. September 1777, also noch bei Lebzeiten ihres Vaters, zu Zeitz mit dem chursächsischen Kammerherrn **Carl Friedrich von Heinicke** auf Bollendorf und Alten-Döbern. Als sie im Mai 1779 von Bollendorf aus ihren Vater zu Zeitz besuchen wollte, hatte sie auf der Reise dahin am 21. Mai das Unglück, daß dem sie begleitenden Jäger ihres Gemahls sich unerwartet die Flinte entlud und ihr mehrere Schrote in den Kopf drangen. Obschon sie sofort in die nächstgelegene Stadt, Pegau, geschafft und daselbst ärztlich behandelt und mit größter Sorgfalt verpflegt ward, konnte ihre Rettung doch nicht ermöglicht werden. Sie starb am 10. Juni 1779 Nachmittags 2 Uhr zu Pegau, nachdem sie während ihres fast dreiwöchigen Krankenlagers namenlose Schmerzen hatte ausstehen müssen. Dieser unerwartete und betrübende Todesfall beugte den ohnehin schon durch den Tod seiner Gemahlin und das Ableben seiner dritten Tochter niedergedrückten, sowie von Krankheit heimgesuchten alternden Vater tief darnieder, und ist es diesem Schmerz wohl mit zuzuschreiben, daß er noch in dem nämlichen Jahre das Zeitliche segnete.

Mit **Ludwig Otto** erlosch das Haus von Tümpling-Bergsulza im Mannesstamm, wohl aber war und ist auch heutigen Tages noch eine ziemlich zahlreiche Nachkommenschaft des Stammvaters dieses Hauses, **Hans Oswald I.** auf Sulza und Stöben, von seinem ältesten Sohne **Hans Georg** vorhanden. Die Nachkommenschaft Hans Oswalds von diesem Sohne hat man die Linie von Tümpling-Sorna genannt und gehen wir daher nunmehr auf diesen Zweig des Sulzaer Hauses über. Zuvor aber ist als Schluß des gegenwärtigen Capitels noch der Stammbaum der Bergsulzaer Linie zu geben.

Stammbaum des Hauses von Lümpling-Bergfulsa.

Hans Oswald I., des reichen Otto dritter Sohn.
(a. Anna Marie v. Elsthum, b. Juliane Sophie v. Marschall.)

- Catharina Marie v. Marschall.
- Hans Georg Albert der Germar Linie.
  - Otto Friedrich. Wilhelm I.
  - Rudolph Ernst I.
  - Philipp Ernst I.
    - Anna Marie.
    - Dorothee.
    - Hans Oswald II.
      (Elisabeth v. Rotulinghy Freiin v. Gelsich).
      - Philipp Ernst II. Zwillinge.
      - Margareth und Sophie Elisabeth, Zwillinge.

- Adam Friedrich.
  (Catharina v. Gröfen.)
- Johann Georg.
  (a. Catharina Marie v. Wünch,
  b. Maria Sybilla v. Gambreichen,
  c. Sophie Justine v. Elven).
  - Georg Christoph
    (Catharina Dorothea v. Steuben verw. v. Dialom.)
    - Anna Margarethe.
    - Hans Georg.
    - Hans Oswald III. Elisabeth Friedrich.
    - Otto Friedrich.
    - Eva Marie Christine.
    - Marie Christine, Elisabeth, Wilhelm II. v. Haussung.
    - Anna Sophie.
    - Agnes Christine Jenner.
    - Anna Magdalena.

- Rudolph August.
  - Ernestine Caroline v. Lümpling.
    - Ludwig Otto
      (Henriette Charlotte Friederike Sophie v. Erdmannsdorf.)
    - Friederike Louise.

- Catharina Marie.

- Carl Heinrich Christian.
  - Charlotte Henriette Sophie Friederike v. Epern.
    - Johanne Henriette Sophie v. Mannsbach.
    - Johanne Friederike Louise Sophie.
    - Henriette Wilhelmine Louise Sophie.
    - Anna Ernestine v. Heinicke.

Sechstes Capitel.

Das Haus von Tümpling-Sorna.

Erste Abtheilung.

§. 1.

Hans Georg.

Hans Georg von Tümpling auf Stadt-Sulza und Tromsdorff erblickte als der älteste Sohn Hans Oswalds auf Sulza und Stöben und der Anna Marie von Vitzthum am 3. Juli 1604 zu Stadt-Sulza das Licht der Welt. Nachdem er gleichwie seine Brüder und Schwestern im Hause seiner frommen Eltern den nöthigen Unterricht durch Hauslehrer genossen hatte, und sich bei ihm — wie es in einer Nachricht über sein Leben heißt — „ein fein höfliches und heroisches Gemüth zeigte", brachte ihn sein Vater in dem Alter von 13 Jahren „an den freiherrlich Schenk'schen Hof zu Briesnitz" als Page, d. i. zum Reichsfreiherrn Christian Schencken von Tautenburg und Bargula auf Frauen-Prießnitz und Tonna, welcher 1618 Rector Magnificus zu Jena gewesen und 1640 als der Letzte seines alten Geschlechts verstorben ist. Vier Jahre darauf kam Hans Georg in gleicher Eigenschaft an den gräflich reußischen Hof zu Gera, in welcher Stellung er zwei Jahre verblieb. In seinem 20. Lebensjahre, 1623, nahm er Kriegsdienste und zwar zunächst bei der fürstlich obersächsischen Reiterei, sodann aber, nachdem Christian IV. von Dänemark für den Protestantismus das Schwert gezogen hatte, bei der dänischen Armee, indem er sich bei der Compagnie des Rittmeisters Pflugk, welcher in dänische Dienste getreten, anwerben ließ. Als aber nach dem für das dänische Heer unglücklichen Ausgang der Schlacht bei Lutter am Barenberg am 27. August 1626 die meisten Reichsstände des niedersächsischen Kreises sich dem Kaiser unterworfen und vom König Christian losgesagt hatten, und Letzterer sich genöthigt sah, sich in seine alten Erblande zurückzuziehen und gegen die herannahenden Heereshaufen Wallensteins auf die Defensive zu beschränken, quittirte Hans Georg den dänischen Kriegsdienst und ging als Kammerherr an den Hof der fürstlichen Wittwe Clara geb. Herzogin zu Braunschweig-Lüneburg, Gräfin und Frau zu Schwarzburg. Hier blieb er vier Jahr und erwarb sich während dieser Zeit die Gunst seiner Gebieterin in so hohem Grade, daß dieselbe mit ihm in stetem Briefwechsel blieb, ihn auch im Jahre 1653 mit ihrem persönlichen Besuche beehrte. Nachdem aber von den evangelischen Reichsständen bei dem Convente zu Leipzig, zu dem sich dieselben auf Churfürst Johann Georgs von Sachsen Veranlassung im Februar 1631 versammelt hatten, der Beschluß gefaßt worden war, eine

Armee von 40,000 Mann auf die Beine zu bringen, und Falls der Kaiser
den ihm vorzulegenden Anträgen nicht stattgeben sollte, sich selbst Recht zu
schaffen, und als in Folge dieses Beschlusses jene Reichsstände die Trommel
rühren und werben ließen, brach bei Hans Georg die Soldatennatur wieder
durch und siegte die heroische Seite seines Gemüths über die fein höfliche.
Er verließ den Hof und Kammerherrendienst und folgte der Fahne, obschon
er in der Unruhe jener Zeit doppelt Ursache gehabt hätte, sich auf das nur
erst kürzlich nach dem im November 1630 erfolgten Ableben seines Vaters
ihm zugefallne Gut Stadt-Sulza zu begeben und dessen Verwaltung wenn
nicht selbst in die Hand zu nehmen so doch persönlich und speciell zu beaufsichtigen. Er nahm bei dem Herzog Friedrich Wilhelm, nachmals Landesfürsten zu Altenburg, Kriegsdienste, war anfänglich Capitain-Lieutnant, später
Rittmeister bei dem fürstlichen Regimente und zeigte sich bei den verschiedenen
Kämpfen und Zügen, denen er beiwohnte, tapfer und ritterlich. Namentlich
verdient hier erwähnt zu werden, daß er in der ersten Leipziger Action, am
7. September 1631, als seinem neben Adolf von Bernburg haltenden Kriegsherrn das Pferd unterm Leibe erschossen ward, den Fürsten sofort auf sein
eignes Pferd hob und ihn dadurch der Gefahr der feindlichen Attaque entzog.
Nach dem am 30. Mai 1635 zu Prag erfolgten Abschluß des Separatfriedens
zwischen Sachsen und dem Kaiser nahm Hans Georg seinen Abschied, um
sich von nun an seinen Privatangelegenheiten zu widmen. Er ließ sich auf
seinem Gute nieder und verheirathete sich im nächstfolgenden Jahre, am 28.
September 1636, mit Dorotheen Christianen von Thangel, Georg
Günthers von Thangel auf Dennstädt hinterlassener Tochter. Dieselbe starb
jedoch schon am 20. September 1638 in ihrem zweiten Wochenbett zu Stadt-
Sulza unter Hinterlassung von zwei Söhnen.

Im Jahre 1640 ward ihm und seinem Bruder Hans Georg auf Berg-
Sulza die Vormundschaft über den jungen Münch zu Würchhausen, Döbritzschen
und Gosserstädt und die Verwaltung der beiden erstgenannten Güter übertragen, deren er sich sechs Jahre lang mit großer Sorgfalt und Gewissenhaftigkeit unterzogen hat. 1642 am Sonntag Estomihi schritt er zu seiner
zweiten Ehe, indem er Barbara Sybilla von Wurmb, Kammerfräulein
der Fürstin zu Heringen, heirathete, Hans Georgs v. Wurmb auf Oßmersleben, kaiserl. königl. Hauptmanns, und der Anna Magdalene v. Marschall
aus Danheim älteste Tochter, welche ihm sechs Kinder geboren hat, von
denen jedoch nur ein Sohn und eine Tochter ihn überlebt haben.

Der Rittmeister v. Tümpling war aber nicht blos ein ritterlicher und
fein gebildeter, sondern auch ein sehr gottesfürchtiger Herr. Er versäumte
mit den Seinigen in Tromsdorff, wo er in den letzten Jahren seines Lebens
lebte, keinen Gottesdienst und keine Betstunde, und erwies sich der dortigen
Kirche auch dadurch freundlich, daß er sie aus seinen Mitteln restauriren und

mit einem neuen Thurme versehen ließ. Auch der Armen und Kranken in seinem Orte nahm er sich getreulich an, ließ ihnen Arznei, Speise und Trank reichen, und war überhaupt bemüht, die Wunden, die die vielen Kriegsjahre auch seinen Unterthanen geschlagen, nach Kräften heilen zu helfen. Gleichwie er selbst unter Aufsicht seiner Eltern den Unterricht bis in sein 13. Jahr im Hause genossen hatte, ließ er auch seine Kinder im Hause durch Privatlehrer unterweisen, und unterstützte deren Bemühen, indem er auf gute Zucht und Ordnung hielt. Als er am 24. August 1656 am Tage Bartholomäi (XII. p. Trinit.) sich anschickte, den früh 6 Uhr beginnenden Morgengottesdienst mit seiner Gemahlin zu besuchen, fühlte er, von einer Beängstigung und einem heftigen Sausen vor den Ohren befallen, die Schwingen des plötzlich über ihn kommenden Todes. Während die erschreckten Seinen sofort nach dem Arzt schickten und ihm Linderung zu verschaffen suchten, bat er, seines Endes gewiß, den Geistlichen herbeizurufen, und verlor alsbald darauf die Sprache, nicht aber die Besinnung, starb vielmehr unter den Gebeten der Seinigen und des herzugeeilten Pfarrers bei voller Besinnung und gefaßten Herzens in dem Alter von 52 Jahren 1 Monat und 3 Wochen. Seine irdische Hülle ward in der Kirche zu Tromsdorff beigesetzt.

Seine Kinder

A. aus der ersten Ehe waren:

1) Georg Friedrich, geboren zu Stadt-Sulza am 8. August 1637, widmete sich den Studien und besuchte zu diesem Behuf die Fürstenschule zu Schulpforta, von der er am 2. März 1657 abgegangen ist. Eine weitere Nachricht über ihn haben wir nicht gefunden und halten uns daher zu der Annahme berechtigt, daß er bald darauf gestorben.

2) Otto Friedrich, geb. d. 18. September 1638 zu Stadt-Sulza, hatte das Unglück, zwei Tage nach seiner Geburt seine Mutter durch den Tod zu verlieren. Dem Beispiele seines Vaters folgend bildete er sich für den Militairstand aus und nahm bei der schwedischen Armee Kriegsdienste, der er bereits zur Zeit des Todes seines Vaters, also schon in seinem 18. Lebensjahre, angehörte. Daß er dem Zug der Schweden gegen Polen beiwohnte, ist bekannt; ob er aber dabei, oder wann und wo er sonst sein Ende gefunden, ist unbekannt geblieben.

B. Aus seiner zweiten Ehe hatte Hans Georg 6 Kinder, nämlich:

3) Clara Catharine, geb. zu Würchhausen am 24. August 1643, starb ebendaselbst am 15. Januar 1644.

4) Eva Catharine, geb. d. 18. December 1644 zu Würchhausen, starb daselbst am 6. März 1645 und liegt neben ihrem vorgenannten Schwesterchen in dasiger Kirche begraben.

5) Veit Ludwig, geb. d. 15. Juni 1646 zu Würchhausen, pflanzte den Stamm fort. Das Nähere über ihn enthält der nächste Paragraph.

6) **Sabina Amalia**, geb. b. 3. Juli 1648 zu Stadt-Sulza, vermählte sich an Wolfgang David von Raschau auf Tromlitz und starb
am 23. Juli 1688. Auf sie ging das väterliche Stammgut Stadt-Sulza
über, wodurch ihr Gemahl Stammvater Derer von Raschau auf Sulza ward.

7) **Lorenz Albrecht**, geboren am 9. August 1650 zu Stadt-Sulza,
starb am 2. Pfingstfeiertag 1651 zu Tromsdorff.

8) **Ein todtgeborenes Söhnchen**, geb. b. 10. Juni 1653 zu
Tromsdorff.

§. 2.

Veit Ludwig.

Veit Ludwig auf Stadt-Sulza, das er jedoch später seinem Schwager
v. Raschau überließ, Schieben, Klein-Aga und Hermsdorf, der dritte Sohn
Hans Georgs, war am 15. Juni 1646 zu Würchhausen geboren, welches
Gut sein Vater damals als Vormund des minorennen v. Münch verwaltete.
In seinem zehnten Jahre schon verlor er seinen trefflichen Vater durch den
Tod und hat sich ihm dessen Sterbestunde mit unauslöschlichen Zügen in's
Gedächtniß geschrieben. Er war es, der auf Befehl des zum Tode Erkrankten
eilig den Pfarrer herbeirief und diesem mit großer Angst erzählte, wie der-
selbe plötzlich der Sprache beraubt worden und heftig erkrankt sei. Doch der
Segen, den er von dem sterbenden Vater erhielt, ist nicht ohne Erfüllung
geblieben. Seine Mutter, Barbara Sybilla geb. v. Wurmb, die ihm als
Vormünderin bestellt worden, leitete mit treuer Fürsorge seine Erziehung.
Er ward zwar für das Kriegshandwerk ausgebildet, trat auch als Cornet in
churfürstl. Heidelbergsche Dienste, verließ aber bald wieder die Fahne, indem
er sich der Verwaltung seines Besitzthums widmete und 1671 mit **Reginen
von Creutz**, Wolf Albrechts v. Creutz auf Krelpitsch und Niederndorff,
sachsen-gothaischen Rittmeisters, und der Marie Elisabeth v. Wolframsdorff
aus dem Hause Kostritz Tochter, verehelichte. Darin, daß sein Schwiegervater den Vornamen Wolf führte, ist der Grund zu erblicken, aus welchem
dieser Vorname bei der Sornaer Linie so häufig vorkommt, denn Veit Ludwig
ließ seinem ältesten Sohne den Namen Wolf zu Ehren seines Schwiegervaters
beilegen und ist er sodann auf die spätern Nachkommen in fast Besorgniß
erregender Weise progressiv übergegangen.

Veit Ludwig lebte ein ruhiges Leben auf seinen Gütern im Kreise der
Seinen, und ist daher auch von etwaigen Erlebnissen desselben Nichts zu erzählen. Nur das sei erwähnt, daß auch er mit zu dem feierlichen Leichenbegängniß befohlen war, welches Herzog Friedrich Wilhelms zu Sachsen-
Altenburg zweiter Gemahlin am 9. März 1668 gehalten wurde. Diese Fürstin,
Magdalene Sybilla aus dem churfächsischen Hause, hatte die Art und Weise,
wie ihr Leichenbegängniß gefeiert werden sollte, selbst genau angeordnet und

fand solches 2 Monate nach ihrem am 6. Januar 1668 erfolgten Ableben ganz so, wie sie es befohlen, statt. Außer durch Veit Ludwig war das Tümplingsche Geschlecht bei diesem Leichenzug noch durch 3 Mitglieder vertreten. Es waren nämlich dabei auch anwesend: Adam Friedrich aus dem Hause Bergsulza, welcher einer von den 8 Edelleuten war, die die 8 vor dem Leichenwagen gespannten in schwarzes Tuch gehüllten und mit Wappen behangnen Pferde führten, ferner Hans Oswald II., der Vater Adam Friedrichs, welcher neben Veit Ludwig in dem Zuge der Landedelleute ging und endlich Philipp Heinrich von der Kasekirchner Linie, welcher dabei die Function eines der drei in der Mitte des Zuges gehenden Hauptmarschälle versah. Veit Ludwig starb am 24. Mai 1698 zu Klein-Aga, während seine hinterlassene Wittwe am 26. August 1726 zu Serna aus dieser Zeitlichkeit abberufen ward. Seine Kinder waren:

1) Georg Wolf, geb. den 2. Mai 1672 zu Schieben, ist in §. 3 behandelt.

2) Marie Sybilla, geb. den 6. Mai 1673 zu Schieben, starb daselbst schon im nächstfolgenden Jahre am 11. August.

3) Clara Sophie, geb. 1674 zu Klein-Aga, vermählte sich zuerst mit Adam Heinrich v. Naundorf auf Dorna, dem sie einen Sohn schenkte, und das andere Mal als Wittwe, am 9. Juni 1704, an Christoph Adam v. Brandenstein auf Rahnis und Wöhlsdorf, Sachs.-Weimarschen Kammerjunker und Obristlieutnant, welchem sie 5 Kinder geboren hat. Sie starb am 27. Juni 1718 zu Rahnis.

4) Sophie Elisabeth, geb. den 9. April 1678 zu Schieben, verheirathete sich am 20. Juni 1700 mit Friedrich Ehrenreich Pola v. Borstau (Borschittau) auf Mössburg bei Erfurt.

5) Christoph Ludwig, geb. den 23. August 1679 zu Schieben, † den 8. December desselben Jahres.

6) Christiane Elisabeth, geb. zu Schieben am 7. Septbr. 1680, ward am 1. September 1705 mit Christian Donat v. Pegau auf Ober-Freiberg, k. k. Rittmeister bei dem Regiment Esterhazi, getraut und starb am 15. October 1748 zu Adorf.

7) Johanne Christiane, geb. den 3. Mai 1682 zu Schieben, heirathete den Hauptmann von Kropff, und starb zu Mossbach.

8) Susanne starb ledig.

9) Marie Elisabeth, geb. 1692 zu Klein-Aga, heirathete am ersten Adventsonntag 1715 Johann Wigand v. Lengefeld, und starb am Weyhnachts-Heiligabend 1745 zu Freyberg.

§. 3.

Georg Wolf I.

Georg **Wolf**, Veit Ludwigs ältester Sohn, auf Sorna, Chursdorf und Hermsdorf, geboren zu Schieben am 2. Mai 1672, ist der eigentliche Ahnherr der Sornaer Tümplinge, da er der Erste aus dem Tümplingschen Geschlecht war, welcher Sorna besessen hat. Er war fürstl. Sachsen-Eisenbergischer Oberstlieutnant und Kammerjunker, verehlicht mit **Charlotten Marien von Carlowitz**, des königl. Poln. und churf. Sächs. Oberberghauptmanns Hans Carl von Carlowitz auf Arnsdorf und der Ursula Margarethe von Bose aus dem Hause Frankleben und Mölbis Tochter. Sein Schwiegervater, ein gelehrter und durch seine in den Jahren 1665—1669 unternommenen Reisen nach Frankreich, den Niederlanden, England, Dänemark, Schweden, Italien und nach den verschiednen Staaten des deutschen Vaterlandes bekannter Herr, hatte bei seinem am 3. März 1714 zu Freiberg erfolgten Ableben keine Söhne, dafür aber drei Töchter hinterlassen: a) Ursula, welche ledig blieb und am 2. Juli 1746 gestorben ist, b) Charlotte Marie, die Ehefrau unsers Georg Wolf, und c) Johanne Magdalene, welche am 2. December 1715 den Major Ludwig Gustav v. Carlowitz auf Liebenau heirathete. Um nun sein Gut Arnsdorf, welches Mannlehn war und daher den Töchtern durch Erbschaft nicht zufallen konnte, dennoch seiner Descendenz zu erhalten, verkaufte er dasselbe noch bei seinen Lebzeiten an seine drei Töchter, was nach sächsischem Lehnrecht statthaft war. Es wurden auch in Folge dessen die drei Töchter am 18. Decbr. 1710 mit Arnsdorf gemeinschaftlich belehnt. Johanne Magdalene verkaufte aber ihren Antheil daran 1727 an ihre beiden Schwestern für 16204 Gülden 7 Gr. Meißnisch (den Gulden zu 21 Gr. gerechnet), so daß nunmehr Jeder der beiden Letztern die Hälfte des Gutes gehörte.

Aus Georg Wolfs Ehe mit der von Carlowitz gingen folgende Kinder hervor:

1) **Christoph Dietrich**, geb. am 24. April 1703 zu Sorna, ward Militair. Von ihm handelt der nächstfolgende Paragraph.

2) **Carl Ludwig**, geb. zu Sorna den 11. August 1704, starb jung.

3) **Christian Gottlob**, geb. den 4. December 1705 zu Sorna, widmete sich dem Forstfach. Von ihm und seiner zahlreichen Nachkommenschaft handelt das siebente Capitel.

4) **Charlotte Louise**, geb. den 10. März 1707 zu Sorna, hat sich am 19. April 1735 mit Carl Philipp Geyer v. Geyersberg, Oberforstmeister zu Neustadt, vermählt. Nach dessen bereits am 7. Juni 1737 erfolgtem Ableben lebte sie bei ihren Verwandten und ist am 5. November

1775 bei ihrer Nichte, der Baronin v. Seckendorf geb. v. Tümpling, zu Meuselwitz, gestorben.

5) Carl Georg Heinrich, geb. zu Sorna am 10. April 1708, betrat die militairische Laufbahn. Das Nähere über ihn und seine Nachkommen siehe unten §. 5—7.

6) Johann Carl Ludwig, geb. den 9. November 1709 zu Sorna, ist im zarten Kindesalter gestorben.

7) Georg Wolf II., geb. den 21. März 1713 zu Freiberg, widmete sich dem Kriegsdienste. Seine Lebensgeschichte enthält §. 8.

8) Eleonore Charlotte Elisabeth, geb. den 6. October 1714 zu Sorna, vermählt zu Rudolstadt an Otto v. Pflugk, chursächs. Oberforstmeister auf Frauenhain, Gülterlitz und Zübendorf, ist am 16. Juli 1763 zu Rudolstadt gestorben.

9) Johanne Christiane Charlotte, geb. den 6. März 1716, vermählte sich am 21. November 1747 mit dem königl. Poln. und churf. Sächs. Capitain Reichwald v. Kämpffen auf Wöhlsdorf bei Auma und starb daselbst am 6. März 1765 an ihrem 50sten Geburtstage, nachdem sie ihrem Gemahl 7 Kinder geboren hatte. Diese Kinder sind jedoch sämmtlich zeitig gestorben. Reichwald v. Kämpffen seiner Seits starb am 5. December 1782, überlebt von einem Sohn zweiter Ehe, die er mit einem Fräulein von Seidewitz eingegangen war.

10) Henriette Charlotte Magdalene, geb. zu Sorna den 13. Februar 1717, vermählte sich am 27. December 1734 mit dem Sächs. Gothaischen Oberforstmeister Johann Friedrich v. Meußebach auf Wenigen-Auma, Zabelsdorf und Silberfeld, und starb zu Zabelsdorf am 27. Februar 1765 mit Hinterlassung einer Tochter Auguste Mariane Johanne Charlotte, welche den Rittmeister v. Pflugk geheirathet hat.

Der Oberstlieutnant und Kammerjunker Georg Wolf I. starb zu Sorna am 1. December 1732, nachdem er lange auf dem Krankenlager gelegen und am 4. October 1730 ein Testament errichtet hatte. In demselben war unter Andern auch bestimmt, daß falls Einer der Söhne die Güter Sorna und Hermsdorf übernehmen wollte, dieß für den vom Testator festgesetzten Tarwerth von 16000 Gulden Meißnisch geschehen sollte. Es hatten sich jedoch die Verhältnisse Georg Wolfs seit der Errichtung seines letzten Willens und zwar, wie es in der betreffenden Urkunde heißt, „wegen beständig er-„littener Krankheit und Niederlage, und sich ereigneter employes derer Herrn „Söhne, als wobei ein nicht geringer Geldaufwand zu machen gewesen, der-„gestalt alteriret, daß bei der Väterlichen Disposition nicht Subsistiret werden „konnte." Es ward daher von den Erben, soweit nöthig unter vormundschaftlicher und obervormundschaftlicher Genehmigung, mittelst eines unterm 2. Februar 1733 vereinbarten Erbrezesses beschlossen, bei Theilung der väterlichen Verlaſſenſchaft das Teſtament nicht maaßgebend ſein zu laſſen, und anſtatt deſſen feſtgeſetzt, daß die beiden Güter nur unter der Bedingung Einem der Miterben überlaſſen werden ſollten, daß ſich derſelbe dazu ver ſtehe, ſowohl die auf dieſen Gütern haftenden und einſchließlich des darauf ſtehenden alten Tümplingſchen Lehnſtammes 18499 Reichsthaler 19 Gr. be tragenden Schulden allein zu übernehmen, als auch dem jüngſten Sohne, Georg Wolf II., der damals fürſtlich Würtembergiſcher Cadet war, bei Er reichung ſeines 24. Lebensjahres oder bei Erlangung einer Offizierſtelle 343 Thaler und einer Jeden der 4 Schweſtern 289 Thaler 5 Gr. 9 Pf. baar herauszuzahlen, auch der Mutter freie Wohnung, ſowie den Brüdern das Vorkaufsrecht und die Mitbelehnſchaft einzuräumen. Da aber dabei an erkannt ward, daß der wahre Werth der beiden Güter die vom Erblaſſer feſtgeſetzte Schätzungsſumme nicht viel überſteige, ſo verpflichtete ſich die verw. v. Tümpling, für den Fall, daß Einer ihrer Söhne die Güter unter den angegebenen Bedingungen übernehmen würde, auf alle ihr aus der Erb ſchaft zukommenden weiblichen Gerechtſame zu verzichten mit alleiniger Aus nahme der zu Sorna vorhandenen Kutſchen und Kutſchpferde, welche ſie ſich als ihr Eigenthum reſervirte. Während der älteſte Sohn, Chriſtoph Dietrich, es ablehnte, die Güter unter dieſen Bedingungen anzunehmen, verſtand ſich dazu der zweite Sohn, Chriſtian Gottlob, damals Würtembergiſcher Jagd junker, und waren damit die ſämmtlichen Intereſſenten insbeſondere auch die beiden jüngſten Brüder, die die Uebernahme der väterlichen Güter gleichfalls von der Hand wieſen, einverſtanden. Es erhielt ſonach Chriſtian Gottlob das Stammgut Sorna und das, allerdings unbedeutende, und nur aus der Patrimonialgerichtsbarkeit über das Dorf, der Jagdgerechtigkeit, Lehngeldern und Erbzinſen beſtehende, dagegen Grund und Boden nicht enthaltende, Gut Hermsdorf für die damals für ſehr beträchtlich gehaltene Summe von 20,000 Thalern, welche den gegenwärtigen Werth von Sorna, ſelbſt wenn man denſelben noch ſo niedrig ſtellen wollte, auch nicht einmal annähernd berührt.

Charlotte Marie folgte ihrem Gemahl ſchon nach 5 Vierteljahren im Tode nach, ſie ſtarb am 22. März 1734 zu Sorna und ward am 28. in der Kirche zu Chursdorf beigeſetzt. Die ihr zugehörig geweſene Hälfte des Gutes Arnsdorf ging durch Erbrecht auf ihre 4 Söhne über, und wurden dieſe am 16. Juni 1736 damit beliehen. Nach dem, am 2. Juli 1746 er folgten Ableben ihrer Tante, Urſula v. Carlowitz, fiel ihnen vermöge der geſammten Hand auch die zweite Hälfte von Arnsdorf zu. Sie behielten das Gut aber nur kurze Zeit in gemeinſchaftlichem Beſitz, und ſchloſſen am 20. März 1747 einen Contract unter ſich ab, nach welchem Arnsdorf dem dritten Bruder, Carl Georg Heinrich, zu dem vereinbarten Preis von 50000 fl. käuflich überlaſſen ward.

§. 4.
Christoph Dietrich.

Christoph Dietrich, der älteste Sohn Georg Wolfs I., geboren zu Sorna am 24. April 1703, versuchte, bevor er in sächsische Kriegsdienste trat, zunächst im Auslande sein Glück. Es ist von ihm berichtet, daß er anfänglich Page in Ostfriesland gewesen, sodann daselbst Kriegsdienste genommen und 1723 in das Hessische Militair eingetreten sei. 1731 kehrte er in sein Vaterland zurück und erhielt in der chursächs. Armee Anstellung. Bei seines Vaters Tode stand er als Lieutnant und Adjutant in Freiberg bei den Dragonern. Nachdem er es bei der sächs. Cavallerie bis zum Rittmeister gebracht hatte, ward er als Capitain zur Landmiliz versetzt, und ist er in einem Document als königl. Poln. und chursächs. Hauptmann bei dem Brüchtingischen Creyß-Regiment aufgeführt. Am 13. April 1744 (nicht 1743, wie Uechtritz mittheilt) vermählte er sich zu Roda mit der Hofdame der Herzogin von Gotha: Auguste Juliane Agnes v. Roßpoth, des gräfl. Reußischen Hauptmanns und Marsch-Commissars Christian Ernst v. Roßpoth auf Zollgrün bei Schleiz und der Agnes Charlotte geb. v. Raschau aus dem Hause Crümeln Tochter. 1754 kaufte er von seinem Schwager, dem Hauptmann Reichwald v. Kämpffen, das Rittergut Wöhlsdorf bei Auma, allwo er seinen Wohnsitz nahm und am 13. November 1775 im 73. Lebensjahre sowie bald darauf auch seine Ehefrau (am 23. März 1777) gestorben ist. Seine Kinder sind:

1) Georg Carl, geb. im Januar 1745 zu Unterlosa bei Plauen, starb als 12jähriger Knabe, im Monat Januar 1757, zu Wöhlsdorf.

2) Christiane Auguste, geb. zu Unterlosa am 22. December 1745, vermählte sich am 11. Juli 1770 mit Siegmund Ernst v. Spiegel auf Ullersdorf bei Auma. Sie ist den 10. Februar 1797 ohne Hinterlassung von Kindern gestorben und ist ihr ihr Gemahl 1815 im Tode nachgefolgt.

3) Dietrich Ernst, geb. den 19. Januar 1748 zu Unterlosa, war herzogl. Würtembergischer Kammerjunker und Capitain bei der Garde zu Fuß, trat jedoch später in königl. Preußische Dienste und finden wir ihn hier 1789 als Hauptmann bei dem Feldjäger-Corps. Er blieb unverehelicht und starb am 17. April 1809 als pensionirter Preuß. Major und Chef einer Invaliden-Compagnie im Invalidenhause zu Berlin im 61. Lebensjahr in Folge einer Lungenentzündung.

4) Louise Charlotte, geb. zu Unterlosa den 12. December 1749, blieb unvermählt und lebte bei ihrer obgenannten Schwester, in deren Armen sie am 17. April 1793 zu Ullersdorf gestorben ist.

5) Eleonore Charlotte, geb. zu Unterlosa den 21. December 1750, starb schon 8 Tage nach ihrer Geburt.

6) **Carl Traugott**, geb. zu Wöhlsdorf am 21. Juni 1757, besuchte die Fürstenschule zu Schulpforta, widmete sich aber sodann der Landwirthschaft. Er war ein kleiner freundlicher Herr und lebte still für sich auf seinem erkauften Rittergute Staitz. Am 19. Mai 1785 vermählte er sich mit **Christianen Friederiken von Brandenstein** verw. v. Pöllnitz, Adam Friedrichs von Brandenstein auf Renthendorf und Emilien Friederiken Rosinen Charlotten von Watzdorf Tochter. Am 20. März 1822 ward er zu seinen Vätern versammelt, nachdem ihm seine Gemahlin schon vor einer Reihe von Jahren im Tode vorausgegangen war. Seine Ehe war gesegnet mit einem einzigen Sohne:

Ernst August Friedrich Carl, welcher, am 23. April 1786 zu Staitz geboren, in Altenburgischen Militairdiensten stand, als Hauptmann den Abschied nahm und sich das kleine Gut Leubsdorf kaufte, wo er in stiller Zurückgezogenheit und unverehelicht lebte. Nach seinem, am 19. August 1846 erfolgten Tode fiel sein Vermögen seinem Stiefbruder, von Pöllnitz, zu.

7) **August Gotthelf**, geb. den 21. Juli 1759, ward zu Michaelis 1772 Page am fürstl. Hofe zu Gotha, trat sodann in Sachsen-Gotha-Altenburgische Kriegsdienste, war 1781 Lieutnant beim Erbprinz Infanterie-Regiment und starb als Obristlieutnant a. D. zu Altenburg, woselbst er in Garnison gestanden hatte und zuletzt Stadt-Commandant gewesen war. Aus seiner am 29. October 1792 zu Chemnitz mit Louisen Wilhelminen Henrietten von Plänckner, des chursächs. Hof- und Kammer-Raths Traugott von Plänckner auf Thum und Louisen Marias Osera Tochter, eingegangenen Ehe ist nur eine einzige, am 9. Juni 1799 zu Altenburg geborene, Tochter, Marie, hinterlassen worden, welche sich mit dem Freiherrn Alfred von Seckendorf auf Meuselwitz verheirathet hat und am 14. September 1852 zu Meuselwitz gestorben ist.

§. 5.
Carl Georg Heinrich und seine drei Kinder.

Carl Georg Heinrich, der dritte Sohn Georg Wolfs I., war am 10. April 1708 zu Sorna geboren und bildete sich für die militairische Laufbahn aus. Zur Zeit des Ablebens seines Vaters, 1732, war er Lieutnant bei dem Trabantencorps der chursächs. Garde du Corps, welche damals in 4 verschiedene kleinere Truppenkörper (Trabanten, Carabiniers, Grenadiere zu Pferd und Dragoner) eingetheilt war. Er blieb bei dieser Truppe und brachte es bis zum Major, erhielt jedoch den Titel eines Obersten von der Armee, als welcher er am 22. October 1762 nach nur viertägiger Krankheit (Halsentzündung) zu Meißen gestorben ist. Daß er das Gut Arnsdorf anfänglich in Gemeinschaft mit seinen drei Brüdern, sodann aber, nach dem

mit den Letzteren abgeschlossenen Kauf und Vergleich von 1747 allein besessen hat, ist bereits oben in §. 3 mitgetheilt. Vermählt hat er sich am
20. November 1748 zu Reinsberg mit Wilhelminen Magdalenen
Crescentia von Schönberg, der drittältesten Tochter des Sachs.-Weißen-
fels. Landkammerraths Adolph Ferdinand von Schönberg auf Ober- und
Nieder-Reinsberg und der Marie Louise Amalie Reichsfreyin von Degenfeld.
Aus dieser Ehe, welche 1756 durch den Tod der im 34. Lebensjahre stehenden Gattin gelöst ward, sind folgende drei Kinder hervorgegangen:

1) Mariane Charlotte Adolphine Magdalene, geb. den
6. September 1749, erhielt nach dem Tode ihres Vaters unterm 3. Januar 1763 ihren Oheim mütterlicher Seits Alexander Christoph v. Schönberg auf Nieder-Reinsberg ꝛc., damals churfächs. Rittmeister, zum Vormund,
dessen fürsorglichen Bemühungen es mit zu danken ist, daß sie sich die feine
Bildung und den trefflichen Character aneignete, wodurch sie in so hohem
Ansehen bei ihrer Familie gestanden hat. Leider war ihr nur eine kurze
Lebensdauer beschieden, denn nachdem sie am 3. September 1771 dem fürstl.
Dessauischen Land-Kammerrath Christian Adolph Carl von Bosen
auf Bosenhof und Langenhessen die Hand zum Bunde für das Leben gereicht
hatte, starb sie schon am 17. October 1773 zu Bosenhof in ihrem ersten
Wochenbette an den Blattern als — wie auch Zeideler berichtet — „eine
tugendhafte und von der ganzen Familie hochgeschätzte Dame" nach kaum
zurückgelegtem 24. Lebensjahre.

2) Ferdinand Georg Gottlob ward am 20. September 1750
geboren, erhielt bei seiner Taufe nicht weniger als 33 Pathen und nach seines Vaters Ableben in seinem 12. Lebensjahre seinen Onkel den Oberforst-
meister Christian Gottlob von Tümpling (s. Cap. VII. §. 1) zum Vormund.
Seiner Neigung und dem Beispiel seines Vaters folgend, bildete er sich zum
Cavallerie-Offizier aus und trat in churfächs. Militairdienste, in denen er
bei der Garde du Corps schon mit 22 Jahren Premier-Lieutnant ward.
Dessen ungeachtet quittirte er bereits im nächstfolgendem Jahre den sächsischen
Dienst, um in die preußische Armee einzutreten, für die und deren großen
Kriegsherrn er schon vom Knabenalter an, gegen den Wunsch seines Vaters,
lebhafte Sympathie und Begeisterung gezeigt hatte. Die Gelegenheit, seinen
Wunsch zu erfüllen, boten die Truppenvermehrungen, welche in Preußen bei
der Besitznahme von Westpreußen stattfanden, und hatte er das Glück, in
Folge der Empfehlung des preuß. Gesandten in Dresden, dem er sein Ge-
such um Verleihung einer Offiziersstelle in der preußischen Armee vorgetra-
gen hatte, bei dem damals neu errichteten Husaren-Regiment No. 10 als
Stabs-Rittmeister 1773 Anstellung zu erhalten. Der Tausch mit den Garnisonen war das Unbequemste von der Sache, denn der neuernannte Husaren-
Rittmeister mußte das schöne Dresden mit der damals ziemlich unheimlichen

Gegend von Soldau in Ostpreußen verwechseln und mehrere Jahre daselbst verbleiben. Das Regiment, dem er angehörte und welches während seines Bestehens verschiedene Namen (1773 von Owstin, 1780 von Wuthenow, 1787 von Wolki, 1797 von Lewiwari, 1800 von Glaser und 1804 bis 1807 von Usedom) geführt hat, machte 1778 den baierschen Erbfolgekrieg bei der Armee des Prinzen Heinrich mit und zeichnete sich in dem Insurrections-kriege 1794 in Polen aus. Ferdinand Georg Gottlob bewährte sich bei diesen Zügen als guter Offizier, so daß er nicht nur den Orden pour le merite erhielt, sondern auch bis zum Oberst und Commandeur seiner Husaren avan-cirte, ja kurz vor seinem Tode, welcher am 18. October 1803 zu Warschau erfolgte, auf dem Krankenbette die Ernennung zum General empfing. So wie die Begeisterung für den großen König und dessen ruhmreiches Heer ihn ver-anlaßt hatte, seine aussichtsvolle Stellung in der sächsischen Garde du Corps aufzugeben und sogar seine nächsten Lehnansprüche in Sachsen dieser seiner unwiderstehlichen Neigung zu opfern, so vererbte er eben diesen Sinn seiner Nachkommenschaft, die seitdem ununterbrochen im Königreich Preußen ver-blieben ist. Es ist Ferdinand Georg Gottlob daher anzusehen als der Stifter des jetzt blühenden preußischen Zweiges des Hauses von Tümpling-Sorna, während der von Georg Wolf II. (s. unten §. 8) gegründete zweite preußische Zweig dieses Hauses ausgestorben ist.

Seine Gemahlin, mit der er sich im Jahre 1780 vermählte, war Sophie von Stedingk, welche vorher an den Obristen von Owstin, dem Commandeur des 10. Husarenregiments, verheirathet gewesen, von diesem aber geschieden worden war. Dieselbe stammte aus dem vornehmen schwe-bischen, vormals pommerschen, Geschlecht derer von Stedingk oder Stebing, und war ihr Vater Major und Schloßhauptmann von Wolgast und auf Lenschow (in Gauhens Adelslexicon „Lentzkau" geschrieben) bei Anklam an-gesessen, während ihre Mutter eine Tochter des berühmten Feldmarschalls Schwerin aus dessen Ehe mit einer geb. von Netzow war. Ihre beiden Brüder bekleideten in der schwedischen Armee die höchsten Stellen, der Eine war General-Feldmarschall, der Andere Admiral. Der Letzte war es, der bei Schwenkesund die schwedische Flotte commandirte, als dieselbe, den König am Bord, sich durch die russische Flotte Bahn brach. Der Merkwürdigkeit halber sei hier beiläufig erwähnt, daß man in damaliger Zeit zugleich in der schwedischen und in der französischen Armee dienen konnte, und daß von dieser Vergünstigung beide von Stedingk, welche übrigens nachmals in den Grafenstand erhoben wurden, Gebrauch gemacht haben. Ja Curt von Stedingk, der nachmalige General-Feldmarschall, hat neben seiner Stellung im schwedischen Heere nicht blos in Straßburg eine Compagnie gehabt, son-dern ist auch gleichzeitig Kammerherr bei der Königin Marie Antoinette ge-wesen, so daß er alljährlich mehrere Monate in Frankreich zuzubringen hatte.

Nach ihres Gemahls Tode lebte Sophie geb. von Stebingk in dem Hause ihres Sohnes Adam und starb in dessen Familienkreis am 14. Decbr. 1813 zu Pasewalk. Die aus dieser Ehe entsprossenen Kinder sind:

a) **Wilhelm Adam Wolf Ferdinand**, geb. d. 10. Mai 1781 zu Soldau, ist im nächsten Paragraph behandelt.

b) **Christiane Charlotte Anna Sophie**, geb. am 18. Juli 1782 zu Soldau, ist ebendaselbst schon im darauf folgenden Jahre gestorben.

c) **Karl Georg Curt Friedrich**, geb. d. 9. December 1790 zu Neumark in Westpreußen, der damaligen Garnison seines Vaters, trat 1804 als Fähnrich bei dem Dragoner-Regiment Ansbach-Bayreuth, bei welchem auch sein Bruder stand, in Preußische Militairdienste. Als im Frühjahr 1805 die Revüe dieses Regiments vor König Friedrich Wilhelm III. zu Stargard stattfand, ward bei der üblichen Vorstellung der Standartenjunker auch Curt trotz seiner Jugend mit zur Beförderung vorgeschlagen. Da derselbe aber damals, so groß und schlank er auch später war, noch sehr klein war, trug der König Bedenken, ihn zum Offizier zu ernennen und eröffnete ihm dieß, worauf der im Innern sich verletzt fühlende Junker freimüthig das Wort nahm und erwiderte: „Euer Majestät, ich werde schon wachsen!" Der gute und wohlwollende König aber strafte das kecke Wort nicht, sondern lächelte und ging weiter. Und noch in demselben Jahre ernannte er ihn zum Lieutenant, nachdem sowohl dessen Mutter, eine geistesstarke und energische Dame, unmittelbar Höchsten Ortes um Beförderung ihres Sohnes nachgesucht, als auch dessen Regiments-Chef, General Graf Kalkreuth, sich nochmals für ihn verwendet und dabei mit vorstellig gemacht hatte, daß in dem kleinen Standartenjunker Schwerinsches Blut fließe. Curt bewährte die Erwartung, die man von ihm hegte. Er war ein mit geistigen und körperlichen Gaben besonders glücklich ausgestatteter, ritterlicher Offizier, ein vortrefflicher, kühner und ausdauernder Reiter und bald der Liebling seiner Kameraden. Noch nicht ganz 16 Jahr alt, machte er den unglücklichen Feldzug von 1806 mit. In der Schlacht von Auerstädt konnte er nur mit Gewalt aus dem feindlichen Feuer herausgeholt werden, da er sein Pferd, das ihm vor einem französischen Carré unterm Leibe erschossen ward, nach ächter Reitermanier nicht eher verlassen wollte, als bis er Sattel und Rüstzeug desselben abgelöst oder abgeschnitten und mit sich zu seiner Schwadron zurückgebracht haben würde. Jedenfalls würde Curt bei seinen trefflichen Anlagen und der Liebe zu seinem Beruf eine schöne Carrière gemacht haben, wenn er nicht von dem unerbittlichen Tod früh dahingerafft worden wäre. 1810 begann er zu kränkeln, und starb 21 Jahr alt am 11. December 1811 an der Auszehrung zu Spantekow bei Anklam in dem Hause seiner Cousine, der Frau Oberamtmann Marie Wesenberg geb. v. Reichenbach, deren Mutter

— die Majorin v. Reichenbach — die Schwester seiner Mutter, der gebornen v. Stebingf, war.

3) **Wolf Friedrich Gotthelf**, geb. den 31. December 1752 und bei seiner Taufe mit 17 Pathen (also doch mit 16 weniger, als sein Bruder) versehen, erhielt, da er sich anfänglich gleichfalls dem Degen widmen wollte, seine Erziehung und Ausbildung im Cabettenhause zu Dresden und ward am 11. September 1768 Sous-Lieutnant beim Infanterie-Regiment von Block (hieß später von Thümmel) zu Döbeln. Nach kurzer Dienstzeit und nachdem er 1773 das Gut Arnsdorf, welches er bis dahin zugleich mit seinem oben sub 2 genannten Bruder besessen hatte, in Gemäßheit des mit demselben am 8. Juli 1772 abgeschlossenen und am 11. Juli 1775 confir-mirten Kaufes — nach welchem er seinem Bruder für dessen halben Antheil am Gute 43750 Thaler zu gewähren hatte und dafür den alleinigen Besitz und die völlig freie Verfügung über dasselbe erhielt — allein übernommen hatte, nahm er seinen Abschied und wandte sich der Hofcarrière zu, ward im Januar 1775 Kammerjunker und 1788 Kammerherr, als welcher er während einer langen Reihe von Jahren unausgesetzt zu Dienstleistungen verwendet wurde. Er hatte sich der besonderen Gnade und des Vertrauens des damaligen Landesfürsten, Friedrich August des Gerechten, sowie auch dessen Thronfolgers Anton zu erfreuen, und daher die Ehre, im Jahre 1803 zum Hofmarschall, 1811 zum Oberschenk und 1818 zum Ersten Hof-marschall und Hof-Wirthschaftsdirector ernannt zu werden. Gleichzeitig mit der letztgedachten Ernennung erhielt er das Großkreuz des Civil-Verdienst-ordens, dessen Comthur er bereits war. Am 31. December 1824 feierte er sein fünfzigjähriges Dienstjubiläum und ward bei dieser Gelegenheit durch neue Beweise königlicher Gnade und Anerkennung beglückt. Mit derselben treuen Hingabe, womit er seinen Pflichten als Hofbeamter zu genügen strebte, widmete er sich gleichzeitig den landständischen Angelegenheiten und bekleidete viele Jahre hindurch das Amt eines Vorsitzenden des Leipziger Kreises. Er hatte nur ein einziges Kind, eine Tochter: Friederice, welcher er eine sehr gute Erziehung hatte geben lassen und die er, wie sie dieß auch wegen ihrer trefflichen Eigenschaften verdiente, innig und zärtlich liebte. Mit deren Mutter hat er sich jedoch erst in seinen spätern Jahren verehlicht. Friederice wurde sonach per subsequens matrimonium legitimirt und nachmals mit dem Herrn von Beschwitz auf Sornitz ehelich verbunden.

Sein Gut Arnsdorf, welches er liebte und pflegte, hat er im Jahre 1822 allodificiren lassen (wozu er übrigens einer Zustimmung der mitbe-lehnten Verwandten um deswillen nicht bedurfte, weil dieselben sämmtlich gegen Revers standen, kraft dessen ihm das Recht, auf Verwandlung der Lehnseigenschaft des Gutes in Erbe anzutragen, freigestellt worden war), und sodann mittelst eines am 25. November 1831 abgeschlossenen und unterm

7. Januar 1832 confirmirten Kaufs an seinen Enkel Ludwig Wilhelm Ferdinand von Beschwitz, Großherzogl. Sachsen=Weimarschen Kammerherrn auf
Sornitz, verkauft. Wolf Friedrich Gotthelf brachte sein Leben bis auf das
ansehnliche Alter von 86 Jahren und starb am 3. Juni 1838 zu Dresden
in seinem Hause auf der Zahngasse, während seine Ehefrau schon zehn Jahr
zuvor, am 8. October 1828, das Zeitliche gesegnet hatte. Seine Gebeine ruhen auf dem Friedhof der Filialkirche zu Planitz bei Meißen.

§. 6.
Wilhelm Adam Wolf Ferdinand.

Wilhelm **Adam Wolf** Ferdinand, des königl. Preuß. Husaren-
Obersten Ferdinand Georg Gottlob v. Tümpling ältester Sohn, erblickte am
10. Mai 1781 zu Soldau in Ostpreußen das Licht der Welt. Seinen ersten
Unterricht genoß er durch Hauslehrer im elterlichen Hause zu Soldau und
zu Neumark, den Garnisonorten seines Vaters, und zu Königsberg, wohin
sich seine Mutter, Sophie geb. v. Stebingk, mit den Kindern begeben hatte,
als bei der Occupation von Südpreußen das 10. Husarenregiment in diese
Provinz und zum Theil nach Warschau zu liegen kam und die Sicherheit in
den insurgirten, ehemals polnischen, Provinzen gefährdet erschien. Da sein
Sehnen und Streben darauf gerichtet war, gleich seinem Vater und Großvater Cavallerie-Offizier zu werden, so war sein Vater bei Zeiten bemüht,
für ihn einen Platz als Standartenjunker zu gewinnen. Es gehörte nämlich
in der alten Armee dazu, daß junge Edelleute sich früh darum bewarben,
als Junker bei einem Regimente einzutreten. Die Chefs der Regimenter
erleichterten dieß, indem sie aus bekannten Familien dergleichen Offizier-
Aspiranten für ihre Regimenter zu gewinnen suchten. Adam v. Tümpling
hatte das Glück, für eins der berühmtesten Reiterregimenter der Armee, für
jene heldenmüthigen Dragoner aus der Schlacht von Hohen-Friedberg, vom
General-Inspector der in Preußen liegenden Cavallerieregimenter General-
Lieutnant Grafen v. Kalckreuth angenommen zu werden, welcher anstatt des
eigentlichen Regiments-Chefs, des als Titular-Offizier in der Rangliste der
Armee verzeichneten letzten Markgrafen von Anspach und Bayreuth, als Commandeur en Chef an der Spitze jenes Dragonerregiments stand. Da aber
Adam damals zum Eintritt in die Armee noch zu jung war, so wurde er
vorerst nur beim Regimente eingeschrieben und als er am 15. Juni 1795
in dem Stabsquartier zu Pasewalk zur Standarte schwor, fand sich's, daß
er bereits 6 Hinterleute hatte, denn unter den 14 seines Ranges war er
der 8te. Seine erste Garnison war Pasewalk, da es üblich war, daß die
sämmtlichen Junker sowie die 10 jüngsten Offiziere jedes Regiments an dem
Orte, wo der Stab lag, sein mußten. Diese Einrichtung war hauptsächlich
deshalb getroffen worden, damit die Junker und jungen Offiziere einen tüch-

tigen Grund im Reiten legen sollten, zu welchem Ende bei jedem Cavallerie-regimente ein Stallmeister angestellt war. Der damalige Stallmeister beim Dragonerregiment Anspach-Bayreuth war Le Bauld de Nans (Bruder des gleichnamigen Generals in der Armee), ein wahrer Meister seiner Kunst. Der soliden Grundlage, die er hier legte, hat Adam es hauptsächlich mit zu danken, daß er ein so tüchtiger Reiter geworden. Nachdem er zum Offizier avancirt war, besuchte er regelmäßig das Herbst-Mannöver von Potsdam, die damalige hohe Schule der Armee, wobei er nicht nur viele Regimenter und Offiziere, sondern auch die damaligen Größen des preuß. Heeres kennen lernte und hier Eindrücke empfing, die für den jungen Offizier ebenso erhebend wie bleibend waren. So bewunderte er hier vor Allen Friedrich Wilhelm III., der 1798 dieses Mannöver zum ersten Mal als König abhielt, und mit jugendlichem Anstand zu Pferde und zu Fuß überall distinguirt erschien, zu Pferde sehr elegant mit unübertroffener Haltung. Sodann den herrlichen Möllendorf mit seiner imposanten militairischen Gestalt, jenen greisen Feldmarschall, der mit der Leichtigkeit der Jugend auf den schönsten englischen Pferden die Fronten der Regimenter überjagte und von seinem großen Meister erlernt hatte, bei den Revüen mit großer Schnelligkeit und Kunst die Truppen zu ordnen und zu bewegen. Da sah er ferner den Commandirenden der Garden, den Berzug Friedrichs des Großen, Rüchel, frisch gekrönt mit dem Lorbeer aus der Rhein-Campagne, dann mit gleicher Ruhmes-frische aus dem letzten Kriege jenen hoffnungsvollen Prinzen, die Schönheit seiner Zeit, Louis Ferdinand, an dessen herrlicher Erscheinung bewundernd jedes Auge hing, und weiter den berühmten Tempelhof von der Artillerie, mit dem der große König in Sachen dieser Waffe sich wissenschaftlich oft und gern unterhalten hatte. Nicht minder lernte er hier kennen die beiden Herzöge von Braunschweig, die ritterliche Persönlichkeit des Fürsten Hohenlohe und die Männer, welche 12 und 15 Jahre darauf die Stützen des Vaterlandes wurden: L'Estocq, den spätern Helden von Eylau, der in der Rhein-Campagne Commandeur der Ziethenschen Husaren worden war, den denkenden Grawert, den jugendlichen Tauenzien, Kleist, der den Vortrag beim König hatte, den Jägerchef York, Bülow im Gefolge des Prinzen Louis Ferdinand, den weisen Scharnhorst sen., der erst jüngst zum Heer gekommen war, Blücher, den jugendlichen berühmten Husarenchef aus der Rheincampagne u. s. w. Den Letzteren hatte er bereits bei den Revüen kennen gelernt, die alljährlich zu Stargard über die in jenem District liegende Cavallerie, zu der sowohl die Blücherschen Husaren als auch die Baireuther Dragoner gehörten, abgenommen ward. Bei dieser Menge von berühmten Persönlichkeiten an der Spitze des Heeres und bei der äußerlichen Tüchtigkeit des Letzteren war unter den Offizieren der Wunsch nach Krieg ein allgemeiner, und war daher der Jubel und die Begeisterung groß, als endlich im Jahre

1805 die ganze Armee auf den Feldetat kam und berufen schien, im Verein mit Oesterreich und Rußland den mächtigen Feldherrn der Franzosen zu vernichten. Den Bayreuther Dragonern widerfuhr dabei noch die besondere Ehre und Auszeichnung, daß als dieselben auf dem Marsche in Berlin ein gerückt waren, an Stelle des obgedachten Markgrafen von Anspach-Bayreuth die allgeliebte Königin Louise Chef des Regiments wurde. Doch anstatt weiter dem Feinde entgegen zu marschiren, mußte das Regiment gleich den übrigen Truppen wieder in seine Friedensgarnisonen zurückkehren, bis im darauf folgenden Jahre — 1806 — endlich es gegen den Feind geführt wurde. Das Dragonerregiment der Königin, bei welchem auch Adams jüngerer Bruder Curt stand (s. oben §. 5, 2 c.), befand sich in der unglücklichen Schlacht bei der Avantgarde und theilte bei dem frühen Vorgehen gegen Hessenhausen den allgemeinen Nachtheil, daß ein dicker Nebel jede Fernsicht verhinderte, so daß man sich unerwartet mit dem Feinde begegnete. Das Regiment, in mehrere französische Carrées einhauend, that seine Schuldigkeit, verließ mit Ordnung das Schlachtfeld von Auerstädt, verfolgte in der finstern Schreckensnacht die rechte Direction auf Sömmerroda und ging durch Magdeburg über die Elbe. Bei Zedenick wurde es in ein höchst nachtheiliges Waldgefecht verwickelt, eine Fechtart, die nachdem die Dragoner aufgehört hatten, berittene Infanterie zu sein, allerdings nicht mehr zu deren Bestimmung gehörte. Es büßte dabei eine Standarte ein und durch einen detachirten Offizier später noch eine, so daß es anstatt mit 10, nur noch mit 8 Standarten bei Schwedt über die Oder kam und über Gollnow an die Weichsel. Das zweite Bataillon des Regiments, welches nur geringe Verluste erlitten hatte, blieb während der denkwürdigen Vertheidigung von Danzig dort in Garnison und theilte die Lorbern aus einem Kampfe, der dem Grafen Kalckreuth den Marschallsstab erwarb. Das erste Bataillon, bei dem Adam stand, hatte die Aufgabe, sich wieder zu ergänzen, bei welcher Gelegenheit demselben ein wohl formirtes Depot vom Regiment sehr zu statten kam. An den Ereignissen des Feldzugs von 1807 hat dasselbe keinen ernstern Antheil genommen, wohl aber machte sich einer seiner Offiziere, der Seconde-Lieutnant von Schill, einen großen Namen. Schill war nicht der Mann gewesen, der in der Friedensgarnison von sich reden machte und hervorleuchtete, er ging seinen Gang für sich, aber beim Exerciren sprach er viel von Avantgarden und Patrouillen, so daß ihn seine Kameraden „den Husaren" nannten und über seine Eigenthümlichkeiten mit ihm ihren Scherz hatten. Er war ein tüchtiger Reiter, hatte die Rheincampagne mitgemacht und war bei Auerstädt blessirt worden. Dieser Umstand machte es, daß er, vom Regiment fern, seinem ritterlichen Sinn unbeschränkt folgen konnte. Nach dem Frieden wurde das Regiment gleich allen übrigen preußischen Cavallerieregimentern auf 4 Schwadronen reducirt. Dem Feldzug von 1812 wohnte es nicht

bei, sondern blieb in seinen Garnisonen in Pommern, dagegen hat es an
den spätern Kämpfen lebhaft Theil genommen. Es ist bekannt, wie das
preußische Heer nach der Auflösung der französischen Armee eiligst verstärkt
ward, und war dasselbe, als es im Frühjahr 1813 ins Feld rückte, in jeder
Art ein Musterheer, nur daß die Zahl nicht ausreichte gegen die Massen,
welche Napoleons wunderbare Aufgebote und Formationen demselben frisch
entgegenführten, und daß die zum Beistand über die Grenze rückende russische
Armee leider keineswegs mit einer imposanten Macht kam. Aber gleich die
ersten Gefechte bei Lüneburg und bei Behlitz oder Möckern am 5. April 1813
gaben den Franzosen zu erkennen, daß sie es mit kampfesmuthigen frischen
Soldaten zu thun bekommen würden. In dem letztgenannten Gefechte that
sich Adam v. Tümpling, der die dritte Schwadron des Dragonerregiments
commandirte, besonders rühmlich hervor. Es entwickelte sich nämlich im
Laufe des Kampfes von einer Seite, von der man es nicht erwarten konnte,
Cavallerie, welche von Vielen der Offiziere sogleich als eine feindliche erkannt ward. Der Divisions-Commandeur von Borstell aber hielt den Eifer
der zum Einhauen bereiten Dragoner in der Meinung zurück, es sei keine
feindliche Reiterei. Als diese Letztere aber plötzlich einen Choc auf die preußische Infanterie versuchte, da brach Tümpling in ihre Flanke los und über-
zeugte Borstelln durch 4 gefangene Offiziere und 70 Pferde, daß man es
mit dem Feinde recht ordentlich und mit glücklichem Erfolge zu thun gehabt
hatte. Sowie sich das gesammte preußische Heer in den Kämpfen und
Schlachten des Jahres 1813 mit Ruhm bedeckte, so zeichneten sich die Dragoner der Königin — diesen Namen führten sie auch nach dem so frühen
schmerzlichen Tode der vortrefflichen, herrlichen Frau — insbesondere in dem
scharfen Treffen bei Hoyerswerda am 28. Mai aus, und erhielt der Rittmeister Tümpling in Folge dieses Gefechtes für seine dabei von Neuem bewährte Bravour das eiserne Kreuz 2. Classe. Während des Waffenstillstandes war derselbe in den Cantonirungs-Quartieren zu Fürstenwalde emsig
damit beschäftigt, seine tapfre Schwadron zu dem großen bevorstehenden
Kampfe neu heranzubilden, als er unerwartet von dieser Thätigkeit abberufen
und zum Adjutanten beim General von Oppen ernannt wurde, der die Re-
serve-Cavallerie des von Bülow commandirten Armeecorps befehligte. In
dieser Stellung nahm er an dem Treffen bei Wittstock, sowie an den schönen
Siegen von Großbeeren und Dennewitz Theil. Nach dem Rückzug der in
der großen Völkerschlacht geschlagenen Franzosen erhielt das Bülow'sche Corps
die Bestimmung, den Holländern Befreiung vom französischen Joche zu bringen, und verdiente sich Adam bei Gelegenheit des glänzenden Gefechts und
Sturmes von Arnheim am 30. November 1813 das eiserne Kreuz der 1. Classe,
ein Ehrenzeichen, das, so selten es vergeben ward, ihm stets ganz besonders
werth und theuer blieb. Gegen Ausgang des Monat Februar 1814 ward

auch diese Heeresabtheilung nach dem großen Kriegsschauplatz in Frankreich berufen, wo dieselbe das Glück hatte, unter Blüchers Oberbefehl der Schlacht von Laon beizuwohnen, welche nach wenig Wochen die Thore von Paris öffnete. Während des Feldzugs von 1815 kam Tümpling in seiner alten Stellung als Adjutant des General von Oppen zu dem unter dem Befehl des Grafen Tauenzien stehenden 6. Armeecorps, mit dem er nach Frankreich zog und von Neuem die stolze Hauptstadt betrat, ohne jedoch an den erhebenden Kriegsereignissen in Belgien Antheil genommen zu haben. Am 18. Juni 1815 ward er Major und nach dem zweiten Pariser Frieden in das Hauptquartier Gneisenau's als Adjutant berufen, welcher das General-Commando am Rhein erhalten hatte, theils um mit den dasigen Truppen als eine Art von Reserve zu stehen für die in Frankreich zurückgebliebene alliirte Armee, theils um das neu acquirirte dortige Gebiet für Preußen zu gewinnen und militairisch zu organisiren. Im März 1820 ward Adam dem neu ernannten Commandirenden in Pommern, dem Kronprinzen von Preußen, als Adjutant beigegeben, bei welchem außerdem noch die Majore von Röber und von Below und der Hauptmann von Döring als Adjutanten fungirten, während der Chef des kronprinzlichen Stabes der Oberst von Schack war, welcher die Feldzüge als Adjutant Yorks mitgemacht hatte. Das Hauptquartier blieb in Berlin. So angenehm für die Adjutanten des Kronprinzen das Leben in der Residenz war, so genußreich waren für dieselben doch auch die militairischen Pflichten, welche sie alljährlich im Frühling und Herbst nach Pommern beriefen. Der Kronprinz erschien hier wie der Vater unter seinen Kindern, und der Jubel und die Freude im ganzen Lande blieben während der mehrjährigen Dauer jenes Commandos sich immer gleich; bis in die ärmste Hütte verbreitete seine Erscheinung Freude, denn sie brachte ihr Heil und Segen. Es mag überhaupt wohl selten ein Kronprinz mit so vielen Hoffnungen für sein Land und im Gefühl von Glückseligkeit gelebt haben, wie dieser Herr, welcher damals im Alter von 25 Jahren, mit Heiterkeit und Frohsinn, mit Witz und klarem Verstande, sowie mit einem edlen Herzen und einem hohen fürstlichen Sinn begabt im schönsten Verhältniß zu seinem königlichen Vater stand und Preußen zu einer Macht ersten Ranges wieder hergestellt sah. Ein Glück aber fehlte ihm noch, und dieses ward ihm bereitet, als er zu seiner Gemahlin eine Prinzessin erwählte die in jeder Hinsicht ebenso reich begabt und von der Natur herrlich ausgestattet war, wie er selbst. Die Vermählung fand im Herbst 1823 statt, nachdem eine Trauung nach dem Rytus der katholischen Kirche bereits in München per Procuration erfolgt war. Der Major v. Tümpling hatte das Glück, im Gefolge des Prinzen zu sein, als derselbe seiner Gemahlin nach Zeitz entgegen ging, wo die Ueberlieferung von Land zu Land stattfand und die hohe Braut vom Kronprinz wahrhaft herzlich empfangen ward. Am 30. März

1827 ward Adam aus der Stellung eines Adjutanten beim Kronprinz abberufen und zum Commandeur des ersten Garde-Uhlanen-Landwehrregiments, welches in Potsdam seine Garnison hatte, ernannt. Nachdem er 13 Jahre Major gewesen avancirte er 1828 zum Oberstlieutnant, 2 Jahre darauf zum Oberst und nach 8 Jahren zum General-Major. Die Stellung als Commandant der 1. Garde-Cavallerie-Brigade, welche er unterdessen eingenommen hatte, fesselte ihn fortwährend in Potsdam. 1844 ernannte ihn König Friedrich Wilhelm IV. zum General-Lieutnant und Commandeur der gesammten Garde-Cavallerie. Am 15. Juni 1845 diente er 50 Jahre. Er ging jedoch einer öffentlichen Feier des Jubiläums durch eine Reise nach Koblenz aus dem Wege, wo damals sein Sohn beim Generalstabe des 8. Armeecorps in Garnison stand. Hier war ihm kurz vorher, am 25. März, sein einziger Enkel geboren worden und hatte er die Freude, am Tage seines Jubiläums diesen ersehnten Sprossen seines Stammes über die Taufe zu halten. Eine vom Offizierscorps der Garde-Cavallerie entsendete Deputation überraschte und erfreute ihn hier an diesem feierlichen Tage, an welchem auch sein König ihn dadurch ehrte, daß er ihn zu Seinem General-Adjutant zu ernennen geruhte. Nachdem er im Jahre 1848 noch einmal mit seiner Truppe dem Feinde erfolgreich gegenübergestanden in der empörten Hauptstadt, nahm er 1849 seinen Abschied, der ihm unter Verleihung des großen rothen Adler-Ordens in Gnaden ertheilt, sowie er auch am Tage der silbernen Hochzeit des Königs mit dem Titel eines Generals der Cavallerie beehrt wurde. Als solcher lebt Wilhelm Adam Wolf Ferdinand noch gegenwärtig in Potsdam, verehrt und geliebt von allen Mitgliedern der Tümplingschen Familie, deren Senior er ist. Nach dem schmerzlichen Tode Königs Friedrich Wilhelm IV. ernannte sein Nachfolger, König Wilhelm I., denselben in gnädigste Weise auch zu Allerhöchst Seinem General-Adjutanten, indem er ihn mittelst Ordre vom 3. Januar 1861 zu Seiner Disposition stellte und ihn darin zugleich anwies, bei des Hochseligen Königs Leiche mit Dienste zu thun. Die Dispositionsstellung in der preußischen Armee ist eine Dienststellung zwischen dem stets activen Dienst und der wirklichen Verabschiedung. Die seltene Rüstigkeit seines hohen Alters erlaubt unserm Senior, dem von Jugend an so passionirten Reiteroffizier, auch jetzt noch täglich seine Reitpferde zu tummeln und oft den Uebungen derjenigen Regimenter beizuwohnen, die er selbst einst befehligte. Bei einer solchen Gelegenheit überraschte ihn die huldvolle Gnade seines königlichen Herrn in der Weise auf dem Uebungsplatze selbst, wie die nachstehende Allerhöchste Ordre es ausspricht, welche Zeugniß giebt von der edlen Art, wie König Wilhelm bewährte Treue und Hingebung zu ehren versteht. Die Ordre lautet:

„Ich ergreife mit besonderem Vergnügen die Gelegenheit des heu-
„tigen Tages, an welchem Sie Ihr 81. Lebensjahr zurückgelegt und

„der von Mir auf dem Bornstädter Felde hierselbst abgehaltenen Besich-
„tigung des 1. Garde-Uhlanen-Regiments mit einer für Ihr hohes Alter
„so seltenen Rüstigkeit zu Pferde beigewohnt, auch das Regiment, welches
„früher 11 Jahre unter Ihrem Commando gestanden, mit noch jugend-
„licher Frische auf Meinen Wunsch vor Mir vorbeigeführt haben, Ihnen
„einen erneuten Beweis Meiner Königlichen Anerkennung Ihrer treuen
„und ausgezeichneten Dienste zu geben, welche Sie Mir und dem Staate
„in einer langen Reihe von Jahren, vor dem Feinde und im Frieden,
„geleistet haben. Ich stelle Sie hierdurch à la suite des 1. Garde-Uh-
„lanen-Regiments, und bestimme zugleich, daß Sie die activen Dienst-
„zeichen anzulegen haben. Aufrichtig wünsche ich, daß Sie sich noch recht
„lange einer so ungeschwächten Gesundheit, wie an dem heutigen Tage,
„erfreuen mögen.   .

  „Potsdam, den 10. Mai 1862.

                                                   Wilhelm.

  „An Meinen General-Adjutanten, den General
  „der Cavallerie z. D. v. Tümpling.“

Hierdurch wurde der greise General mit seinem alten, ihm theuern Regimente wieder in dienstliche Ehrenbeziehung gebracht und er den activen Offizieren der Armee — welcher er im gegenwärtigen Jahre, 1863, bereits 67
Jahre angehört haben würde — wieder zugezählt. Er steht demgemäß auch
wieder in der Rangliste der Armee unter den General-Adjutanten des Königs
aufgeführt und ist nach derselben Inhaber folgender Orden: a) Rother Adler-
Orden, Großkreuz mit Eichenlaub, b) Eisernes Kreuz 1. Classe, c) Johanniter-
Orden, Rechts Ritter, d) Dienstauszeichnungskreuz, e) K. K. Oesterreich. Leo-
poldorden, Comthurkreuz, f) K. K. Russ. St. Wladimirorden 2. Classe, g) K.
K. Russ. St. Annen-Orden 1. Classe, h) Herzogl Sachsen Ernestinischer Haus-
Orden, Com.-Kreuz und i) Königl. Schwed. Schwertorden, Ritterkreuz 3. Classe.

Verheirathet hat sich Adam v. Tümpling zwei Mal: Das erste Mal im
Jahre 1803 mit der 1783 zu Niedenburg in Ostpreußen — dem Garnisonsorte ihres Vaters — gebornen Ernestine Wilhelmine Gräfin von
Bohlen, Tochter des Major Graf v. Bohlen aus dem Hause Carlsburg
in Neu-Vorpommern auf Stratensee bei Anklam, welche in dem großen Kriegsjahre 1813 zu kränkeln anfing und im März 1815 zu Pasewalk, wo sie während der Abwesenheit ihres Gatten mit den Kindern lebte, entschlafen ist.
Seine zweite, dermalen noch lebende, Gemahlin ist Johanna von Lebens,
am 3. Juli 1800 geborne Tochter des Geheimen Oberregierungsrath von
Lebens zu Koblenz, mit der er sich daselbst am 14. März 1818 vermählt hat.
Nur seine erste Ehe war mit Kindern gesegnet, und sind diese folgende:

  1) Sophie, geb. d. 21. März 1804 zu Pasewalk, starb unverehlicht in
der Blüthe ihrer Jahre zu Berlin am 24. Februar 1825.

                                                   7

2) Friederike, geb. d. 4. März 1805 zu Pasewalk, ist gleichfalls unverehlicht zu Berlin gestorben am 10. April 1847.

3) Wilhelm, geb. zu Pasewalk im Jahre 1806, starb ebendaselbst
1¼ Jahr alt.

4) Ludwig Carl Curt Friedrich Wilhelm Georg, geb. am
30. December 1809 zu Pasewalk, ist im nächstfolgenden Paragraph behandelt.

5) Ein Paar Zwillingstöchterchen, geb. 1811 zu Pasewalk, von denen
das Eine todt zur Welt kam und das Andere bald nach der Geburt starb.

§. 3.
Wilhelm.

Ludwig Carl Curt Friedrich **Wilhelm** Georg, der zweite
Sohn des General Wilhelm Adam Wolf Ferdinand v. Tümpling und Ernestinen Wilhelminens Gräfin v. Bohlen, am 30. December 1809 zu Pasewalk
geboren, brachte seine ersten Lebensjahre an seinem Geburtsorte bei seiner
Mutter zu, während der Vater genöthigt war, damals die meiste Zeit getrennt von seiner Familie zu leben, mitarbeitend an dem großen Werke der
Befreiung des Vaterlandes von dem Drucke der Fremdherrschaft. Nach dem
Tode seiner Mutter kam er 5 Jahr alt zunächst nach Friedland in Mecklenburg-Strelitz in das Haus seiner Großtante, der verw. Majorin v. Reichenbach geb. v. Stedingl, Schwester des Feldmarschalls v. Stedingl, einer frommen und überhaupt in jeder Hinsicht vortrefflichen Dame. Hier genoß er
seinen ersten Unterricht und besuchte das damals in großem Ruf stehende
Gymnasium dieser Stadt. Im Jahre 1818, während sein Vater am Rhein
beim Generalstab Gneisenau stand und daher fortdauernd behindert war,
seine Kinder zu sich zu nehmen, übernahm der sächsische Hofmarschall Wolf
Friedrich Gotthelf v. Tümpling, der Großonkel, die weitere Ueberwachung
der Erziehung Wilhelms, sowie er auch dessen beide Schwestern zu sich genommen hatte. Wilhelm kam in die zwischen Dresden und Meißen gelegene
Erziehungsanstalt Wackerbarthsruhe und blieb bis zum 13. Lebensjahre daselbst, in welchem Alter er in das Elternhaus nach Berlin, wohin inzwischen
sein Vater als Adjutant des Kronprinzen versetzt worden war, zurückkehrte und
dort das Gymnasium zum grauen Kloster besuchte. Schon zu Ostern 1827
bezog er 17 Jahr alt die Universität und studirte in Berlin und Heidelberg
Jura und Cameralia, absolvirte auch Ostern 1830 das academische Trien-
nium durch das Auskultator Examen am Stadtgerichte zu Berlin und sollte
als Auskultator placirt werden. Nach dem Ausbruch der französischen Revo-
lution von 1830 aber verließ er die Jurisprudenz und folgte der ihm von
Jugend auf innewohnenden Neigung zum Soldatenstande, indem er am
23. Juni 1830 in das Regiment der Gardes du Corps zu Potsdam ein-

trat. Nachdem er alsbald darauf die vorschriftsmäßigen Examina bestanden hatte, ward er am 21. Februar 1831 Portepeefähnrich, am 18. Mai desselben Jahres schon Seconde-Lieutnant und besuchte darauf seiner mehreren Ausbildung halber von 1833 bis 1836 die Kriegsacademie zu Berlin. Im Sommer 1837 ward er zu den topographischen Vermessungen des Generalstabes in Pommern commandirt, von denen er zu Michaelis nach Berlin zurückkehrte. Im Spätherbst 1837 trat er nach dem betrübenden frühen Tode seiner Gemahlin eine größere militairische Reise an, besuchte Belgien und Frankreich und die Höfe Leopolds und Louis Philipps, sowie des Herzogs von Orleans. In der Absicht, auch Algier zu besuchen und an den dortigen Kämpfen Theil zu nehmen, reiste er nach Südfrankreich und war im Mai 1838 schon in Toulon angekommen, als ihn ein Befehl des Generals von Krauseneck, des Chefs des Generalstabes der Armee, zurückrief und zu Vermessungen nach Westphalen in der Gegend von Paderborn und im Teutoburger Walde beorderte, woselbst er am 1. Juli ankam. Von hier aus wiederum wurde er plötzlich zum Gouverneur des Prinzen Georg von Mecklenburg-Strelitz, des jetzigen kaiserl. russischen Generals, abberufen, in welcher Stellung er bis zum 10. April 1840 in Strelitz verblieb. Bei seinem Abgange von da ward er aus besonderer Gnade Sr. Majestät des Königs Friedrich Wilhelm III. sofort und außer der Tour Premier-Lieutnant, nachdem er bereits unterm 23. Mai 1839 dem Generalstab der Armee aggregirt worden war. Am 7. April 1841 wurde er dem großen Generalstabe einrangirt, nachdem er im vorhergehenden Jahre in militairischen Aufträgen von dem General v. Krauseneck durch Mecklenburg-Schwerin nach Dänemark geschickt worden. Ein Aufenthalt in Kopenhagen bei dieser Gelegenheit gestattete ihm, den Hof Christians VIII. kennen zu lernen und der Krönung dieses Fürsten beizuwohnen. Am 12. April 1842 avancirte er zum Hauptmann, als welcher er nach Koblenz zum Generalstab des 8. Armeecorps versetzt ward. Nach den Unruhen am Rhein 1848 ward er unterm 27. März 1848 zum Major befördert und in den großen Generalstab nach Berlin versetzt, und vom Juni 1849 an zu der vom General von Hanneken befehligten 1. Division (Avantgarde) des 1. Corps der Operationsarmee am Rhein als Generalstabs-Offizier commandirt, in welcher Stellung er die Campagne in Baden mitmachte. (Gefecht bei Wiesenthal am 21. Juni, Treffen bei Waghäusel am 21. Juni, Gefecht bei Bruchsal am 24. Juni, Gefecht bei Durlach d. 25. Juni, Doppelgefecht bei Bischweier und Oberweier a. d. Murr am 29. Juni, Gefecht bei Kuppenheim d. 30. Juni, Zug durchs Gebirge nach Freiburg, durch den Seekreis nach dem Oberrhein bis Constanz.) Im November 1849 kehrte er nach Berlin und am 10. October 1850 zu seiner Waffe zurück, indem er Major und etatsmäßiger Stabsoffizier beim 4. Dragonerregimente ward und nach Lüben in Schlesien in Garnison kam. Doch nur etwas über 2 Jahre stand

7*

Wilhelm dort, denn schon am 13. Januar 1853 ward er als Commandeur des 5. Cürassierregiments (jetzt: Westpreußisches Cür.-Regim. No. 5) nach Herrnstadt berufen, welcher Ernennung am 22. März desselben Jahres das Avancement zum Oberstlieutnant folgte. Sein Aufenthalt in Herrnstadt war jedoch von kürzerer Dauer, als der zu Lüben, indem er bereits am 20. Juli 1854 zum Commandeur des 1. Garde-Uhlanenregiments in Potsdam ernannt ward, eine Stellung, mit der, wie im vorigen Paragraph mitgetheilt, auch sein Vater in den Jahren 1827 bis 1838 betraut gewesen war. Am 12. Juli 1855 avancirte er zum Obersten, am 27. November 1857 zum Commandeur der 11. Cavallerie-Brigade in Breslau und am 22. November 1858 unter Verbleiben in seiner letztgenannten Stellung zum Generalmajor. Im Herbst des Jahres 1862 ward er von einer schweren Krankheit — Typhus — heimgesucht, die ihn in Carlsbad befiel und seine Kräfte so absorbirte, daß er sich nur langsam erholen konnte. Kaum genesen und dem Dienste wiedergegeben, ward er mit einem neuen Avancement beglückt, indem er am 29. Januar 1863 zum General-Lieutnant und Commandeur der 5. Division ernannt ward, welche zum dritten, vom Prinz Friedrich Carl commandirten, Armeecorps gehört. Mit diesem Avancement vertauschte er das Standquartier zu Breslau mit dem zu Frankfurt a. d. Oder. In Folge des dänischen Krieges 1864 ward auch die fünfte Division mobil gemacht und nach dem Norden beordert. Zu der Zeit, als der gegenwärtige Bogen gedruckt ward, lag der Generallieutnant v. Tümpling nach den in No. 95 und 97 der Neuen Preußischen Zeitung enthaltenen Nachrichten mit einer Abtheilung preußischer Truppen in Kiel und war Commandant dieser Stadt. Am 20. April wurden ihm von einer Deputation des Magistrats und der Universität daselbst Glückwünsche dargebracht zu dem glorreichen Sieg, den die preußischen Waffen am 18. desselben Monats davon getragen hatten. Am 24. April begrüßte er an der Spitze des in Kiel befindlichen preußischen Offiziercorps den gefeierten General-Feldmarschall Freiherrn von Wrangel, welcher am Abend des genannten Tages daselbst eintraf, um sich am folgenden Tage auf die von preußischen Truppen besetzte Insel Fehmarn zu begeben und dort mit dem Obercommandanten der Bundesexecutionstruppen in Holstein, dem sächsischen General v. Hake, zusammenzutreffen und mit demselben wegen gewisser militairischer Maßregeln Rücksprache zu nehmen.

Laut königl. preuß. Rangliste von 1863 ist Wilhelm v. Tümpling mit folgenden Orden decorirt: a) Roth. Adleror0. 2. Cl. mit Eichenlaub und Schwertern am Ringe, b) Kronenorden 2. Cl., c) Johanniterorden Rechts-Ritter, d) Dienstauszeichnungs-Kreuz, e) großherz. Baden. Orden vom Zähringer Löwen, Comthurkreuz ohne Eichenlaub, f) königl. dän. Danebrogorden, Ritterkreuz 2. Cl., g) herzogl. Nass. Verdienstorden Adolphs v. Nassau, Comthurkreuz 1. Cl., h) kais. russ. St. Annenord. 2. Cl. und i) kais. russ. St. Stanislausord. 2. Cl.

Verehlicht hat sich derselbe zwei Mal, nämlich das erste Mal am 12. October 1836 zu Köstritz mit Constanzen Henrietten **Helenen** Gräfin von Einsiedel aus dem Hause Wolkenburg, des königl. preuß. Oberstleutnants Grafen Clemens von Einsiedel und Clementinen geb. Gräfin Reuß-Köstritz Tochter. Doch nach des HErren unerforschlichem Willen sollte diese Ehe schon nach Jahresfrist durch den Tod getrennt werden. Die junge blühende Frau starb am 11. October 1837 zu Berlin in Folge ihrer Entbindung. Zu seiner zweiten Ehe schritt Wilhelm fünf Jahre später, am 26. November 1842 zu Koblenz. Diese seine zweite Gemahlin ist: **Johanne Philippine Wilhelmine** geb. von Stelzer, des Ober-Landgerichts-Chefpräsidenten von Stelzer in Halberstadt und Juliane's geb. Reichardt Tochter, welche früher an den Oberlandgerichtsrath von Klewitz, den Sohn des königl. preuß. Finanzministers und Oberpräsidenten in Magdeburg, in erster Ehe verheirathet gewesen war.

Aus diesen beiden Ehen sind vier Kinder entsprossen, eins aus der ersten und drei aus der zweiten Ehe, nämlich:

1) Helene, geboren den 24. September 1837 zu Berlin, starb in dem blühenden Alter von 17 Jahren am 23. Juli 1855 zu Potsdam.

2) Helene **Wilhelmine**, geb. den 3. November 1843 zu Koblenz, verheirathete sich am 6. October 1863 mit Edmund von Löbbecke auf Mahlen bei Breslau.

3) **Wilhelm Wolf** Friedrich Ferdinand Clemens Anton Georg, geboren am 25. März 1845, bereitet sich zunächst für das wissenschaftliche Studium vor und soll Ostern 1864 die Universität beziehen.

4) **Marie Wilhelmine** Nanny Johanne ward zu Koblenz am 10. September 1847 geboren.

§. 8.
Georg Wolf II.

Georg **Wolf**, der jüngste Sohn seines gleichnamigen Vaters, des fürstl. Sachsen-Eisenbergischen Oberstleutnants und Kammerjunkers, und Charlotten Maria's geb. von Carlowitz, ward am 21. März 1713 zu Freiberg geboren und kam, nachdem er im älterlichen Hause den nöthigen vorbereitenden Unterricht genossen hatte, zunächst in die Ritter-Academie zu Dresden als Cadet. Indessen schon nach 2 Jahren verließ er das sächsische Cadettenhaus, da er den Wunsch hegte, in würtembergische Dienste zu treten. Er ist denn auch in der die Theilung der väterlichen Verlassenschaft betreffenden Urkunde vom 2. Februar 1733 als „hochfürstlich Würtembergischer Cadet" aufgeführt. Bald avancirte er zum Lieutnant bei der Leibgarde Herzogs Eberhard Ludwig von Würtemberg und wohnte unter dem Oberbefehl des greisen Prinz Eugen 1734 dem Reichskriege bei, welcher durch die polnischen Angelegenheiten ent-

zündet worden, indessen nur unbedeutend und von kurzer Dauer war. Insbesondre hat er dabei an dem Angriffe bei Rußhelm unweit Philippsburg
Theil genommen und sich schon damals ritterlich und tapfer gezeigt. Bei
diesem Feldzug sah er zum ersten Mal den Kronprinz Friedrich von Preußen,
seinen nachmaligen großen Kriegsherrn und König, welcher die zur Theilnahme
an diesem Krieg abgesandten 10,000 Preußen unter Befehl des Generals
von Röder begleitete und das Hauptquartier des Prinzen Eugen besuchte.
Nachdem Friedrich 1740 den Thron bestiegen, übernahm er das gedachte
würtemberg'sche Leibregiment und ward dasselbe 1741 zu Wesel preußisch gemacht. Der bekannte Herzog von Bevern erhielt es zuerst als Chef, bis er
das alte Regiment No. 7 bekam. Das neu errichtete Regiment aber hieß
während der ersten schlesischen Kriege: von Riedesel, im siebenjährigen Kriege:
Neuwied, oder kurz: Wied, später aber: von Lossow, seine Garnison war
Minden. Georg Wolf ward als Lieutnant mit übernommen und wohnte den
Kriegen und Schlachten des Königs, soweit überhaupt das gedachte Füselier-
regiment dabei mit herangezogen wurde, überall bei. Im zweiten schlesischen
Kriege erhielt er 1744 die Compagnie und stand als Hauptmann beim 2.
Bataillon des Regiments, welchem er auch vorgesetzt ward, als er am 13.
Juli 1757 zum Major avancirte. Im siebenjährigen Kriege hat sich das
Wied'sche Regiment mit hohem Ruhm bedeckt und vom großen König wieder-
holt Zeichen besonderer Anerkennung erhalten. Seine erste erwähnenswerthe
That in diesem Kriege bestand in der im April 1757 zu Budin und Wel-
waren von ihm vollführten Eroberung und Wegnahme beträchtlicher österrei-
chischer Magazine. In der Schlacht bei Prag am 6. Mai 1757 hatte das
Regiment dadurch mit besondern Schwierigkeiten zu kämpfen, daß es über
Moräste, die man anfänglich für Wiesen gehalten, die sich aber sodann als
abgelassene bewachsene schlammige Teiche erwiesen, zu avanciren hatte und
dabei einem mörderischen Feuer ausgesetzt war. Die Leute mußten stellen-
weis bis über die Knie im Sumpf waten, und der Oberst des Regiments,
von Herwarth, ein großer corpulenter Mann, wäre fast im Morast stecken
geblieben, wenn ihm nicht seine Soldaten herausgeholfen hätten. Dessen
ungeachtet und obschon ein Theil der übrigen gleichzeitig angreifenden Infanterie in Unordnung gerathen war, lösten die Neuwieder Füseliere ihre
Aufgabe und trugen das Ihre zu dem Siege redlich bei. In der bald darauf, am 18. Juni geschlagenen, für Preußen unglücklichen Schlacht bei Kollin
hatte das Wied'sche Regiment von Neuem Gelegenheit, seine Tapferkeit zu
bethätigen, und that dies in solcher Weise, daß der König, obschon die Schlacht
verloren gegangen, dem Regimente für die gezeigte Bravour öffentlich dankte
und über dessen Wohlverhalten seine Zufriedenheit aussprach. Dasselbe hatte
aber in dieser blutigen Schlacht schwere Verluste erlitten und 18 seiner Offiziere theils durch den Tod theils durch schwere Blessuren verloren, darunter

auch den braven genannten Oberst, der an der Spitze des Regiments, durch den Kopf geschossen, gefallen war. Auch auf der in Folge des unglücklichen Ausgangs dieser Schlacht befohlnen Retirade aus Böhmen nach Sachsen hatten die tapfern Füseliere manches Gefecht zu bestehen, aber immer schlugen sie sich siegreich durch. Zu der Zeit, als Friedrich die glänzende Schlacht bei Roßbach schlug und einen Monat darauf den berühmten und wahrhaft classischen Sieg bei Leuthen am 5. December 1757 davon trug, lag das Wiedsche Regiment unter dem persönlichen Commando des Grafen von Wied in der Festung Brieg, hatte dagegen die Ehre, an den noch in dem nämlichen Monate erfolgten Belagerungen und Einnahmen von Breslau und Liegnitz Theil zu nehmen. Im Januar 1758 bezog es die Winterquartiere zu Frankenstein in Oberschlesien, die es nach Eintritt des Frühjahrs verließ, um unter General Fouqué die Grafschaft Glatz vom Feind zu säubern und die Gegend von Braunau bis Landshut zu bedecken, um dadurch den Feind von der Entsetzung der von den Preußen belagerten Festung Schweidnitz, die ihnen auch am 17. April in die Hände fiel, abzuhalten. An der erfolglosen, nach dem Urtheile Sachverständiger übrigens auch sehr überflüssigen, Belagerung von Olmütz vom Anfang Mai bis 2. Juli 1758 mußte das damals noch zum Fouqué-schen Corps gehörige, Wiedsche Regiment gleichfalls Theil nehmen und zeichnete sich dabei besonders am 13. Juni aus, als die Oesterreicher einen größern Ausfall unternahmen, der ihnen auch im Anfang insofern glückte, als sie eine von nur 50 Mann vertheidigte Batterie des rechten Flügels erstürmten und die Kanonen derselben zu vernageln begannen. Die sofort herbeieilenden Wiedschen Füseliere warfen aber den Feind zurück, schlugen die mit dem Vernageln der Kanonen beschäftigten Leute mit den Flintenkolben nieder und mach-ten 75 Gefangne. Glücklicher als die Belagerung von Olmütz war die Ver-theidigung von Cüstrin gegen die Russen, zu dessen Entsatz auch das Wiedsche Regiment heranrückte. Sofort nach seinem Eintreffen, am 24. August, trieb es die Russen, welche übrigens bei dem Herannahen der Armee des Königs bereits im Begriff waren, die Belagerung aufzuheben, aus den Tranchéen und demolirte die von ihnen aufgerichteten Batterien. Die Sonne des fol-genden Tages beschien das blutige Gefild von Zorndorf. Das Regiment Neuwied war jedoch ebenso wenig bei dieser Schlacht, wie bei der sieben Wochen darauf erfolgten Niederlage bei Hochkirch activ. Es mußte vielmehr zunächst unter dem Prinzen Franz von Braunschweig die Oesterreicher aus der Niederlausitz vertreiben helfen und nachdem dieß geschehen mit dem Corps des General Wedell gegen die in die Mark eingefallnen und dort übel hau-senden Schweden ziehen. Auch diese Aufgabe ward vollkommen gelöst, indem am 25. September die Vorhut der Feinde bei Techtow geworfen und sodann das Gros der feindlichen Armee, das sich bei Fehrbellin verschanzt hatte, an-gegriffen und geschlagen ward, bei welcher Gelegenheit die Schweden außer den Todten 400 Gefangene und darunter viele Offiziere verloren. Nachdem sich dieselben darauf bis nach Stralsund zurückgezogen hatten, wandte sich Wedell nach Sachsen und jagte die unterdeß hier eingezogne Reichsarmee mit gleich günstigem Erfolge aus dem Lande. Hierauf wurden die Winterquartiere bezogen, und kam das 1. Bataillon des Wiedschen Regiments nach Zerbst, das 2., vom Major Georg Wolf v. Tümpling befehligte, aber nach Bernburg zu stehen. Die Feindseligkeiten des Jahres 1759 begannen für die Reuwieder Füseliere am 21. März, an welchem Tag dieselben im Verein mit dem Solmudschen Regimente und einem Frei-Bataillon unter Commando des General Lindstedt die verschanzte 5000 Mann starke Avantgarde der Reichsarmee bei Hof aus ihrer Stellung vertrieben und ihr über 300 Gefangene abnahmen, auch ein Magazin erbeuteten. Im Anfang Mai ward das Regiment dem Corps des Prinzen Heinrich beigegeben, welcher gegen die Reichsexecutionsarmee in Franken vorrückte und dieselbe überall zurückdrängte, ohne daß es jedoch dabei zu einer Schlacht kam. Nach der Rückkehr dieses Corps nach Sachsen übernahm der König das Obercommando über dasselbe und ließ es nach Frankfurt a. d. Oder marschiren, auf welchem Marsche es am 2. August bei Markersdorf das Corps des General Laudon attaquirte und ihm die ganze Bagage nebst 936 Gefangnen abnahm. An dem blutigen Tage von Kunnersdorf, am 12. August 1759, bewährte das Regiment seine alte Bravour, so daß der König sich veranlaßt fand, ihm seinen Dank mit der Zusage auszusprechen, es jederzeit in Gnaden halten zu wollen. Dasselbe deckte damals den Rückzug und war das letzte, das den Wahlplatz verließ. Groß aber waren die Verluste, die es in dieser Schlacht erlitten, denn neben mehr als 400 Gemeinen waren seine sämmtlichen Stabsoffiziere und 15 Subalternen-Offiziere theils gefallen, theils schwer blessirt, so daß der Hauptmann von Bröcker das Regiment commandiren mußte. Der Major Tümpling, welcher durch den Leib geschossen, gleichfalls zusammengesunken war, gehörte zu den Schwerverwundeten. Dessen ungeachtet entging er der Gefangenschaft, war aber in Folge seiner starken Blessur genöthigt, mehrere Monate von seiner Truppe fern zu bleiben. Im December 1759 traf er, obschon noch nicht völlig wieder hergestellt, wieder beim Regiment ein und ward sofort mit dem interimistischen Commando über dasselbe betraut, da der von seinen Wunden gleichfalls wieder genesene Oberst von Tettenborn zum General avancirt war. Im Jahre 1760 nahm Georg Wolf mit seiner Truppe unter Anführung des Prinzen von Holstein an der Belagerung von Dresden Theil und hatte dabei die Aufgabe, die Eröffnung der Tranchéen vor dem weißen Thore zu bedecken, war auch so glücklich, den in der Nacht vom 21. zum 22. Juli unternommenen Ausfall der Belagerten zurückzuschlagen und dabei einen General gefangen zu nehmen. Nach der am 29. Juli erfolgten Aufhebung der Belagerung marschirte der König mit dem Hauptbestandtheile der Armee nach Schlesien und gewann hier am 15. August die bekannte Schlacht von Liegnitz über Laudon, welcher binnen zwei Stunden über 10,000 Mann, 83 Kanonen und 23 Fahnen verlor, während der Verlust auf preußischer Seite nur unbedeutend war und bei dem Wiedschen Infanterieregimente insbesondere noch nicht 30 Mann betrug. Noch verdient hier des Gesechts bei Hohen-Giersdorf vom 17. Sept. 1760 erwähnt zu werden, bei welchem General Wied vorzüglich mit Hülfe seiner Füseliere die ihm gegenüber und parallel mit ihm auf dem Gebirge marschirenden Oesterreicher mit Heldenmuth angriff, schlug und ihnen 19 Kanonen und einige Hundert Gefangne abnahm. Den größten Ruhm aber erwarb sich das Regiment am 3. November 1760 in der Schlacht bei Torgau, indem es unter dem Oberbefehl des alten Ziethen durch Erstürmung der Siptitzer mit Kanonen bespickten Höhen der bereits für verloren gehaltenen Schlacht zu Gunsten der Preußen den Ausschlag gab. Es war aber diese Erstürmung eine um so schwerere Arbeit, als die genannten Höhen nicht nur mit einer guten und in Folge der bereits errungenen Vortheile zum Weichen nicht geneigten Artillerie und Infanterie besetzt, sondern auch durch Teiche und sonstige Terrainschwierigkeiten geschützt, die dahin führenden Wege endlich in Folge des Regens schlüpfrig und schwer zu begehen waren. „Hier zeigte sich's mehr, als zu deutlich," — heißt es in einer die Thaten des Wiedschen Regiments beschreibenden Broschüre — „was eine kluge, vorsichtige und tapfre „Anführung, der ein braver und muthiger Troup willig folget, auszurichten „vermag. Es schien Anfangs sehr schwer zu seyn, den Feind durch so schlüpf- „rige Wege, die in diß Dorf führten, anzugreifen und die Kartätschen des Fein- „des, die er mit 6 Canonen auf uns losschosse, nahmen manchen braven Mann „hinweg, und trafen allein 4 Officiers, die todt blieben, 15 Officiers aber „wurden blessirt, von welchen 2 bereits todt sind. Allein unsere beyden er- „fahrnen Stabs-Officier, von welchen der Herr Major von Tümpling das „erste, und von Bröcker das zweite Bataillon anführten, thaten hier, ohne „das verdiente Lob zu übertreiben, rechte Wunder der Tapferkeit, und avan- „cirten ohne einen Schuß zu thun, mit verwärts gefällten Bajonete dergestalt „auf den Feind los, daß dieser die Flucht ergriff und bis in das Treffen der Oesterreicher auf den Weinbergen vor Torgau geschmissen ward." Das Jahr 1761 verging für das Regiment Neuwied ohne ein Treffen, während dasselbe am 21. Juli 1762 bei dem Siege über Daun bei Reichenbach mit gewohnter Bravour Antheil genommen hat. Georg Wolfs Verdienste und Tapferkeit fanden auch die verdiente Anerkennung, denn am 12. April 1762 avancirte er zum Oberst-Lieutnant und drei Jahre darauf, am 25. Mai 1765 zum Obersten und Commandeur seines ihm werthen Regiments, welches nach Abschluß des Hubertusburger Friedens von Merseburg aus, wo sich alle westphälischen Regimenter des Königs gesammelt hatten, vom Grafen Neuwied mit Ehren gekrönt im März 1763 über Quedlinburg, Halberstadt, Osterwick,

Bockenem und Koppenbrücke nach Westphalen zurückgeführt ward und dort Minden als Garnison angewiesen erhielt. Am 15. Mai 1773 endlich ward er zum
General-Major und Commandant von Pillau ernannt, wobei er zugleich das
daselbst in Garnison stehende vacant wordne Sydowsche Infanterieregiment,
welches in Folge dessen seinen Namen führte, erhielt. Vier Jahre darauf, am
12. August 1777, am 18. Jahrestage der Schlacht von Kunnersdorf, ward er zu
Schieblitz bei Danzig in seinem 65. Lebensjahre aus dieser Zeitlichkeit abberufen.

Georg Wolf hat eignen Grundbesitz nicht besessen, doch war er zugleich
mit seinen Brüdern: Christoph Dietrich, Christian Gottlob und Carl Georg
Heinrich im Jahre 1750 mit Freiroda nebst Crölp und Löbschütz beliehen
worden, welches Besitzthum durch Erbfall auf sie gekommen war. Ueber die
Landeszubehörigkeit dieser drei Dorfschaften war eine Differenz entstanden,
welche für die genannten 4 Vasallen gefährlich zu werden drohte, da Gotha-
Altenburger Seits ihnen zu erkennen gegeben worden war, daß man das Lehen
einziehen werde, falls von ihnen die Landeshoheit Altenburgs über dasselbe
nicht anerkannt werden wollte. Da Georg Wolf nicht wußte, wie er sich mit
seinen Brüdern hierbei verhalten sollte, so wandte er sich an seinen König mit
der Bitte, ihm hierbei Schutz zu gewähren. Friedrich der Große nahm sich
denn auch seiner an und erließ an den Herzog von Gotha folgendes Schreiben:

„Meinem Obristen v. Tümpling und seinen Mitbelehnten Vettern sind
„nach deßen abschriftlich beiliegende Anzeige zu Freiroda, Crölp und Löb-
„schütz verschiedene Gräfl. Reuß. After- und Stiftisch Nauenburgl. Lehne
„angefallen; einige Lehns Irrungen und Streitigkeiten über die Landes-
„hoheit sollen Ew. Durchlaucht veranlaßt haben, solche Lehne einzuziehen
„und in Beschlag zu nehmen laßen, und Dero Regierung zu Altenburg
„will den belehnten Vasallen die Anerkennung der Landeshoheit über
„Freiroda abnöthigen. Meines ermeßens wird der Streit über die Lan-
„deshoheit mit den Lehns-Höfen zu erörtern seyn, den Vasallen aber der
„Besitz und Genuß der Lehen nicht vorenthalten, und nicht verwehrt
„werden können, sich dabey leidend zu verhalten. Ihr Anerkenntniß
„reumen auch hierin Nichts zu geben und zu nehmen, und sie haben
„naturl. Weise darin gebundene Hände. Ich ersuche daher Ew. Durch-
„laucht gedachten Meinem Obristen von Tümpling und seinen Vettern
„die quaest. Lehne, deren Besitz und Nutzbares Eigenthum wieder ein-
„reumen zu laßen, damit sie unter dem Streit über die Landeshoheit
„nicht unschuldiger Weise länger leiden mögen. Ew. Durchlaucht geben
„mir dadurch ein Neues Merkmahl der Freundschaftl. Gesinnung und ich
„werde Dagegen mit Vergnügen jede Gelegenheit ergreifen, Dieselben
„von der besondern Hochachtung zu überzeugen, womit ich seyn werde 2c.
„Berlin den 24. Sept. 1776.

Friedrich.   v. Finkenstein."

Das Freirobaer Lehen verblieb darauf auch in den Händen der vier genannten Tümplinge und deren lehnsberechtigten Descendenten, bis diese Letztern am 19. März 1800 Freiroba nebst Zubehörungen an den Amtshauptmann von Schönberg auf Oberreinsberg und Kreipitsch für 12,000 Thlr. verkauften. Dies Kaufgeld, von welchem auf jeden Zweig der Sornaer Linie 3000 Thlr. kamen, ward gegen Ende des Jahres 1802 abentrichtet bis auf die 3000 Thlr., welche dem unten sub 4 genannten Sohne Georg Wolfs II. zugefallen waren, indem dieser seinen Antheil dem von Schönberg darlehnsweise inne ließ.

Georg Wolf gründete sich in den zwischen den zweiten und dritten schlesischen Kriege liegenden Friedensjahren einen häuslichen Heerd und genoß während dieser Zeit das Glück eines traulichen Familienlebene. Seine Gemahlin, mit der er am 12. November 1748 getraut ward, war die am 18. Juli 1724 geborne Tochter des Justiz- und Hofgerichts-Raths von Runinckhaffen zu Cleve: Vicentia Henriette von Runinckhaffen. Dieselbe überlebte ihn um fast ein Vierteljahrhundert, denn während er 1777 starb, segnete sie erst am 5. Juni 1801 zu Wesel, wohin sie sich nach seinem Tode zurückgezogen hatte, das Zeitliche. Aus dieser Ehe sind vier Kinder hervorgegangen, nämlich:

1) Emilie Franziska Sophie Charlotte, geb. den 27. Febr. 1750, ist als fünfjähriges Mädchen, am 26. Mai 1755, gestorben.

2) Christiane Eleonore Caroline Elisabeth, geb. am 21. Juni 1751, starb schon am 4. Juni desselben Jahres.

3) Elisabeth Auguste Wilhelmine Barbara, geb. d. 18. Febr. 1753, schloß gleichfalls schon in ihrem ersten Lebensjahre, am 24. August 1753, ihre Augen zum letzten Schlummer.

4) Georg Heinrich August Friedrich Clemens, geb. am 1. Juli 1755, ist mit seiner Mutter nach des Vaters Tod nach Wesel gezogen und daselbst nach einem langen Stillleben im 80. Jahre seines Alters am 6. Februar 1835 kinderlos und unverehelicht gestorben. Er war, gleichwie seine Mutter, der reformirten Kirche angehörig. Für seine Gesundheit war er sehr besorgt, und nahm ihm deren Pflege viel Zeit weg. Im Uebrigen aber interessirte er sich mit Ausnahme der Landwirthschaft nicht viel für andre Dinge und blieb daher einseitig und in geschäftlicher Hinsicht ungewandt. Daß aber seine Mutter über sein körperliches Wohl mit ängstlicher Sorgfalt wachte, kann ihr, die ihre übrigen Kinder durch den Tod früh zu verlieren das Unglück gehabt hatte, nicht verdacht werden.

Stammbaum No. I. des Hauses von Tümpling-Sorna.

Hans Georg, ältester Sohn Hans Dewalds I. der Sulzaer Linie.
(a. Dorothea Christiane v. Thangel, b. Barbara Sybilla v. Werml.)

Georg Friedrich. Otto Friedrich. Clara Catharina. Eva Catharina. (Regine v. Trauq). Wilh. Ludwig v. Ralßau. Lorenz Albrecht. Ein junges Söhn.

Christoph Diett. (Aug. Jul. Agnes v. Roßdorf). Georg Wolf I. (Charl. Mar. v. Carlewitz). Maria Clara Soph. v. Raum-dorf u. v. Brandenstein. Christian Gottlob I. (Conf. Stammb. No. II. v. Moerxberg. Capit. VII.). Charl. Louise (Wilh. Magd. Crescentia v. Borlau). Carl Georg Heinr. Carl (Bicentia Henr. v. Runistoffen). Johann Carl Ludwig. v. Deqan. Christoph Christ. Elisab. Ludwig. v. Borlau. Sabina Amalia v. Deqan. Joh. Christ. Albrecht. Susanne. Bar. Elisab. v. Lengesfeld.

Georg Dietrich. Carl August. Elisabeth. Leon. Carl Franz. (Christiane Friedr. v. Brandenstein). Louise Ernst. Charlotte. Charl. Louise (Wilh. Henr. v. Bosen). Marie Charl. Adel. (a. Ernst. b. Wilh. Gräf. Soph. v. Bosen, v. Job. v. Seebing). Heinr. Georg Friedrich Gottlieb (Sophie v. Seebing). Wolf (Christiane Charlotte.). Christiane Franzisca Sophie Caroline Wilhelmine Elisabeth. Emilie Eleonore Elisab. Charl. Reiche. v. Plügel. Eliab. v. Plügel. Elisabeth Auguste Wilhelmine August Barbara. Friedrich. George v. Kampfen. Meysebach.

Helene. Helene Wilh. v. Lübbede. Wilh. Wolf Friedr. Herb. Clemens Anton Georg. Sophie. Friederike. Wilhelm. Ludwig Carl Carl Wilhelm Georg (a. Constanze Henr. Helene Gräfin v. Einsiedel, b. Johanne Philippine Wilhelmine v. Einsiedel). Friederike v. Beschwitz. Marie Wilh. Nanny Johanne.

Ahnentafel für die Kinder Georg Wolfs I. von Tümpling-Gorna.

16. Ursula v. Kracht aus dem Hause Müllersdorf.

15. Joachim Joh. v. Gustedt auf Dersen, Beren u. Thalheim.

    Ursula v. Gustedt aus dem Haus Dersen (Dörsheim).

14. Anna Margarethe v. Leß aus dem Hause Schleinitz.

    Christoph Dietrich v. Bose auf Frankleben, Mölbis und Rickern.

13. Balthasar v. Bose auf Frankleben u. Großenkaina.

    Ursula Margarethe v. Bose aus dem Hause Frankleben.

12. Martha Rositely v. Rinsly aus dem Hause Bötterkröb.

11. Jebst Christoph v. Römer auf Rauenstein.

    Anna Marie v. Römer aus dem Hause Rauenstein.

10. Sabina v. Wolframsdorff a.d.H. Teichwolframsdorff.

    Georg Carl v. Carlowitz auf Alten-Schönfels, Stauche und Arnsdorf.

9. Hans Georg v. Carlowitz auf Stein, Rabenstein, Schöna und Wallhausen.

    Hans Carl v. Carlowitz auf Arnsdorf.

    Charlotte Marie v. Carlowitz auf Arnsdorf.

8. Regina v. Schauroth aus dem Hause Raschwitz.

7. Georg v. Wolframsdorff auf Köstritz, Berstendorf, Dürrenberg 2c.

    Marie Elisabeth v. Wolframsdorff aus dem Hause Köstritz.

6. Catharina v. Gailsdorf aus Schwauet.

    Wolf Albrecht v. Creutz auf Kreipitsch, Rudelsburg und Niederndorf.

5. Georg v. Creutz auf Niederndorf.

    Regina v. Creutz aus dem Hause Niederndorf und Kreipitsch.

    Georg Wolf v. Tümpling auf Hermsdorf und Gorna.

4. Anna Magdal. v. Marschall aus dem Hause Danheim.

3. Hans Georg v. Wurmb auf Oßmersleben.

    Barbara Sybilla v. Wurmb aus dem Hause Oßmersleben.

    Veit Ludwig v. Tümpling auf Kl.-Aga, Hermsdorf u. Schkölen.

2. Anna Marie v. Vitzthum aus dem Hause Apolda.

    Hans Georg v. Tümpling auf Stadtsulza u. Tremsdorf.

1. Hans Oswald v. Tümpling auf Sulza und Stöbben.

Siebentes Capitel.

--

Das Haus von Tümpling=Sorna.

Zweite Abtheilung.

§. 1.

Christian Gottlob.

Christian Gottlob I., der zweitälteste Sohn Georg Wolfs I. und Charlotten Marias geb. v. Carlowitz, am 4. December 1705 zu Sorna geboren, widmete sich dem Forstfache und ging zunächst in würtembergische Dienste, in welchen er bei seines Vaters Ableben 1732 Jagdjunker war. Nachdem er aber die väterlichen Güter Sorna und Hermsdorf übernommen hatte (f. Cap. VI. §. 3) quittirte er den Dienst im Auslande und suchte in der Heimath Anstellung. Er fand auch solche und brachte es bis zum Oberforst= und Wildmeister zu Zeiz und Naumburg. Das Forsthaus zu Goßra war lange Zeit seine Dienstwohnung. Zu den Gütern Sorna und Hermsdorf, die er zu behaupten verstand, kaufte er später noch das Gut Räthern bei Zeiz, woselbst er auch am 16. December 1770 entschlafen ist. Sein entseelter Leichnam ward in der Familiengruft zu Chursdorf, wohin Sorna eingepfarrt ist, beigesetzt und in einem mit 4 Schimmeln bespannten Leichenwagen dahin gebracht. In diese Gruft wurden damals, so irgend thunlich, alle verstorbnen Mitglieder des Sornaer Zweiges beerdigt. Dadurch ward aber dieselbe bald überaus angefüllt, so daß es an Raum zur Aufnahme neuer Särge zu mangeln begann. Aus diesem Grunde und weil die Gruft überdieß auch baufällig ward, ließ sie Heinrich Gottlob Wolf, ein Sohn Christian Gottlobs I. und Nachbesitzer von Sorna, einreißen und ausfüllen, so daß die Särge mit Erde überdeckt wurden, den Platz einebnen und mit Pappeln bepflanzen und dafür an einer andern Stelle des Kirchhofs eine neue Familiengruft errichten.

Christian Gottlob I. hat sich zweimal verehlicht, das erste Mal am 12. Juni 1736 zu Arnsdorf mit Charlotten Eleonoren von Beulwitz aus Kloschwitz, des Alexander Christian v. Beulwitz auf Erlebach und Kloschwitz und der Agnese Dorothee geb. v. Reibold Tochter, welche ihm 10 Kinder gebar und am 11. März 1749 zu Sorna starb. Seine zweite Ehefrau, mit der er zu Sorna am 16. April 1750 getraut ward, war Johanna Dorothee von Pflugl, des königl. poln. und churfächs. Kammerjunkers und Oberforstmeisters Dietrich v. Pflugl auf Gütterlitz und Charlotte Sophiens geborner von Tümpling aus dem Hause Kaselirchen Tochter, welche ihm

7 Kinder geschenkt hat und am 1. April 1779 zu Sorna, wo sie nach ihres Eheherrn Tode bei ihrem ältesten Sohne Christian lebte, gestorben ist.

Die 17 Kinder Christian Gottlobs sind:

A. Aus der ersten Ehe:

1) Friederike Charlotte Henriette, eine Dame von hoher geistiger Begabung, geb. den 16. Juli 1737, vermählte sich am 6. October 1760 mit dem am 25. August 1727 gebornen herzogl. Braunschweigisch-Wolfenbüttelschen Obersten der Infanterie und herzogl. Sachsen-Gotha-Altenburgischen Marsch-Commissarius Carl Friedrich Freiherrn von Seckendorf auf Meuselwitz, Starkenberg, Wuitz und Groß- und Klein-Röda, einem Witwer. Sie starb am 5. April 1794 zu Meuselwitz und liegt in der dortigen Familiengruft begraben. Ihr Gemahl folgte ihr am 25. December 1799 im Tode nach. Dies Ehepaar hat 9 Kinder hinterlassen, nämlich: a und b. die Zwillinge Wilhelm Heinrich († 1817 als Oberforstmeister) und Veit Ludwig (Ux. v. Schwarzenfels) geb. d. 3. März 1763, c. Ernst August geb. 1765, d. Adolf Christian auf Zingst geb. 1767, e. Ferdinand Alexander auf Burkersdorf bei Weyda (Ux. v. Grüne) geb. 1771, f. Friedrich Bernhard (preuß. Regierungs-Präsident zu Frankfurt Ux. v. Uechtritz) geb. 1772, g. Anton Gustav geb. 1775 († 1824 in Amerika), h. Louise Charlotte geb. 1764 († 1817) und i. Christiane Wilhelmine Charlotte (verehelicht mit dem sächs. Geh. Finanzrath von Witzleben, † 1812) geb. 1769. Einer ihrer Enkel, Alfred von Seckendorf auf Meuselwitz, Sohn des 1826 verstorbenen Veit Ludwig, hat die oben Cap. VI. §. 4 sub 7 genannte Marie Tümpling geheirathet.

2) Ursula Wilhelmine Charlotte, geb. zu Sorna am 10. Febr. 1739, starb in ihrem 10. Lebensjahre, am 22. Juni 1748.

3) Heinrich Carl Friedrich, geb. am 5. Mai 1740 zu Sorna, trat in preuß. Kriegsdienste und fand bei demselben Regiment Aufnahme, bei welchem sein Onkel Georg Wolf II. stand. Er hat jedoch schon zu Anfang des siebenjährigen Krieges, noch als Fähndrich, sein Leben lassen müssen, ob er aber in einer Schlacht (v. Uechtritz giebt die von Zorndorf an) gefallen, oder, wie einige Nachrichten melden, 1756 in Böhmen ertrunken ist, vermögen wir nicht anzugeben. Zeidler berichtet ganz kurz: „Carl ward im letzten Kriege erschossen."

4) Christian Gottlob II., geb. zu Sorna am 28. November 1741, war anfänglich Page zu Gera, lernte sodann die Jägerei, ging aber hierauf in chursächs. Kriegsdienste, dankte jedoch schon im März 1771 als Lieutnant des Prinz Xaverschen Regiments freiwillig ab, bewarb sich um eine Anstellung im Civilstaatsdienst und ward unterm 22. Januar 1772 zum churfächsischen Kammer- und Jagd-Junker ernannt. Nach seines Vaters Tode erhielt er Rä-

thern, wo er auch seinen Wohnsitz nahm. Nach seinem, am 18. Decbr. 1802 erfolgten, Tode entspann sich über den Besitz dieses Gutes zwischen seiner Tochter und seinen unten namhaft gemachten Stiefbrüdern, resp. dem Sohne des ältesten Halbbruders, ein Proceß, welcher, da Räthern Mannlehn war, in der Hauptsache zu Gunsten der Tümplingschen Brüder gegen die Frau v. Feilitzsch entschieden, dagegen das Inventar der Letzteren als Allodialvermögen zuerkannt ward. Christian Gottlob II. war ein Sonderling und wegen seines eigenthümlichen Characters bei der Familie mehr gefürchtet als geliebt. Auf seinem Gute ließ er im Herrenhause Alles zu Grunde gehen, führte keine, auch nicht die nothwendigste, Baureparatur aus und wohnte im Gesindehaus, beengt und mehr als einfach. Außer Räthern bewirthschaftete er noch ein zweites Gut: Stenndorf, das er von einem Herrn von Creutz erpachtet hatte und welches später in das Eigenthum seiner Tochter überging. Am 29. Oct. 1771 verheirathete er sich mit Marie Wilhelmine Friederike von Schönberg aus dem Hause Reinsberg, des churfächsischen Majors Christian Ferdinand von Schönberg und Sophieen Amaliens von Creutz aus Stenndorf Tochter. Dieselbe starb jedoch schon nach 2½ Jahren, am 2. April 1774, zu Stenndorf und ward am 4. eiusd., am 2. Osterfeiertag, in Saaleck beigesetzt. Aus dieser Ehe entsprossen zwei Mädchen:

    a) **Amalie Charlotte Friederike**, geb. den 2. Septbr. 1772, starb als einjähriges Kind am 3. October 1773, und

    b) **Christiane Friederike Henriette**, geb. den 18. Januar 1774 zu Stenndorf, ward, 14 Jahr alt, am 31. October 1788 mit dem, am 11. März 1750 zu Kelbra geborenen, churfächsischen Premier-Lieutnant der Artillerie, **Hans Christoph Ludwig von Trotff** verheirathet. Am 8. November 1801 schritt sie zur zweiten Ehe, indem sie dem Hauptmann von Feilitzsch ihre Hand reichte, welchem dadurch das Gut Stenndorf zufiel. Dagegen blieben die von ihr auf Räthern erhobenen Ansprüche für sie ohne den gewünschten Erfolg, indem dasselbe ihren drei, unten sub 11, 15 und 17 genannten Stiefoheimen, resp. deren Söhnen, im Jahre 1817 gerichtlich zugesprochen ward.

   5) **Christiane Louise Charlotte**, geb. zu Sorna am 20. Novbr. 1742, eine wegen ihrer Liebenswürdigkeit allgemein beliebte und geachtete Dame, ist unverehlicht geblieben und am 29. Juli 1800 gestorben.

   6) **Henriette Charlotte Elisabeth**, geb. den 19. November 1743, war Dame d'honneur bei der Gräfin Hohenlohe geb. Gräfin zu Stollberg zu Schrotzberg bei Rothenburg an der Tauber. 1795 kehrte sie in ihr Vaterland zurück und verlebte die letzten Jahre ihres Lebens bei ihrer Nichte, der Frau v. Feilitzsch zu Stenndorf, woselbst sie auch am 22. Mai 1810 unverehlicht gestorben ist.

7) **Rahel Agnes Caroline Charlotte**, geb. den 31. October 1744 zu Sorna, war Hofdame bei der Prinzeß zu Roda und vermählte sich am 19. September 1769 zu Näthern mit dem Bruder ihres oben sub 1 genannten Schwagers, dem herzogl. würtembergischen Kammerherrn, Regierungsrath und Oberhofgerichts=Assessor **Ernst Anton Heinrich Freiherrn von Seckendorf** auf Kölzen und Langenhennersdorf bei Pirna, einem Wittwer. Sie starb im Februar 1812, nachdem ihr Gemahl, dem sie einige Kinder geboren, bereits am 2. August 1802 heimgegangen war.

8) **Auguste Johanne Charlotte**, geb. zu Sorna am 27. October 1745, ist in der Blüthe ihrer Jahre am 26. April 1762 zu Unter=Freyberg gestorben.

9) **Philippine Erdmuthe Charlotte**, geb. den 27. Februar 1747 zu Sorna, starb ebendaselbst als einjähriges Kindlein am 18. Mai 1748.

10) **Marianne Charlotte Alexandrine**, geb. den 14. April 1748 zu Sorna, war ein sehr lebhaftes, gewecktes und geistreiches Fräulein, blieb unvermählt und starb an der Auszehrung am 1. December 1784 in dem Hause ihres Stiefbruders Wolf zu Crölpa.

Die Mutter der genannten Kinder erster Ehe Christian Gottlobs, Charlotte geb. v. Beulwitz, hatte eine Schwester, welche an Ludwig Wilhelm von Schwartzenfels verehlicht war. Als der einzige hinterlassene Sohn des Letzteren, der Würtembergische Generalmajor Wilhelm Gerlach Adolf v. Schwartzenfels auf Burckersdorf 1795 ab intestato starb, fiel dessen Nachlaß zum Theil auch der Descendenz der genannten Frau v. Tümpling zu. Dabei wurden den Erben weiblichen Geschlechts zum Antritt der Erbschaft und zur Besitznahme von Burckersdorf, das in der Folge auf die Seckendorfs überging, Curatoren bestellt, so erhielt Henriette v. Tümpling ihren obgedachten Schwager, den Obrist Friedrich Carl Freiherrn v. Seckendorf auf Meuselwitz, und Caroline Freyin v. Seckendorf geb. v. Tümpling den Hofrath Carl Christian v. Weißenbach zum Geschlechtsvormund.

B. Aus der zweiten Ehe:

11) **Heinrich Christian August**, geb. zu Sorna den 20. Februar 1751, ist im nächstfolgenden Paragraphen behandelt.

12) **Wilhelmine Christine Charlotte**, geb. zu Goßra am 5. Mai 1753, starb ebendaselbst in ihrem ersten Lebensjahre am 26. April 1754.

13) **Johanna Christiane Charlotte**, geb. zu Goßra den 19. Nov. 1754, ist ebenfalls im zartesten Kindesalter, am 19. Febr. 1755, gestorben.

14) **Friederike Sophie Dorothee**, geb. den 17. Juni 1755, vermählte sich in ihrem 16. Lebensjahre, am 24. October 1770, zu Näthern acht Wochen nach ihres Vaters Tode, — durch welchen Trauerfall die Hochzeit aufgeschoben worden, — an den chursächsischen Amtshauptmann Ferdinand Ludwig Christian von Schönberg, Besitzer der Rittergüter

Ober-Reinsberg bei Nossen und Kreipitsch a. d. Saale, sowie des Freigutes Herzogswalde. Derselbe war am 11. November 1750 geboren, der Sohn des oben sub 4 bei Christian Gottlob II. genannten Majors Christian Ferdinand von Schönberg und Enkelsohn des Cap. VI §. 5 gedachten Landkammerraths Adolph Ferdinand v. Schönberg. Sie lebte in glücklicher Ehe zumeist in Ober-Reinsberg, während der Sommermonate jedoch in der Regel zu Kreipitsch, woselbst sie auch im Jahre 1820 mit Tode abgegangen ist, nachdem sie ihrem, mehrere Jahre vor ihr zu Herzogswalde verstorbnen Gemahl 13 Kinder geboren hatte, deren Namen aus dem Grunde, weil die v. Schönbergsche Familie der Tümplingschen in mehrfacher Weise verschwägert ist, hier kürzlich mit Erwähnung finden mögen.

a) **Sophie Friederike**, geb. 1772, verm. 1789 mit Hans Heinrich v. Schönberg auf Ober-Langenau.

b) **Johanne Louise Christiane**, geb. 1774, starb im 1. Lebensjahr.

c) **Caroline Mariane**, geb. 1776, verm. 1797 an den chursächs. Artillerie-Lieutn. v. Hoyer, der, nachdem er den sächs. Dienst als Generalmajor quittirt hatte, in preuß. Dienste getreten und 1821 zu Erfurt als Artillerie-Obrist gestorben ist.

d) **Ferdinand Christian**, geb. 1777, starb im 1. Lebensjahre.

e) **Friedrich August Wolf**, geb. 1780, ward sächs. Oberforstmeister und Kammerherr, und erhielt die beiden väterlichen Güter Ober-Reinsberg und Herzogswalde, von denen nach seinem Tode das Erstere seinem ältesten Sohne erster Ehe, dem Kammerherrn Oswald v. Schönberg, das Gut Herzogswalde dagegen seinem zweiten Sohne erster Ehe, dem durch seine Reisen in den Orient bekannten Ehrig v. Schönberg zugefallen ist.

f) **Sophie Amalie Auguste**, geb. 1782, starb jung.

g) **Amalie Wilhelmine Henriette**, geb. 1784, starb im 5. Lebensjahre.

h) **Sophie Amalie Auguste**, geb. 1786, starb, wie ihre gleichnamige Schwester, gleichfalls im Kindesalter.

i) **Marie Charlotte**, geb. 1787, starb im 1. Lebensjahre.

k) **Amalie Wilhelmine Henriette**, geb. 1789, verm. 1806 an den Rittmeister v. Schönberg auf Wittgensdorf, welcher nach dem Verkauf seines Gutes bis zu seinem 1839 erfolgten Tode in Freiberg lebte, während die Wittwe später nach Frauenstein zu ihrem dort als Oberförster wohnenden Sohn gezogen und auch daselbst gestorben ist.

l) **Friederike Auguste**, geb. 1792, verm. 1810 mit dem Kammerjunker v. Einsiedel auf Lißla bei Naumburg.

m) **Wilhelmine Friederike**, geb. 1793, Stiftsdame, blieb unverehlicht und hat in sehr verdienstlicher und anerkennenswerther

Weise an den sieben Kindern zweiter Ehe ihres Bruders Wolf Mutterstelle vertreten.

n) Friedrich Christian **Franz**, geb. 1795, verm. 1820 mit Charlotten v. Schönberg aus dem Hause Nieder-Reinsberg, erhielt das väterliche Gut Kreipitsch und starb 1861 im Bade Gastein mit Hinterlassung mehrerer Kinder, von denen Bernhard Karl Franz Regierungsrath bei der Kreisdirection zu Leipzig ist.

15) Heinrich Gottlob **Wolf**, geb. den 15. Juni 1757, das Nähere über ihn s. §. 4.

16) Christian Traugott Leberecht, geb. zu Goßra am 4. April 1762, starb daselbst schon im darauf folgenden Jahre.

17) Dietrich **August** Christian. geb. den 10. Januar 1764, ist unten in §. 6 behandelt.

§. 2.
Christian.

Heinrich **Christian** August, geb. zu Sorna am 20. Februar 1751, war der älteste Sohn zweiter Ehe Christian Gottlobs I. und in seiner Jugend Page am herzoglichen Hofe zu Gotha, später aber chursächs. Lieutnant zu Zeitz beim Regiment der Churfürstin, dessen Chef von 1763—1781 die Churfürstin, von 1791—1800 der Generalmajor von der Heyde und seit 1806 Bevilaqua gewesen ist. Er verfolgte jedoch die militairische Laufbahn nur kurze Zeit und nahm noch als Lieutnant den Abschied. Nach seines Vaters Tode fiel ihm das Stammgut Sorna mit Chursdorf zu, wo er in einem traulichen Familienkreise, zu dem auch seine Mutter sich gesellt hatte, glücklich lebte. Dieses Glückes sich zu freun, war ihm jedoch nicht lange vergönnt, denn schon am 11. Mai 1784 starb er in einem Alter von 33 Jahren an den Folgen einer Erkältung, die er sich dadurch, daß er bei großer Kälte eine zu leichte Kopfbedeckung getragen, zugezogen haben soll. In der seiner Auflösung vorhergehenden langwierigen Krankheit, in der sich bei ihm Spuren von Geisteskrankheit zeigten, hat seine älteste Stiefschwester, die Freifrau v. Seckendorf, seiner Ehefrau in der Krankenpflege getreulich Beistand geleistet. Doch alle Pflege und ärztliche Hülfe vermochte nicht, den theuern Kranken den Seinigen auf Erden zu erhalten. Seine Seele ging frühe ein zu den himmlischen Wohnungen, die er im gläubigen Vertrauen auf Gottes Gnade und Christi Leiden als seine eigentliche Heimath erkannt hatte. Denn daß Christian ein frommer und gläubiger Christ war und seinem Taufnamen Ehre machte, zeigt unter Andern auch ein Brief, den hier wiederzugeben, wir um so weniger unterlassen mögen, als die darin enthaltenen Vermahnungen und Lebensregeln noch heute jedem aus dem Vaterhause scheidenden Sohne zur Beherzigung mitgegeben werden können. Dieser Brief, den

8*

Chriſtian an ſeinen jüngſten Bruder Auguſt bei deſſen Eintritt ins Pagen-
haus ſchrieb, lautet wörtlich folgendermaaßen:

„Mein lieber Bruder. Da Du lieber Bruder anjeßo den erſten Schritt
„Deines Glückes macheſt und Deinen Aufenthalt in der großen Welt und
„unter fremden Leuten haſt, ſo befiehlt mir mein Herz und meine brüderliche
„Liebe in Nachfolgendem einige gute Vermahnungen zu geben, welche mir
„öfters, wenn ich darnach gehandelt, den vortrefflichſten Dienſt gethan. Ich
„hoffe, daß Du es wohlmeinend aufnehmen wirſt, und verſichere, daß Du
„bis an mein Lebensende bei jedem Vorfall und Gelegenheit finden wirſt,
„daß ich recht aufrichtig bin Dein treuer Bruder

„Sorna, am 8. Auguſt 1777.

Heinrich Chriſtian Auguſt von Tümpling.

„Zuförderſt iſt es die größte Nothwendigkeit, unſern Her-Gott niemalen
„aus den Augen zu ſetzen, und iſt es die edelſte That, ſeinen Lebenswandel,
„ſo viel es nur möglich und menſchliche Kräfte zulaſſen, ſo einzurichten, wie
„es Gott in ſeinem Worte befohlen. Hüte Dich vor allen vorſätzlichen Sün-
„den und gedenke auch in dem größten Getümmel der Welt an unſern lieben
„Gott. Auch gedenke öfters, daß Du ſterben mußt, welches uns Menſchen
„das Allergewiſſeſte iſt, auch daß die Stunde unſeres Todes uns unbekannt
„und wir dahero nicht wiſſen, ob nicht heute oder morgen Gott unſre Seele
„von uns fordert. Dieſe Betrachtung wird Dich zu vielen guten Gedanken
„führen, Du wirſt Deinen Lebenswandel unterſuchen und gewiß ſuchen Deine
„Fehler zu verbeſſern. Verlaſſe Dich auf das Verdienſt, Leiden und Ster-
„ben unſeres Herren Jeſu Chriſti, und genieße mit wahrer Buße den Leib
„und Blut Jeſu Chriſti öfters. Laß Dich durch das größte Verſprechen der
„Welt nicht verleiten, eine Untreue gegen Deinen Gott zu begehen, und ge-
„denke allemal Deines Taufbundes.

„Deinem Herrn diene treu und ehrlich, vollziehe ſeine Befehle auf das
„Ordentlichſte, und wenn ſie Dir auch noch ſo ſauer werden, ſo thue doch
„Alles, was Dein Herr befiehlt, gern. Rede von Deinem Herrn an allen
„Orten das Beſte, und laß alle ſeine Heimlichkeiten, ſo Du ſie auch erfährſt,
„bey Dir begraben ſeyn. Suche ſo geſchwind als möglich ſeine Befehle zu
„vollziehen, und zeige Dich Deinem Herrn, wann Du auch ſehr verdrüßliche
„Umſtände haſt, allemal mit einem muntern, vergnügten und zufriednen
„Geſicht.

„Zufriedenheit iſt die größte Vergnügung unſers Lebens. Erſtrecke alſo
„Deine Ausgaben niemals über Deine Einnahmen, unterſuche bei jeder Aus-
„gabe und wann ſie auch noch ſo klein iſt, ob ſie auch höchſt nöthig und ob
„ſie, wann Du ſie unterläſſeſt, nicht mehr Nutzen bringen könnte. Mißgönne
„nicht Andern ihr Glück wann Du ſieheſt, daß ſie angeſehener, reicher und
„mehr ſeyn, als Du, und glaube nicht, daß ſich alle dieſe vor glücklich hal-

„ten, welche die Welt davor hält, denn ich versichere Dich, es fehlt ihnen
„öfter an der Zufriedenheit.   Beobachte also Deine Schuldigkeit in Deinem
„Dienst, haße alle Verschwendung, und sorge davor, daß Du Deinen gesun=
„den Leib behälst, so wirst Du allemal haben so viel Du brauchst, und wann
„Du Nahrung und Kleider hast, so sey zufrieden.

„An Deine Eltern gedenke öfters, und erinnre Dich an ihre guten Ver=
„mahnungen.   Unsere lieben Eltern haben es sich sehr sauer werden lassen
„um unsre Erziehung, haben es jederzeit mit uns treulich gemeint und sind
„gewiß unsre besten Freunde.   Flehe also Gott öfters an, daß Er unserer
„lieben Mutter ihre Lebenstage auf die spätesten Zeiten verlängre, und leiste
„allemal kindlichen Gehorsam.   Und unserm guten seligen Vater seyne Ge=
„beine unter der Erde verehre!

„Gegen Jedermann sey höflich und besonders auch gegen Diejenigen,
„wo Du glaubst, daß sie Dir Nichts helfen können, denn wer Dir auch Nichts
„helfen kann, kann Dir doch allemal als Dein Feind schaden.

„Da ich noch keinen glücklichen Spieler gesehen, allein sehr Viele ge=
„funden, welche sich dadurch vollkommen unglücklich gemacht, so bitte ich Dich
„recht sehr, hüte Dich vor allem Spielen und besonders vor großem Spielen,
„denn es ist wie eine Seuche, und wer es sich einmal angewöhnet, läßet
„immer nicht wieder davon ab und machet sich selbst ohne Noth unglücklich.

„Untersuche die Handlungen Deiner Freunde recht, ehe Du sie zu Dei=
„nen vertrauten Freunden machest, und wenn Du nicht rechte Proben der
„Freundschaft hast, so vertraue nicht Deine Heimlichkeiten, denn es kann
„sich mannichmal umkehren, und alsdann würdest Du immer sehr übel
„dran seyn.

„Nun bitte ich Dich noch zuletzt, behalte dieses Blatt im Geheimen und
„gedenke mannichmal daran, ich wollte nicht gerne, daß es weiter gesehen
„würde.   Ich empfehle zu beständigem guten brüderlichen Andenken auch
„meine Frau und Dein liebes Pathchen, meine kleine Tochter.   Beyde wer=
„den vor Dich beten und Dich ebenfalls lieb behalten.“

Verehlicht hat sich Christian v. Tümpling am 8. October 1775 mit
Carolinen Christianen von Reibold, des chursächs. Capitains Phi=
lipp Ferdinand v. Reibold auf Reinsdorf und einer von Geißing Tochter,
welche nach ihres Ehemannes Ableben zunächst in Reinsdorf bei ihrem Vater
gelebt, 1787 aber sich wieder verehlicht hat an einen gewissen Benzmann,
und 1823 als Wittwe gestorben ist.   Aus dieser Ehe gingen 5 Kinder
hervor:

1) Johanne Christiane **Friederike**, geb. am 15. Februar
1777, verheirathete sich in schon vorgerückten Jahren, zu Anfang des Jahres
1823, an den k. k. österreichischen Major von Tils, einen Wittwer.   Nach
dessen Tode lebte sie zunächst in Plauen, sodann bei ihrem Stiefsohn zu

Dreihöfen (Unterhermsgrün bei Oelsnitz), woselbst sie den 28. November 1844 gestorben ist.

2) **Johanna**, geb. den 18. Juni 1778, starb am 29. September des selben Jahres.

3) **Ferdinand Christian Wolf**, geb. am 2. Juli 1779, ist im nächstfolgenden Paragraphen behandelt.

4) **Henriette Christiane Auguste**, geb. am 26. Juni 1780, lebte bei einer Schwester ihrer Mutter in Dresden und starb daselbst im Jahre 1813 am Nervenfieber.

5) **Wilhelm Christian August**, geb. am 1. Januar 1783, starb in seinem 3. Lebensjahre, am 7. Mai 1785, ein Jahr nach seinem Vater.

Was die Bevormundung dieser Kinder nach ihres Vaters frühem Tode anlangt, so ward unterm 28. September 1784 den beiden unmündigen Söhnen, Ferdinand und Wilhelm, ihr Onkel väterlicher Seits Heinrich Gottlob Wolf Tümpling auf Crölpa, und den beiden sub 1 und 4 genannten Schwestern der Amtshauptmann Christian Ferdinand von Reibold, ihr Oheim mütterlicher Seits, zum Vormund bestellt. An des Letzteren Stelle ward jedoch 1787, weil die Wittwe — welche die Schwester des ꝛc. Reibold war — sich wieder verehlicht hatte und der väterliche Nachlaß damals noch ungetheilt in deren Hand war, Wolf Friedrich Gotthelf v. Tümpling auf Arnsdorf ernannt, welcher später auch Ferdinands Vormund ward.

§. 3.
Ferdinand.

Ferdinand Christian Wolf, geboren zu Sorna am 2. Juli 1779, hatte das Unglück, schon in seinem 5. Lebensjahre seinen trefflichen Vater Christian durch den Tod zu verlieren. Unter der Leitung und Oberaufsicht seiner, zu Ende des vorstehenden Paragraphen genannten, Vormünder bildete er sich für die Militaircarriere vor, trat in chursächs. Kriegsdienst, machte als Lieutnant bei dem Regiment Prinz Albrecht Chevaurlegers die Rheincampagne von 1796 mit, nahm jedoch schon als Premier-Lieutnant, als welcher er zu Lübben in der Niederlausitz bei dem genannten Dragonerregiment in Garnison lag, seinen Abschied, um sich der Verwaltung des auf ihn übergegangenen väterlichen Gutes Sorna zu widmen. Hierzu acquirirte er die beiden im sächsischen Voigtlande gelegenen Rittergüter Unterhermsgrün, welches er von dem dritten Sohne seiner oben §. 1 sub 1 genannten Halbschwester, dem Freiherrn Ernst August v. Seckendorf kaufte, und Reinsdorf bei Planen, das er laut Kaufs vom 5. September 1800 von seinem Großvater mütterlicher Seits, dem Rittmeister Philipp Ferdinand v. Reibold, für 70,000 Thlr. gekauft, im Jahre 1811 aber für 95,000 Thlr. an Georg Friedrich Müllern wieder verkauft hat. Müller konnte sich aber bei der Höhe des

Kaufpreises und der Ungunst der Zeitverhältnisse nicht behaupten und verfiel in Concurs, so daß Reinsdorf im Jahre 1822 zur Subhastation kam, wobei dasselbe unserm Ferdinand, der als Einer der Hauptgläubiger Ursache zum Mitbieten hatte, für das von ihm gethane Meistgebot von 59,000 Thlrn. zugeschlagen ward. Außerdem fiel ihm im Jahre 1817 nach Beendigung des Processes gegen die oben §. 1 sub 4, b genannte von Feilitzsch der dritte Theil von Räthern zu. Dagegen verkaufte er 1801 Sorna an Heinrich Gottlob Wolf, seinen Oheim und ersten Vormund, wie er denn später auch Unterhermsgrün veräußerte, ein Besitzthum, das ihm viel Aerger verursacht hatte, weil er nicht nur mit seinem Gerichtsdirector daselbst in unangenehme Differenzen gekommen war, sondern auch von einem dortigen Bauer, Götz, durch falsche Anklagen und auf sonstige Weise dermaaßen chicanirt ward, daß sich die Stände des voigtländischen Kreises bewogen fanden, ihrer Seits Strafanträge gegen Götz zu erheben und für Ferdinand eine Ehrenerklärung auszustellen.

Verehlicht war Ferdinand mit **Louise Christiane Charlotte von Schönfeld** aus Bayern. Diese Ehe, aus der Kinder nicht hervorgegangen, ward nach Verlauf einiger Jahre durch Scheidung getrennt und hat sich die geschiedne Frau darauf in ihrem Vaterlande wieder verheirathet, während Ferdinand sich zur Eingehung einer anderweiten Ehe nicht entschließen konnte. Er starb am 7. April 1846, und verlebte das letzte Viertheil seines Lebens in menschenscheuer Einsamkeit zu Reinsdorf, verstand es auch nicht, das Gut mit Vortheil zu bewirthschaften und in Ordnung zu halten, so daß sein Besitzthum nichts weniger, als eine Musterwirthschaft war und nicht eben zu Gunsten des Schönheits- und Ordnungs-Sinnes seines Besitzers sprach, demselben auch nur eine sehr mäßige Einnahme gewährte. Trotz aller Sonderbarkeiten hatte Ferdinand aber doch gewissermaßen Etwas von einem Aristocraten aus alter Zeit an sich, was sich namentlich auch in gewissen Aeußerlichkeiten zeigte. So hielt er z. B. darauf, daß sein Zimmer mit roth und weißen, von Sicheln gehaltnen, Vorhängen — als den Farben und Zeichen des Tümpling'schen Familienwappens — geschmückt war. Diese aristocratische Ader, sowie der Wunsch, daß sein Besitzthum stets in der Tümpling'schen Familie und bei der Letzteren sein Name in gutem Andenken bleiben möchte, veranlaßten ihn, mittelst eines am 4. Februar 1836 errichteten, bei den Gerichten zu Salsitz niedergelegten und am 5. Mai 1846 publicirten Testaments, in welchem er seinen Vetter Wolf zu Sorna zu seinem Universalerben einsetzte, die Anordnung zu treffen, daß sein Gut Reinsdorf sowie auch Unterhermsgrün als ein Tümpling'sches-Familienfideicommiß und Majorat im Eigenthum der Tümpling'schen Familie verbleiben, nach deren etwaigem Aussterben aber auf das ihr verwandte und verschwägerte Haus von Schönberg-Reinsberg, welches solchenfalls den Zunamen „Tümpling"

anzunehmen und die Tümplingschen Sicheln dem Schönbergschen Wappen bei
zufügen habe, übergehen sollte. Der jedesmalige Majoratsbesitzer sollte —
dieß war dabei ausdrücklich zur Bedingung gemacht — der evangelisch-luthe-
rischen Confession angehörig und gehalten sein, nach Tilgung der auf dem
Majorate vorhandenen Schulden allemal am 2. Juli jeden Jahres, als dem
Geburtstage Ferdinands, an Eins der wenigst bemittelten Mitglieder der
Tümplingschen Familie 100 Thaler auszuzahlen. Zum ersten Inhaber des
Fideicommisses bestimmte er seinen Vetter und Universalerben Wolf auf Sorna,
Nach dessen Ableben war dessen männliche Nachkommenschaft und zwar nach
der Reihe der Erstgeburt, nach deren etwaigem Aussterben die männliche
Descendenz des Wolf Ferdinand auf Großseitschen und nach dieser die der
Verwandtschaft nach sodann nächste Linie des Tümplingschen Geschlechts zum
Genuß des Majorats berufen, unter der angegebenen Bedingung, daß das
jedesmalige betreffende Mitglied der evangelisch-lutherischen Confession ange-
hören sollte, von welcher Bedingung nur allein hinsichtlich der Person des
zum ersten Majoratsherrn und Universalerben ernannten katholischen Wolf
Tümpling eine Ausnahme stattfinden sollte.

Zehn Jahre nach Errichtung dieses Testaments und wenig Tage vor
seinem Ableben schloß jedoch Ferdinand mit seinem, 'auf die Kunde von seiner Krankheit in verwandtschaftlicher Liebe und Besorgniß herbeigeeilten,
Vetter und Universalerben Wolf einen Schenkungscontract ab, mittelst dessen
er sein Gut Reinsdorf demselben schenkungsweise übereignete, nachdem er
Unterhermsgrün, welches gleichfalls Theil des Fideicommisses sein sollte, inzwischen bereits verkauft hatte. Da aber in der, unterm 2. April 1846 aus-
gefertigten und am nächsten Tage vor dem Reinsdorfer Patrimonialgericht
recognoscirten Schenkungsurkunde wörtlich folgende Bestimmung enthalten war:

„Dieser Schenkung ungeachtet verbleibt es bei dem vom Herrn Schen
„ter unterm 28. März 1836 bei den Winklerschen Gerichten zu Saalsitz
„niedergelegten Testament und den darinnen enthaltenen Bestimmungen,
„soweit sie nicht der gegenwärtigen Schenkung widersprechen. Sollte
„sich ein solcher Widerspruch ergeben, so soll solch Testament, soweit es
„mit der Schenkung in Widerspruch stehen sollte, als nicht gültig anzu-
„sehen sein."

so war die Nachlaß- wie auch die Hypotheken-Behörde der Ansicht, daß trotz
der Schenkung die im Testament getroffene Bestimmung, nach welcher Reinsdorf Fideicommiß sein sollte, gültig zu bleiben habe. Diese Ansicht des
Justizamtes zu Plauen und des Lehnhofs ward auch auf den dagegen er-
hobnen Widerspruch Wolfs, welcher auf Grund der Schenkung das freie
Eigenthum des Gutes forderte, Seiten des Justizministeriums gebilligt und
in dessen Folge das Rittergut Reinsdorf auf dem für dasselbe angelegten
Grund- und Hypothekenbuchsfolium als Fideicommiß bezeichnet, Wolf aber

mit seinem Anspruch auf den Proceßweg verwiesen. Dem Fideicommiß ward Amts Wegen in der Person des Advocaten von der Planitz ein Actor bestellt, mit welchem Wolf unter Zustimmung der Meisten der hierbei in Frage kommenden Verwandten einen Vergleich abschloß, nach welchem Reinsdorf dem Wolf als freies Eigenthum überlassen, dagegen auf diesem Gute ein Lehnsstamm von 10,000 Thalern radicirt werden sollte, dessen Nutzungen ganz in der Weise zur Vererbung kommen sollten, wie dies in dem Testament hinsichtlich des Gutes Reinsdorf selbst angeordnet war. Diesem Vergleiche, nach welchem also anstatt des Ritterguts Reinsdorf der gedachte Lehnsstamm das Object des Fideicommisses werden sollte, ward aber vom Lehnhofe, sowie auf dagegen erhobene Beschwerde auch vom Justizministerio die Bestätigung versagt, da die Abschließung eines solchen Vergleiches mit der bestehenden sächsischen Gesetzgebung (Decis. 10 v. 1746 und Decret v. 21. Juni 1820) unverträglich sei. Zwar gab das Königliche Ministerium dabei zu erkennen, wie das Zustandekommen dieses Vergleichs im Dispensationswege zu ermöglichen sei, erklärte sich auch bereit, sich für ein etwaiges Gesuch um Dispensation vom Gesetz Allerhöchsten Orts zu verwenden. Doch es ward die Betretung dieses Weges unterlassen, und die Frage, ob der Bestimmung des Testaments, nach welcher Reinsdorf Fideicommiß sein sollte, bei der Schenkung noch nachzugehen und diese Letzte solchenfalls als eine an jene Bedingung geknüpfte anzusehen sei? im Processwege, wie nach Lage der Sache vorauszusehen war, in allen drei Instanzen übereinstimmend dahin entschieden: „daß Beklagter (nämlich der Actor des Fideicommisses) das freie Eigenthum Klägers an dem Rittergute Reinsdorf anzuerkennen verbunden, derowegen aber eine Fideicommiß-Qualität des Gutes zu beanspruchen nicht befugt, vielmehr sich jeder Störung hierunter bei 20 Thaler Strafe zu enthalten schuldig." Auf Grund dieser Entscheidung ist im Jahre 1852 die Fideicommiß-Eigenschaft auf dem Folium von Reinsdorf gelöscht und damit dem Wolf Tümpling, als Schenknehmer des Gutes, die freie Dispositionsbefugniß über dasselbe zugestanden worden. Ob es aber wirklich in der Absicht Ferdinands gelegen haben mag, durch die Schenkung die Anordnung seines Testaments, daß Reinsdorf Familienfideicommiß sein solle, wieder aufzugeben, — was er, nebenbei bemerkt, viel einfacher durch Rücknahme des alten und Errichtung eines neuen Testaments oder durch einen Nachtrag zu seinem Testamente hätte bewerkstelligen können, als durch Abschluß eines förmlichen, von einem Advocaten concipirten, Schenkungsvertrages mit seinem Erben, welchem übrigens schon damals der Inhalt jenes Testaments bekannt war, — und ob der zum Tode erkrankte, geschäftlich ungewandte und unpractische Ferdinand voraussehen konnte, daß diese Frage, welche selbst von den Behörden verschieden beantwortet worden war, im Processwege so, wie geschehen, zu entscheiden sein werde, muß ebenso dahin gestellt bleiben, wie die erst von

unſern Urenkeln und deren Nachkommen zu beantwortende zweite Frage, ob
Seiten Wolf es nicht beſſer gethan geweſen wäre, es bei den Reſolutionen
der Nachlaß= und der Lehnsbehörde bewenden zu laſſen und damit die
fragliche Beſtimmung des Teſtaments aufrecht zu erhalten, zumal die Nutz=
nießung des Gutes zunächſt ihm und ſeiner Descendenz zugeſprochen war
und es ihm und dem betreffenden jedesmaligen Majoratsherrn freiſtand,
durch eine ſeiner Seits zu treffende letztwillige Verfügung die für die nach=
gebornen Söhne und für die Töchter etwa erwachſenden Nachtheile auszu=
gleichen. Zu Vermeidung etwaigen Mißverſtändniſſes haben wir nur noch
beizufügen, daß die Bemühungen Wolfs, die Ungültigkeit des Teſtaments in
der fraglichen Beziehung außer Zweifel ſtellen zu laſſen, keineswegs in con=
feſſionellen Rückſichten und religiöſen Bedenken wurzelten, denn er hatte
ſeine Söhne in der evangeliſch=lutheriſchen Confeſſion erziehen laſſen, ſo daß
alſo dieſelben der Bedingung, welche zur Beſitzergreifung des Majorats vor=
geſchrieben war, genügt haben würden. Die bewegende Urſache war viel=
mehr die, ſehr begreifliche und gewiß auch anzuerkennende, väterliche Für=
ſorge, welche nicht gern davon Etwas wiſſen mochte, daß durch den dem
jedesmaligen älteſten männlichen Sprößling nach Ferdinands Teſtament in
Ausſicht geſtellten Vortheil die übrigen Descendenten verkürzt und benach=
theiligt werden ſollten. Und hat ja Wolf doch nur von dem ihm auf Grund
jener Schenkung zuſtehenden Rechte Gebrauch gemacht, ſo daß, wenn er auf
deſſen Verfolgung verzichtet und die Fideicommißeigenſchaft des Gutes Reins=
dorf anerkannt hätte, unter den angegebenen Umſtänden nicht ſowohl Fer=
dinand, als vielmehr er ſelbſt als der eigentliche Stifter des Majorats an=
zuſehen ſein würde.

Doch wenden wir uns nunmehr zu dem Vater des hier oft genannten
Wolf und dem Oheim Ferdinands; zu Heinrich Gottlob Wolf, wel=
cher, nebenbei bemerkt, der evangeliſch=lutheriſchen Confeſſion angehörig war,
wie dieß alle Tümplinge, mit alleiniger Ausnahme Wolfs und ſeiner voll=
bürtigen Schweſtern, ſeit dem 16. Jahrhunderte waren und noch ſind.

§. 4.
Heinrich Gottlob Wolf.

Heinrich Gottlob Wolf, der zweite Sohn zweiter Ehe des Ober=
forſt= und Wildmeiſters Chriſtian Gottlob auf Sorna, Hermsdorf und
Räthern, ward am 14. Juni 1757 zu Goßra geboren. Bei ſeiner Taufe
erhielt er nicht weniger denn 30 Pathen, unter denen ſich die Princeß Louiſe
von Roda, der Graf von Ebersdorf, der Graf von Köſtritz, der Graf von
Hohm ꝛc. befanden. In ſeinen jungen Jahren war er Page am Hofe zu
Braunſchweig, ward 1774 Fähnrich beim Leibregiment daſelbſt, trat jedoch
bald darauf in churſächſiſche Kriegsdienſte, in denen er bei der Leibgrenadier=

Garde als Lieutnant Anstellung fand. Er war ein stattlicher Offizier, groß und stark von Figur und ein schöner Mann mit regelmäßigen Gesichtszügen, dabei witzig, originell und ein geistreicher angenehmer Gesellschafter, wie er sich denn auch schon als Kind höchst lebhaft und geweckt gezeigt haben soll. Seine Originalität und sein Witz ließen in seinen jüngern Jahren manche lustigen Streiche von ihm ausgehen. So ließ er einst einen zudringlichen Gläubiger, dem er als Offizier bei einer momentanen Geldverlegenheit in die Hände gefallen war, und der das vorgestreckte Darlehn mit unverhältniß-mäßig hohen Zinsen zurückverlangte und ihm deshalb auf die Stube gerückt war, mit der Aufforderung auf den Tisch steigen, sich das Geld von dem Garbinenbret, wo es aufbewahrt liege, selbst herunterzuholen, da er in seiner so eben angelegten Paradeuniform nicht im Stande sei, hinaufzusteigen und ihm die Geldrollen herabzulangen. Als aber der Jude oben stand und den Hals und Arm nach dem Gelde ausstrecken wollte, ward ihm sowohl dieß, als auch das Herabsteigen vom Tisch von einem großen Hund verwehrt, der auf ein Zeichen Wolfs den Wucherer keine Bewegung auf seiner erhöhten Stellung vornehmen ließ. Zugleich verließ der junge Gardeoffizier unter dem Vorgeben großer Eile das Zimmer, das er dem Gläubiger beim Fort-gehen zu verschließen bat. Sobald aber dieser auch nur die geringste Be-wegung auf seinem Tische vornehmen wollte, ward ihm dieß von dem gut dressirten Hunde in sehr bestimmter Weise untersagt, so daß er regungslos ausharren mußte, bis Wolf mit einigen lustigen Kameraden zurückkehrte und den zu seiner vorgeblichen größten Verwunderung noch immer auf dem Tisch stehenden Gläubiger unter den höflichsten Entschuldigungen befreite und ihm die Schuld vollständig bezahlte. Auch später kam diese Originalität und Lust zu Pagenstreichen bisweilen zum Durchbruch. So z. B. beschwichtigte er, als er von seinem Gute aus um die Execution einer Todesstrafe mit anzusehen nach Leipzig fuhr und einen zu gleichem Zweck raschen Schrittes dahin gehenden, dem geistlichen Stande angehörigen, Herrn in seinen Wagen aufgenommen hatte, die von diesem Letztern ausgesprochene Besorgniß, daß man zu spät kommen werde, dadurch, daß er ihm auseinandersetzte, wie die Hinrichtung vor seinem Eintreffen schlechterdings nicht stattfinden könne, da er der Scharfrichter sei und suchte dieß seinem darnach sofort wieder aus-zusteigen verlangenden Begleiter dadurch noch wahrscheinlicher zu machen, daß er beim Heraussehen aus dem Wagen durch Gesichterschneiden das auf der Landstraße dahin strömende Publicum veranlaßte, mit Fingern auf ihn zu zeigen. Eine originelle Idee war es auch, bei der Rückkehr von einer seiner Touren nach Warschau, wohin er im Gefolge des König Friedrich August des Gerechten mehrere Male zu reisen hatte, ein lebendes starkes Exemplar seiner Namensvettern aus dem Thierreich unter dem Reisewagen angebunden mit nach Dresden zu bringen. Die Stadtpolizei litt jedoch nicht, daß er diesen Wolf lebend behielt, sondern drang auf dessen Tödtung. Dergleichen Einfälle und Anekdoten werden noch verschiedene von ihm erzählt. Eine große Liebhaberei hatte er stets für schöne große Hunde, welche außergewöhnlich dressirt waren, wie man dergleichen heut zu Tage kaum noch sieht.

Als junger Offizier war er von Dresden aus oft im Hause seines Schwagers, des Amtshauptmanns Ferdinand Ludwig von Schönberg zu Ober-Reinsberg, welcher der Sohn des Rittmeisters Christian Ferdinand von Schönberg und der Sophie Amalie von Creutz, einer Tochter des 1726 verstorbenen Johann Adolph von Creutz auf Kreipitsch und der Wilhelmine Christiane von Bornstädt aus Pfafferoda, war. In diesem Hause lernte er ein junges und schönes Mädchen, Sophie Dorothee Schildbach, die hinterlassene Tochter des Pfarrers Mag. Andreas Heinrich Schildbach zu Machern bei Leipzig, und der Baronesse von Löwendahl, kennen, welche in einem Alter von kaum 15 Jahren, am 9. November 1780, seine Gattin ward. Die Trauung fand gedachten Tages Nachmittags 2 Uhr auf dem Schlosse zu Ober-Reinsberg statt. Durch ihre Mutter war Sophie Dorothee mit dem Amtshauptmann von Schönberg verwandt und mit demselben zugleich zu einer nicht unbeträchtlichen Erbschaft berufen, welche ein Herr von Creutz nachgelassen hatte. (Schönbergs Großvater hatte eine Schwester, Wilhelmine Ferdinande Elisabeth von Creutz, welche an den sächs. Kammerherrn Ulrich Friedrich Baron von Löwendahl vermählt war, einen Enkel des gleichnamigen natürlichen Sohnes Friedrich III. von Dänemark und Sohn des berühmten dänischen Generals und nachmals sächs. Oberhofmarschalls Woldemar von Löwendahl.) Durch die günstigen Vermögensverhältnisse seiner Ehefrau ward es Wolfen möglich, alsbald nach seiner Verheirathung den Abschied zu nehmen und sich das im Osterland in der angenehmen Gegend von Neustadt a. d. Orla, Saalfeld, Pößneck und Rahnis gelegene Gut Crölpa, ein freundliches Rittergut mit schönem Schloß, von einem von Brandenstein zu kaufen. Er ließ sich mit seiner jungen Frau daselbst nieder und wurden ihm dort zwei Töchter, Friederike und Wilhelmine, geboren. Doch war sein Aufenthalt allda nicht von langer Dauer, denn schon 1784 verkaufte er das Gut mit nicht unbeträchtlichem Gewinn an eine Frau von Felgenhauer und acquirirte dafür die Güter Liebschütz bei Ziegenrück und Langenau, welches letztere er jedoch sehr bald darauf an den Amtshauptmann von Schönberg wieder verkaufte. In Liebschütz dagegen wohnte er mehrere Jahre und ward ihm hier ein Sohn, Heinrich August Wolf, geboren, der aber schon 3 Wochen nach der Geburt wieder starb. In Folge der Bekanntschaft, welche Wolf mit Friederike Sophie Wilhelmine verwittweter von Brockdorf geb. von Brandenstein auf Rockendorf bei Pößneck machte, ward der Friede seiner ersten Ehe in solcher Maaße gestört, daß dieselbe durch Scheidung gelöst ward. Er heirathete darauf

1790 die genannte Wittwe, welche übrigens älter als er war, verkaufte Liebschütz und kaufte dafür wieder sein früheres Gut Crölpa. Allein diese zweite Ehe, welche kinderlos blieb, war keine glückliche, so daß Wolf auch von der zweiten Gattin sich trennte, ohne jedoch sich förmlich von ihr scheiden zu lassen. Das dem Gute Rockendorf zu nah gelegene Crölpa verkaufte er 1801 an einen Herrn von Globig und kaufte dafür von seinem Neffen Ferdinand Sorna. Schon in dem darauf folgenden Jahre starb seine zweite Ehefrau, und verzichtete Wolf auf das ihm an deren Nachlaß gesetzlich zustehende Erbtheil. Seine erste Gemahlin, die geb. Schildbach, war bereits vorher, am 17. März 1800, zu Schleiz, wohin sie nach ihrer Scheidung mit ihren beiden Töchtern gezogen war, der Auszehrung erlegen. Sie hatte sich dort mit einem Haus ansässig gemacht, ihren Töchtern einen sehr guten Unterricht geben lassen und ein stilles und zurückgezogenes Leben geführt, das jedoch dadurch erhellt ward, daß sie der fürstlich Reußischen Familie daselbst bekannt und sogar befreundet worden war. Wolf hat ihr auch nach seiner Wiederverehelichung seine Achtung nie versagt, sich immer theilnehmend nach ihr erkundigt und ihren frühen Tod sich sehr zu Herzen genommen, wie er denn auch nie aufgehört hat, seine Töchter erster Ehe väterlich zu lieben. Nach dem Tode ihrer Mutter nahm er dieselben zu sich, wirthschaftete mit ihnen auf seinem Gute und unternahm, um ihnen ein Vergnügen zu bereiten, mit ihnen öfters kleine Reisen, unter Andern auch eine Rheinreise. Der Aufenthalt in Sorna, dessen Gebäude alt und zum großen Theil verfallen und dadurch eines Umbaues dringend bedürftig waren, war der vorzunehmenden Bauten wegen in den ersten Jahren nicht angenehm und für Wolf, nachdem sich 1804 seine zweite Tochter verehlicht und die ältere einer Einladung ihrer Tante v. Schönberg zu einem längern Besuche Folge gegeben hatte, ziemlich einförmig. Es war daher für denselben sehr erwünscht, daß er im Winter 1804 zur Theilnahme an dem Landtage nach Dresden berufen ward. Hier ward er von seinem Vetter, dem Hofmarschall Wolf Friedrich Gotthelf (s. Cap. VI. §. 5 no. 3), veranlaßt die Hofcarriere zu versuchen und sich um die Stelle eines Kammerherrn, welche damals auch in pecuniärer Hinsicht vortheilhaft war, zu bewerben. Obgleich nicht zum Hofmann geschaffen, folgte doch Wolf diesem Rath und war auch so glücklich, bereits unterm 23. März 1805 zum Kammerherrn ernannt zu werden. Am 4. November des nämlichen Jahres heirathete er, 48 Jahr alt, die am 2. November 1769 zu Ammerang bei Trostberg im Jsarkreis geborne Comtesse Marie von Lamberg, welche seit 18 Jahren Hofdame in Dresden bei der Gemahlin des Prinzen und nachmaligen Königs Anton Marie Therese gewesen und die Tochter des churbayrischen Kämmerer und Landsteurer Franz Joseph Johann Nepomuck Friedrich Wolfgang Cajetan Grafen von Lamberg und der am 6. Januar 1736 zu Freiberg gebornen Johanna

Wilhelmine Marie von Schönberg aus dem Hause Oberschöne war. Sofort nach der glänzenden Hochzeit mußte dieselbe in einen einfachen Bauerschlitten steigen, in welchem sie der neue Kammerherr nach Sorna führte. Im nächstfolgenden Jahre vertauschte Wolf den Aufenthalt auf seinem einsamen Gute mit dem in Jena, vornehmlich um seiner Gemahlin, welche ihrer Entbindung entgegensah, nöthigen Falls sogleich gute ärztliche Hülfe bieten zu können, sodann aber auch, um allen Unannehmlichkeiten, die der damals nur erst in Aussicht stehende Ausbruch eines Krieges bringen könnte, durch Wohnsitznahme in einer Stadt möglichst zu begegnen. Hier ward ihm am 13. September eine Tochter, Therese, geboren. Während seines Aufenthalts in Jena erhielt er zuweilen von dem großen Göthe Besuch, der sich oft und gern von Weimar nach Jena begab. Er hatte dessen Bekanntschaft im Bade zu Carlsbad gemacht, welches er mehrere Jahre hindurch brauchen mußte. Der idyllische Friede, den er in Jena zu finden gehofft hatte, ward bald gewaltig gestört. Am 13. October rückten die Franzosen in die Stadt ein, deren Tirailleurs hie und da zu plündern begannen. Auch in Wolfs Wohnung drangen die ungebetnen Gäste ein und forderten Geld, Wein und Essen, indem sie Miene machten, die Infassen zu mißhandeln und deren Eigenthum zu zerstören. Da hob Marie ihr neugeboren Töchterlein auf den Arm, stellte sich den Franzosen mit der ihr eignen Würde entgegen und rief ihnen in gutem Französisch zu: Vorerst das Kind zu tödten, ehe sie sich an dessen Eltern vergriffen! Hierdurch und durch das, was ihnen dabei sonst noch vorgehalten ward, an der Ambition angegriffen, beruhigten sich die Eindringlinge und ließen sich an dem Frühstück genügen, das ihnen vorgesetzt ward. Als 13 Jahre darauf Marie v. Tümpling in ihrer nach ihres Gemahls Tode wieder erlangten Stellung am Königlich sächsischen Hofe die am 20. October 1819 dem König Ferdinand VII. von Spanien vermählte Prinzeß Marie Josefa in ihre neue Heimath begleitete, und die Prinzeß mit ihrem Gefolge in Metz Rasttag machte, ließ sich ein Invalid bei Frau v. Tümpling melden, und erkundigte sich nach der Familie ihres Namens, die er im October 1806 in Jena mit andern Camraden in Schrecken gesetzt habe. Thränen der Freude traten dem alten Krieger in die Augen, als er hörte, daß die Gefragte identisch mit jener Dame sei, deren Würde und Energie einen so tiefen Eindruck auf ihn gemacht hatte. Um aber vor der Wiederholung derartiger Scenen gesichert zu sein, wirkte sich Wolf Sauvegarde aus. Blieb die Familie auch in Folge dessen vor Mißhandlung und Plünderung verschont, so theilte sie doch im Uebrigen die Schrecken jener Tage. Ihre Wohnung war am Tage der Schlacht so mitgenommen worden, daß sie sich nach einem andern Unterkommen umthun mußte. Sie fand solches in dem Hause des damaligen Commandanten von Jena, des ihr befreundeten von Hanbrich. Aus wahrem Patriotismus nahm sich Wolf der verwundeten und gefangenen Landsleute und Preußen an, vertheilte seine Wäsche unter sie und versah sie mit Speise und Trank, so lange der Vorrath reichte, der aber dadurch sowie in Folge der vielen Einquartierung bald zu Ende ging, so daß seine Familie mehrere Tage Mangel an Lebensmitteln litt und sich fast nur an den Wein, von dem er glücklicher Weise einen ziemlichen Vorrath im Keller hatte, halten mußte. Bejammernswerth sah es nach der Schlacht besonders in der großen Kirche aus, in welcher blessirte, sterbende und todte Soldaten aller Truppen durch einander lagen. Dem Eleur daselbst abzuhelfen, war auch Wolf mit nach Möglichkeit bemüht. Insbesondre ist es anzuerkennen, daß er den Verwundeten sorgsamere Pflege und bessere Wohnungen zu vermitteln sich angelegen sein ließ, und sich nicht scheute, die selben auf einer zur Hand genommenen Trage mit Hülfe seines Bedienten eigenhändig zu transportiren. Ein sonderbarer Zufall bewirkte, daß er in seinem menschenfreundlichen Wirken auch einem Mitglied des eignen Geschlechts Beistand und Linderung verschaffte. Denn als er eines Tages einen ge- fangenen preußischen Infanterie-Lieutnant vom Regiment Pirch mit Geneh- migung des französischen Commandanten bei sich zum Frühstück hatte, ergab sich's, daß derselbe ein Tümpling, nämlich Friedrich Ludwig Heinrich v. Tümp- ling-Rasekirchen, war. Daß er denselben mit Geld, Wäsche und Lebens- mitteln besonders reichlich versah, war selbstverständlich, doch ward dem armen Gefangenen, wie ihm derselbe später schrieb, diese Spende zum größten Theil vom Feinde wieder abgenommen. Einem kleinen jugendlichen preußischen Fähndrich, v. Weise, vermittelte er die Freiheit und beherbergte ihn mehrere Wochen in seinem Hause. Von seinem Gute Sorna, das er verpachtet hatte, blieben anfänglich alle Nachrichten aus, weil sich kein Bote durch die feind- lichen Truppen hindurch wagte, und als endlich ein solcher auf Umwegen nach Jena gelangt war, geschah dies nur, um die traurige Meldung zu bringen, daß dort Alles verwüstet und ausgeplündert sei. 300 Mann fran- zösische Cavallerie hatten mehrere Tage dort gelegen, das meiste Vieh im Gute getödtet, das volle Getraide als Stroh zur Einstreu für die Pferde verbraucht, die vorhandenen Bücher und Gemälde auf einen Haufen zusam- mengetragen und verbrannt, und alle Gewehre sowie eine Menge andre Dinge, insbesondre auch alle Betten und Matrazen mit fortgenommen. Un- ter solchen Umständen war für Wolf nicht daran zu denken, nach Sorna zu- rückzukehren. Er ging mit seiner Familie unter französischer Bedeckung, die ihm der Commandant auf seine Bitten mitgab, nach Schleiz, wo er ein Haus miethete und den Winter 1806 bis 1807 verlebte. Im Sommer 1807 mußte er als dienstthuender Kammerherr nach Dresden, und sah daselbst zum ersten Mal den Kaiser Napoleon, der auf der Rückreise von Tilsit vom 17. bis 21. Juli dort verweilte, sowie den König von Westphalen. In seinem Innern litt Wolf hierbei manche bittere Kränkung und Demüthigung, da er

den Franzofen und ihrem Kaifer in feinem Herzen nicht gewogen war. Nach
dem während diefer Zeit in Sorna wieder Ordnung hergestellt worden, hielt
fich feine Familie theils dort, theils in Dresden, theils wieder in Schleiz
auf, wohnte jedoch vom Jahre 1810 an, in welchem er zum Reife-Marschall
und Geheimen Rath ernannt ward, beständig in Dresden. Im Sommer
1811 mußte er die Prinzeß Mariane nach Carlsbad begleiten, wo er das
Glück hatte, die Kaiserin von Oesterreich täglich zu sehen und sich ihrer
Gnade zu erfreuen. In dem nämlichen Jahre reiste er in Begleitung des
Königs zu zweien Malen nach Warschau und mußte auch dort der Hofwirth-
schaft mit vorstehen. In der zweiten Hälfte des Monats Mai 1812 kamen
viel Fürstlichkeiten in Dresden zusammen: Napoleon mit Marie Louise, der Kaiser
und die Kaiserin von Oesterreich, der König von Preußen, der König von
Westphalen nebst Gemahlin, alle sächsischen Herzöge und mehrere Fürsten.
Diese Herrschaste entfalteten zum Theil einen bedeutenden Glanz, so vor
Allen Napoleon mit feinem großen Gefolge von Herzögen und Fürsten mit
ihren Frauen. Den deutschgefinnten Patrioten konnte diefer Glanz nur zur
Verstimmung gereichen. Für Wolf aber ward das niederdrückende Gefühl
gemildert durch den ihm zu Theil gewordnen angenehmen Auftrag und Befehl, den König von Preußen mit als Cavalier zu umgeben, und auf feinen
kleinen Ausflügen in der Umgegend zu führen und zu begleiten. Im April
1813 ging er mit den Königlichen Herrschaften nach Prag und hat es feiner
Seits nicht daran fehlen lassen, den damals schwankenden König zum Anschluß an die Alliirten zu gewinnen. Doch die Macht der Verhältnisse, namentlich das Zögern Oesterreichs und das Einrücken der Franzosen nach dem
Siege bei Lützen, sowie vor Allen die Drohung des bereits in Dresden ein-
getroffenen Kaifers Napoleon, Sachsen als erobertes Land zu behandeln,
wenn nicht der König sofort zu ihm käme und feine Truppen ihm zur Verfügung stelle, bestimmten den König zur Rückkehr nach Dresden und zum
Wiederanschluß an Napoleon, der ihm beim Eintreffen zu erkennen gab, wie
er durch Nachgehung feiner Aufforderung fein Land gerettet habe. Wolf
blieb bei der Königin und der Königlichen Familie in Prag, alterirte sich
aber über diese Wendung der Dinge dermaßen, daß er erkrankte und vom
Schlage getroffen ward. Auf Anordnung des Arztes begab er sich nach
Carlsbad, doch anstatt dort Heilung zu finden, erlitt er einen zweiten und
stärkeren Schlaganfall, von dem er sich nur langsam und nicht vollständig
erholte, so daß er erst drei Monate darauf mit den zu feiner Pflege herbeigeeilten Seinen nach Sorna übersiedeln konnte, wo er jedoch immer kränkelte
und die meiste Zeit im Bett zubringen mußte. Die Nachricht von dem großen Siege der Verbündeten bei Leipzig erfüllte ihn mit wahrhafter Freude,
und die gehobne Stimmung, in die er durch die ermuthigenden Nachrichten
vom Kriegsschauplatz verfetzt ward, richtete ihn auch körperlich wieder etwas

auf, so daß er es wagen konnte, im Frühjahr 1814 nach Dresden zu ziehen, um sich daselbst der Behandlung geschickter Aerzte zu unterwerfen. Er fand in dem mit einem großen Garten umgebenen Hause seines Bruders August in der Großen Oberseer-Gasse bereitwilligst Aufnahme. Aerztlicher Anordnung gemäß begab er sich bald darauf nach Teplitz, doch diese Reise beförderte sein Ende. Seine Schwäche nahm täglich zu, die Sprache ward ihm schwer und sein Gedächtniß schwand fast gänzlich, und war der hülflose hinfällige Zustand des sonst so geistreichen und starken Mannes eine harte Prüfung für die Seinigen. Zurückgekehrt nach Dresden starb er daselbst am 17. October 1814, 57 Jahr alt und ward auf dem Eliaskirchhof begraben. Sein Grabmal ist 1862 auf Anordnung seiner Tochter erster Ehe Friedericke restaurirt worden.

Wie Heinrich Gottlob Wolf überhaupt durch und durch ein Biedermann war, so hing er auch mit wahrer Liebe an seiner Familie und seinen Verwandten. Er dachte daran, für die Sornaer Linie des Tümplingschen Geschlechts ein unangreifbares Familienvermögen zu gründen und schlug zu diesem Ende mittelst eines unterm 13. November 1802 an die sämmtlichen volljährigen männlichen Mitglieder des Hauses v. Tümpling-Sorna erlassnen Circularschreibens vor, die ihnen gemeinschaftlich zustehenden Lehnstämme zum Ankauf eines Familiengutes zu verwenden, sowie eine Familiencasse zu errichten, in welche die Theilnehmer bei Erwerbung von Vermögen, Erbschaftsanfällen ꝛc. gewisse Procente abgeben sollten. Diese und andere zum Besten der Gesammtfamilie von ihm gethane Vorschläge sind jedoch unausgeführt geblieben.

Wolfs hinterlassene Wittwe, Marie geb. Gräfin Lamberg, ward von dem sächsischen Hof wieder als Hofdame placirt und nach der am 7. October 1819 erfolgten ersten Vermählung des Prinzen, nachmaligen Königs, Friedrich August Oberhofmeisterin bei dessen Gemahlin Caroline geb. Erzherzogin von Oesterreich, und behielt diese Stelle auch bei der zweiten Gemahlin desselben, der jetzt verwittweten Königin Marie, bis an ihr Lebensende bei. Sie führte den Titel Excellenz und war des k. k. österreichischen Sternkreuz- und des königl. bayrischen St. Annen-Ordens Dame. Am 25. September 1853 ist sie im 84. Lebensjahre im königlichen Schlosse zu Dresden selig entschlafen und ruht auf dem katholischen Kirchhof zu Friedrichstadt.

Wolfs Kinder waren

A. aus der ersten Ehe:

1) Sophie *Friedericke* Caroline, geb. zu Crölpa am 11. Juni 1782, erhielt nebst ihrer Schwester von ihrer Mutter, mit der sie nach der Trennung der Ehe ihrer Eltern nach Schleiz zog, eine treffliche Erziehung und kam nach dem am 17. März 1800 erfolgten Tode ihrer Mutter wieder zum Vater, den sie auch vorher schon öfters besucht hatte. Nach der Ver-

ehlichung ihrer Schwester 1804 ging sie auf längere Zeit zu ihrer Tante von Schönberg nach Oberreinsberg, welche so freundlich gewesen war, sie einzuladen und kehrte erst im November 1805 nach Sorna zu ihrem Vater zurück, der inzwischen, wie oben mitgetheilt, Kammerherr geworden und zu seiner dritten Ehe geschritten war. Von da an blieb sie im väterlichen Hause und theilte die ferneren Schicksale der Familie, namentlich auch die Drangsale des Krieges. Nach ihres Vaters Ableben nahm sie die ihr früher offerirte Stelle einer Hofdame bei der Fürstin zu Schwarzburg-Sondershausen, die ihren Wittwensitz in dem freundlichen Arnstadt hatte, an, und hatte sie in dieser angenehmen Stellung vornehmlich auch der einzigen Tochter der Fürstin Gesellschaft zu leisten, und deren weitere Ausbildung fördern zu helfen. Als sich die junge Prinzeß am 23. April 1820 mit dem Fürsten zur Lippe, nachmals regierenden Fürsten zu Lippe-Detmold, vermählte, folgte ihr Friedericke als Hofdame nach Detmold. Krankheits halber sah sie sich jedoch zu ihrem Bedauern schon nach 4 Jahren veranlaßt, in ihre Heimath zurückzukehren. Sie ward mit den Zeichen größter Zufriedenheit entlassen, und erhielt bei ihrem Abschied den Orden des adlichen Stifts zu Cappel sowie den Rang einer Stiftsdame mit der Expectanz auf eine Stelle im Stift. Sie hat jedoch von dem Anerbieten, ins Stift einzutreten, nie Gebrauch gemacht, sondern es vorgezogen, in ihrem Vaterlande in dem Genusse der ihr vom Hof zu Detmold verwilligten Pension zu bleiben.

Friedericke hatte das Glück, in ihrem Leben viele ausgezeichnete Persönlichkeiten näher kennen zu lernen. Außer den Reußischen Herrschaften sind hier insbesondere zu nennen: die merkwürdige Fürstin Pauline zur Lippe geb. Prinzeß zu Anhalt-Bärenburg, deren geistreicher Umgang während der Zeit, als sie mehrere Monate in deren Hause lebte, ihr jetzt noch angenehm in der Erinnerung ist, ferner der Herzog August von Gotha, der sich ihr sehr gütig zeigte, Göthe, den sie in Carlsbad und Jena öfters gesehen und welcher ihr unaufgefordert nicht nur ein Gedenkblatt geschrieben, sondern auch eine kleine Zeichnung gefertigt hat, und vor Allen das berühmte Schwesterpaar: die Herzogin von Curland und Elise von der Recke, von denen sie namentlich der Letzteren, in deren Hause sie eine Reihe von Jahren gelebt hat, näher stand. Gegenwärtig lebt Friedericke in Dresden, hochgeschätzt von dem Kreise ihrer Verwandten und Bekannten und durch ihren, von den Eltern angeerbten Wohlthätigkeitssinn auch in weitern Kreisen bekannt und verehrt.

2) Wilhelmine, gleichfalls zu Crölpa geboren, heirathete 1804 den fürstlich Reußischen Forstmeister von Strauch zu Schleiz, dem sie zwei Kinder, einen Knaben und ein Mädchen, geboren hat. In ihrem zweiten Wochenbette starb sie am 1. Februar 1810 zum großen Leidwesen ihrer Angehörigen, vornehmlich ihres Gatten und ihrer mit ganzer Liebe an ihr

hangenden Schwester Friederike, welche es sich nicht nehmen ließ, deren Tochter, Wilhelmine, zur Erziehung zu sich in das Haus ihres Vaters zu nehmen.
Diese Letztere lebt gegenwärtig zu Schleiz.

3) Heinrich August Wolf, geboren 1787 zu Liebschütz, starb drei
Wochen nach der Geburt.

B. Die Kinder aus Wolfs dritter Ehe, welche in der Confession ihrer
Mutter, der römisch-katholischen, erzogen wurden, sind:

4) Charlotte Marie Therese, geb. den 13. September 1806 zu
Jena, ward bei der Vermählung des Prinzen — jetzigen Königs — Johann
von Sachsen mit der Prinzeß Amalie Auguste von Bayern am 21. November
1822 zu deren Hofdame ernannt. Nachdem sie dieses Amt 15 Jahre lang
mit Treue und Hingebung verwaltet hatte, auch des königl. bayrischen The-
resien-Ordens Ehrendame geworden war, heirathete sie am 4. November
1837 den Gutbesitzer Carl Wilhelm Moritz von Gärtner zu Lichtenberg bei Waldheim, welcher der Sohn des preuß. Chef-Präsidenten Freiherrn v. Gärtner zu Naumburg und der Bruder ihrer Schwägerin (s. §. 5)
war, und gegenwärtig nach dem Erlebnisse mannichfacher Schicksale und
Widerwärtigkeiten, die den Verlust seines Vermögens herbeiführten, eine
Stellung bei einer österreichischen Eisenbahn bekleidet. Therese aber lebt
dermalen getrennt von ihrem Gemahl, dem sie sechs Kinder geboren, in
einem ermietheten Häuschen zu Preititz bei Bautzen, dessen Gutsherrschaft
ihr verschwägert ist. Durch die Gnade der Königin von Sachsen ist ihr eine
Pension verwilligt worden, wie sich ihr auch die verw. Königin von Preußen
wohlwollend erwiesen hat. Der Kummer dieser achtungswerthen Dame ward
aber dadurch noch erhöht, daß sie ihren ältesten Sohn, Wolf, an der Auszehrung dahinwelken sehen und erleben mußte, daß der zweite Sohn, Wilhelm, den
Arm brach, so daß er nicht nur zum Militairdienst, dem er sich widmen
wollte, sondern überhaupt zu jedem Beruf, zu dessen Erlernung gesunde Arme
nöthig sind, untauglich ward, zumal er in Folge jenes Armbruchs und des
später dazu gekommenen Schreiberkrampfes die rechte Hand zum Schreiben
nicht brauchen kann, und mit der Linken hat schreiben lernen müssen. Seit
dem Monat Juli 1863 hat derselbe jedoch in einem sächsischen Eisenbahn-
und Telegraphen-Bureau Anstellung gefunden, während die vier Töchter The-
resens schon seit längerer Zeit gut untergebracht sind.

5) Johanne Marie Wilhelmine, geb. den 2. Januar 1808 zu
Serna, erhielt gleichfalls am sächsischen Hof Anstellung und zwar bei Ihrer
Majestät, der Königin Anton, welche ihren Hofdamen den Fortgenuß ihres
vollen Gehaltes auf Lebenszeit in ihrem Testamente zusicherte. Diese große
Güte hat Wilhelmine noch heute dankbar zu verehren. Am 27. Oct. 1836
verheirathete sie sich an Carl Moritz von Nostitz, welcher ein Sohn
des Festungscommandant zu Königstein General v. Nostitz und damals Jäger-

offizier in Wurzen war, später jedoch nach Dresden zur Leibgarde versetzt
ward. Als Major nahm er seinen Abschied und widmete sich der Landwirthschaft. Er besaß das bei Waldheim gelegene Rittergut Otzdorf. Nach dem
Verkaufe dieses Gutes machte er sich in Schlesien ansässig, wo er jedoch bedeutende Verluste erlitt. Gegenwärtig lebt er mit seiner Gemahlin und
seinen Kindern, insoweit diese sich nicht bereits verehlicht oder sonst ein Unterkommen gefunden haben, in der Schweiz.

6) Wolf, geb. den 1. August 1809, ist im nächstfolgenden Paragraph
behandelt.

7) Charlotte Nanny, geb. zu Dresden am 21. Juli 1811, starb
13 Jahr alt, am 20. April 1825, an der Halsbräune in Dresden bei ihrer
Mutter.

§. 5.
Wolf.

Wolf auf Sorna, Näthern und Reinsdorf, am 1. August 1809 zu
Sorna geboren, erhielt nach seines Vaters Tode den Freiherrn Ferdinand
Alexander v. Seckendorf auf Burkersdorf zum Vormund bestellt, während
seinen Schwestern der Landjägermeister Ernst August v. Pflugk auf Wenigen-
Auma als Theilungsvormund beigegeben, sonst aber die Tutel der Mutter
überlassen worden war. Außer seinem Vormund nahm sich besonders auch
sein Onkel, der Baron von Schwerin, seiner Ausbildung an und nahm ihn
auf einige Zeit mit sich nach Paris. Wolf bereitete sich für den Militairdienst vor und trat als Cadet in das bayrische Heer und zwar in das
1. Cürassierregiment Prinz Carl von Bayern ein, ließ sich jedoch schon als
Lieutnant à la suite setzen und avancirte auf diese Weise in der Reihenfolge
bis zum Rittmeister mit fort, ohne jedoch wieder in die active Armee eingetreten zu sein. Nach seinem Austritt aus dem Militair erlernte er bei
seinem Onkel v. Schönberg in Kreipitsch die Oeconomie. Während seines
dortigen Aufenthalts lernte er seine jetzige Gemahlin kennen, die am 7. September 1810 zu Insterburg in Ostpreußen geborne Caroline Wilhelmine Ulrike Freyin von Gärtner, Tochter des Oberlandgerichts-
Präsidenten Wilhelm Gustav Freiherrn v. Gärtner und Wilhelmine's geb.
Koch zu Naumburg. Bereits im Jahre 1830 fand die Vermählung statt.
Er übernahm nunmehr das väterliche Gut Sorna. Ueberdieß besaß er
den dritten Theil von Näthern (s. oben §. 1 no. 4, b), wozu er von
seinem Vetter Wolf Ferdinand auf Großseitschen das auf diesen übergegangne
Drittheil kaufte, wie ihm schlüßlich in Folge des von Ferdinand errichteten
Testaments auch das letzte Drittheil dieses Gutes zufiel. Daß er von Fer-
dinand Reinsdorf erhalten, und wie es anfänglich unentschieden war, ob er
dieses Gut nur in der Eigenschaft eines Nutznießers und Majoratsherrn oder

als Eigenthümer mit unbeschränkter Dispositionsbefugniß zu besitzen berechtigt war, ist oben ausführlicher mitgetheilt worden. Während Wolf vordem in Sorna wohnte, hat er seit der Acquisition von Reinsdorf sein Domicil in diesem letztern Gut aufgeschlagen, welches er selbst bewirthschaftet unterstützt von dem haushälterischen Talent seiner Gattin. Hinsichtlich seiner Person ist hier noch beizufügen, daß er außer dem Titel eines Rittmeisters auch den eines Weimarschen Kammerherrn führt und von Sr. Majestät zum Friedens= richter in dem Amtsbezirk Plauen ernannt worden, sowie stellvertretendes Mitglied der 2. sächsischen Kammer ist. Aus seiner Ehe sind folgende Kin= der hervorgegangen:

1) **Wolf**, geboren zu Sorna am 2. October 1831, bereitete sich, ohne jedoch ein Cadettenhaus zu besuchen, für die militairische Laufbahn vor, trat 1849 bei der königl. sächs. Cavallerie als Portepeejunker ein, ward unterm 4. November 1850 Lieutnant und laut Patents vom 27. September 1858 Oberlieutnant und steht als solcher seit 1863 in Dresden bei den Garde= reitern, während er vordem bei demselben Regimente in Pirna, zu Anfang seiner Offiziercarriere dagegen beim 1. leichten Reiterregiment in Freiberg gestanden hat. Am 9. October 1860 verehlichte er sich mit der am 24. Mai 1842 gebornen **Ida Margarethe von Schönberg** aus dem Hause Oberreinsberg, einer Tochter des oben §. 1 no. 14, c genannten Kammerherrn Oswald v. Schönberg auf Oberreinsberg, welcher mit Ida von Nostitz-Wall= witz, Tochter des vormaligen Kriegsministers und Generallieutnants der In= fanterie Gustav v. Nostitz-Wallwitz auf Sohland an der Spree verheirathet ist. Wolfs Ehe ist zur Zeit mit drei Kindern gesegnet, einem Knabenpaar und einem Töchterchen:

    a) **Wolf Ferdinand**, geb. am 23. November 1861 zu Pirna.

    b) **Ferdinand Wolf**, geb. den 17. April 1863 zu Dresden und

    c) **Caroline Helene Margarethe**, geb. ebendaselbst am 1. April 1864.

2) **Wilhelm Wolf Maria**, geb. den 11. November 1832 zu Sorna, trat zugleich mit seinem Bruder Wolf in den sächs. Militairdienst, ward un= term 5. November 1850 Lieutnant beim 2. leichten Reiterregiment und un= term 28. September 1858 Oberlieutnant, jedoch bereits im darauf folgenden Jahre auf sein Ansuchen aus der Armee entlassen, und lebt seitdem auf dem väterlichen Gute Sorna, das er als Pachter seines Vaters bewirthschaftet. Verehlicht hat sich derselbe bereits am 30. September 1854 mit der am 9. September 1829 gebornen **Marie Louise von Arnim**, Hans Karls von Arnim auf Kriebstein und Maria's geb. Nehrhoff von Holderberg aus dem Hause Gebersbach Tochter, welche ihm 4 Kinder geschenkt hat:

    a) **Maria Caroline**, geb. am 22. Mai 1856 zu Grimma,

    b) **Wolf**, geb. am 15. December 1858 zu Dresden,

    c) **Helene Elisabeth**, geb. am 22. Juni 1860 in Sorna und

d) **Haus** Carl **Wolf**, geb. ben 13. Juni 1862 zu Sorna.

3) **Haus Ferdinand Wolf**, geb. ben 16. November 1835, bildete sich gleichfalls zum Militair aus, besuchte zu diesem Behuf das Cadettenhaus zu Erfurt und fand ebenso wie seine Brüder nach bestandnem Junkerexamen in der sächs. Armee Aufnahme. Unterm 7. November 1852 avancirte er vom Portepeejunker zum Lieutnant und am 20. Januar 1861 zum Ober-lieutnant bei den Gardereitern zu Dresden. Noch in dem nämlichen Jahre ließ er sich à la suite der Armee setzen und lebte 2 Jahr im elterlichen Hause. Im Jahre 1863 ist er jedoch wieder in die active Armee und zwar beim 3. Reiterregiment als Oberlieutnant eingetreten.

4) **Horst Kraft Carl Wolf**, geb. am 20. August 1838 zu Sorna, starb ebendaselbst 6 Monate alt am 22. Februar 1839.

5) **Ferdinand Wolf**, geb. am 24. Juni 1840 zu Sorna, starb eben-daselbst als eilfjähriger Knabe am 29. August 1851 am Nervenfieber.

§. 6.
August.

Dietrich August Christian, geboren am 10. Januar 1764 zu Sorna, war das jüngste der 17 Kinder des Oberforst- und Wildmeisters Christian Gottlob v. Tümpling. Daß nach des Vaters Tode sein ältester Bruder Christian sich seiner in väterlicher Weise annahm und ihn zur Fröm-migkeit und zum Fleiß anhielt, ist bereits oben in §. 2 mitgetheilt. Als eigentlicher Vormund war ihm aber der Stiftsdirector zu Zeitz Gottlob von Landwüst auf Claudiß (Glaviß) und nach dessen Ableben unterm 12. Juni 1779 sein Vetter Wolf Friedrich Gotthelf auf Arnsdorf (s. oben Cap. VI. §. 5 no. 3) bestellt worden. Seine erste Ausbildung erhielt er zu Sorna durch Hauslehrer und fand mit 13 Jahren 1777 Aufnahme in das Pagen-haus zu Dresden, in welchem er 7 Jahre blieb. Am 11. September 1784 ward er vom Silberpagen zum Kammerjunker ernannt und das Jahr darauf unterm 5. Juni 1785 erhielt er dazu auch noch das Patent als Sous-Lieut-nant bei der Garde du Corps. Bei diesem eleganten Reiterregiment ist er bis zu seinem am 3. December 1813 Krankheits halber erhaltnen ehrenvollen Abschied geblieben, und avancirte in demselben am 12. October 1786 zum Premier-Lieutnant, am 2. Juni 1792 zum Rittmeister, am 12. Januar 1807 zum Major und am 17. Februar 1810 zum Oberst-Lieutnant. Von den in jene Jahre fallenden Feldzügen hat er nur dem von 1809 beigewohnt. Im Jahre 1812, in welchem die Garde du Corps neben dem Regiment Zastrow Cürassier in Rußland unsterblichen Ruhm zugleich aber auch ihre fast völlige Vernichtung fand, war er mit dem Commando des im Vaterlande zurück-gebliebnen Depots beauftragt, bei welchem von den Offizieren des Regiments außerdem nur noch der Lieutnant von Görschen und der Ober-Regiments-

quartiermeister Oberlieutnant Walther, der Schwiegersohn Tümplings, ge=
blieben waren. Als nach der Zertrümmerung der großen französischen Armee
der König von Sachsen in der offenbaren Absicht, das Band, das ihn an
Napoleon festhielt, zu lockern und womöglich zu lösen, im Februar 1813 die
Residenz verließ und sich zunächst nach Plauen, von da aber Ende des darauf
folgenden Monats nach Bayern und bald darnach nach Böhmen begab, be=
fand sich August mit unter den Truppen, die ihn auf dieser Reise begleiteten.
Unmittelbar nach der Rückkehr des Königs von Prag nach Dresden traf auch
die betreffende Abtheilung der Garde du Corps wieder daselbst ein. Bald
darauf erkrankte August dermaßen, daß er vom Monat Juli an keinen Dienst
mehr thun konnte, am 4. September 1813 in Wartegeld gesetzt und vom
December desselben Jahres an auf sein Ansuchen pensionirt ward. Während
der Belagerung und der Schlacht von Dresden drangen viele Geschütz= und
Flinten=Kugeln in das ziemlich exponirt liegende Grundstück Tümplings ein,
so daß die Familie beim Nachbar, dem Jagdsecretair Löwe, Schutz suchte.
Ueberhaupt waren von ihr manche Unannehmlichkeiten, wie solche der sie um=
gebende Kriegslärm und die andauernde starke Einquartierung mit sich brachte,
durchzumachen. Die ältesten Töchter Augusts beurkundeten in jenen Tagen
ihre deutsche Gesinnung dadurch, daß sie einen in der Dresdner Schlacht ge=
fangenen preußischen Freiwilligen, der seinen Begleitern auf dem Transport
entsprungen war, im Hause versteckten, mehrere Tage pflegten und mit Ci=
villkleidern versahen, so daß er unbemerkt wieder zu seiner Armee gelangen
konnte. Der Oberstlieutnant Tümpling durfte aber als ein mit Frankreich
verbündeter Offizier hiervon keine Kenntniß nehmen. Er seiner Seits suchte
nach der Schlacht die Blessirten — Freunde und Feinde — auf, von denen
eine große Menge in den Kirchen lagen, indem er in ähnlicher Weise, wie
dieß 1806 sein Bruder Wolf in Jena gethan hatte, bemüht war, deren
Leiden erleichtern zu helfen. Am Tage nach der Schlacht überschritt er das
Schlachtfeld in Begleitung seines dreizehnjährigen Sohnes Wolf. Der Letz=
tere konnte aber den Anblick der vielen umherliegenden Todten, die zum Theil
von Marodeuren gänzlich entkleidet, zum Theil arg verstümmelt, zum Theil
auch in den durch den anhaltenden Regen erweichten Boden hineingetreten
und gefahren worden waren, nicht ertragen und mußte die weitere Wandrung
durch das Schlachtgefilde und den Besuch der Verwundeten dem Vater allein
überlassen.

Der Oberstlieutnant Tümpling war von Figur einer der größten Offi=
ziere der sächsischen Armee, er hatte eine Länge von 82½ Zoll sächs. Maaß,
und war seiner Zeit ein sehr guter Reiter und Pferdekenner, was Seiten
seiner Vorgesetzten dadurch anerkannt ward, daß er zu den meisten Pferde=
übernahmen für die sächsische Armee commandirt wurde. Er hat auch für
seine Person viel mit Pferden gehandelt, da er es liebte, junge Thiere zu

kaufen, zuzureiten, und nach einiger Zeit wieder zu veräußern. Auf diese Weise hat er laut seines darüber sorgfältig geführten Buches nach und nach überhaupt 569 Stück Pferde besessen und an denselben im Ganzen 8689 Thlr. 2 Gr. reinen Gewinn gehabt, mithin durchschnittlich etwas über 15 Thlr. pro Stück. Nicht selten wurde er auch wegen seiner Fertigkeit im Reiten zur Begleitung durchreisender fremder Fürstlichkeiten befohlen und denselben als Ordonanzoffizier beigegeben. Als solcher erhielt er vom Kaiser Napoleon eine goldne Tabatiere mit einem N von Brillanten auf dem Deckel, und vom Kaiser Alexander, dessen Gunst er sich in solcher Weise erworben hatte, daß ihm derselbe den Vorschlag machte, in russische Dienste zu treten, einen kostbaren Ring.

Während seiner acht und zwanzigjährigen Dienstzeit als Offizier hat er nach und nach drei Haus- und Garten-Grundstücke in Dresden und ein Bauergut in Untersdorf b. Dresden besessen, eins nach dem andern ge- und wieder verkauft. Im Jahre 1812 erstand er sub hasta das kleine, zwischen Bautzen und Bischofswerda an der Chaussee gelegne, Rittergut Spittwitz für 8500 Thlr., bezog dasselbe jedoch erst im Frühjahr 1815, indem er bis dahin vornehmlich der ärztlichen Pflege wegen in Dresden wohnen blieb. Es konnte ihm jedoch die verlorne Gesundheit nicht wieder geschenkt werden, so daß er die letzten 8 Jahre seines Lebens immer krank war, bald mehr, bald weniger von Schmerzen heimgesucht. 1819 verkaufte er Spittwitz an ꝛc. Domschke für 13,000 Thlr., lebte darauf wieder ein Jahr in Dresden und kaufte 1820 am 20. April vom Kriegsrath Christoph Adolf von Prenzel das hübsche Gut Großseitschen b. Bautzen für 33,000 Thlr., erfreute sich jedoch nur sehr kurze Zeit dieses neuen Besitzthums, indem er schon am 18. Juli 1821 entschlief, nachdem er im Gefühl seines nahenden Endes am 23. Mai seinen letzten Willen verabfaßt und den Gerichten übergeben hatte. Außer Großseitschen besaß er noch das ihm 1817 zugefallne Drittheil des Mannlehngutes Näthern (s. §. 1 no. 4, b) und einen Antheil an dem im Fürstenthum Reuß gelegnen unbedeutenden Rittergute Hermsdorf (s. Cap. VI. §. 3). Diese beiden Antheile fielen nach seinem Tode vermöge Lehnrechts seinem einzigen Sohne zu, auf den auch Großseitschen in Gemäßheit des gedachten Testamentes überging. August ward zu Göda in das neuangelegte, unmittelbar an der östlichen Giebelseite der Kirche befindliche, Tämplingsche Erbbegräbniß am 21. Juli, seiner Anordnung gemäß früh in aller Stille und nur in Begleitung seiner Angehörigen, beerdigt. Was endlich seine Verehlichung betrifft, so wählte er, erfüllt von den Ideen, die sich in Folge der damals erscheinenden Schillerschen Poesieen und in Folge der Umgestaltung der Dinge in Frankreich Geltung zu verschaffen wußten, und angezogen von der Schönheit und dem natürlichen Zauber und Anstand des Mädchens, unter Hinwegsetzung über die Vorurtheile der Aristokratie aus einem der Letz-

teren ziemlich fern stehenden Kreise zu seiner Gattin: Susanne Magdalene Schönfeld, nachgelassene Tochter Christoph Friedrich Schönfelds,
Bürgers zu Radeburg und ehedem Unteroffiziers in der chursächsischen Garde
zu Fuß. Anfänglich lebte er mit derselben in heimlicher Ehe, ließ sich jedoch später öffentlich mit ihr trauen und führte sie als seine Gattin in die
von ihm besuchten Zirkel ein. Daß die Meisten der Verwandten wegen dieser
Heirath ungnädig auf August zu sprechen waren, konnte nicht Wunder nehmen, indessen söhnten sich die Gemüther bei der Trefflichkeit Susanna Mag-
dalenes als Gattin wie als Mutter nach und nach aus. Diese von ihren
Kindern mit wahrer Liebe verehrte Dame, welche am 16. September 1767
geboren war, starb am 17. Februar 1834 zu Großseitschen in Folge einer
auf dem Weg zur Kirche, deren Besuch sie nicht gern versäumte, zugezogenen
Erkältung, und ruht auf dem Friedhof zu Göda an der Seite ihres Gatten.

Die Kinder Augusts sind:

1) **Auguste Caroline**, geb. den 21. April 1791 in Dresden, verehlichte sich 1830 zu Großseitschen an **Adolf Pohlenz** einen Wittwer,
damals Eisenhüttenfactor zu Greba, jetzt in Grünberg in Schlesien wohnhaft,
um welchen Ort er sich dadurch verdient gemacht hat, daß er dort Kohlen-
lager entdeckte und deren Abbau mit veranlaßte. Auguste's Ehe blieb kinderlos, wogegen sie mehreren Stiefkindern ihre Liebe zuzuwenden hatte.

2) **Amalie Henriette**, geb. den 14. Juli 1792 zu Dresden, verheirathete sich 1811 an den bereits oben erwähnten Ober-Regimentsquartier-
meister Premier-Lieutnant **Walther**, später Floßmeister zu Olbernhau und
des Verdienstordens Ritter († 1852). Aus dieser Ehe, die durch Scheidung
gelöst ward, sind zwei Söhne vorhanden, von denen der ältere, Dr. Herrmann Walther, Leibarzt Sr. Majestät des Königs von Sachsen, Geheimer
Medicinalrath bei dem Ministerium des Innern, Oberarzt des Stadtkranken-
hauses zu Dresden und Ritter des Verdienstordens, einen weit über die
Grenzen des Vaterlandes hinaus rühmlichst bekannten Namen hat, während der
jüngere, Adolf, ein tüchtiger Reiteroffizier, als Rittmeister bei dem sächsischen
Garrereiterregimente steht. Amalie, welche nach der Scheidung von ihrem
Gatten zunächst nach Freiberg zog und sich sodann in Großseitschen mit
einem Gartengrundstück ansässig machte, lebt gegenwärtig und seit 3 Jahren
in Radeberg. Floßmeister Walther verehlichte sich in zweiter Ehe mit
Louise von Preuß. Die ihm von derselben geborne Tochter, Gabriele, ist
an Dr. Faust in Dresden verheirathet.

3) **Friederike Wilhelmine**, geb. den 22. October 1793, heirathete
am 6. Juni 1826 den Rittergutspächter **Robert von Egidy** zu Holscha,
und nach dessen Tode den Inspector Lare genannt Ruick zu Neschwitz, welcher gegenwärtig Postverwalter in Seitschen ist. Diese zweite Ehe blieb
kinderlos, aus der ersten dagegen waren 3 Kinder entsprossen: Horst, Ritter-

gutspachter zu Wartha b. Weißenberg, Rudolf, Postsecretair zu Dresden und Alma verehl. Gutsbesitzer Hübel. Friedericke starb am 6. Juni 1863 zu Seitschen und ist ihrem Wunsch gemäß in das Tümplingsche Erbbegräbniß zu Göda an die Seite ihrer Mutter am 9. desselben Monats beerdigt worden.

4) **Henriette** Eleonore, geb. den 10. Mai 1796 zu Untersdorf, verehlichte sich 1817 an den verabschiedeten Rittmeister von den sächsischen Cürassieren Carl Edlen von Querfurth auf Förstel b. Annaberg, später Besitzer der Hammer- und Eisenschmelz-Werke zu Schönhaide und Wildenthal, dem sie 4 Söhne, Hugo, Curt, Thurso und Alban, und 3 Töchter, Marie verehl. Forstmeister Thiersch, Pauline verehl. Eisenwerksinspector Schaff und Anna verehl. Bezirksgerichtsdirector von Mücke, geboren hat. Gegenwärtig lebt sie als Wittwe in Dresden, nachdem die gedachten Eisenwerke von ihren Söhnen Hugo und Thurso übernommen worden. Curt dagegen ist Advocat in Dresden und Alban Oberlieutenant a. D. und Rittergutspachter zu Jeßnitz beim Kloster Marienstern in der sächs. Lausitz.

5) **Heinrich August**, geb. den 14. November 1798 zu Dresden, starb am 11. Juni 1809 am Nervenfieber zu Zorba b. Weißenfels, wohin er in Begleitung seiner Mutter, den dort auf längere Zeit einquartierten Vater zu besuchen, gereist war. Es war dies ein Todesfall, der bei seinem unerwarteten Eintritt und bei der unverkennbaren Befähigung dieses Knaben für die Eltern überaus betrübend und schmerzlich war.

6) **Wolf Ferdinand**, geb. den 31. August 1800, ist im nächsten Paragraph behandelt.

7) **Emilie August e**, geb. den 22. December 1802 zu Dresden, heirathete den 30. April 1839 den Pfarrer Herrmann Kröhne zu Kleinbautzen, später zu Uhyst a. d. Spree, jetzt Archidiaconus zu Hoyerswerda. Sie hat demselben 4 Kinder geboren: Emil, stud. theol. zu Greifswalde, Minna, Marie und ein im zartesten Alter wieder verstorbnes Kind, und ist am 28. September 1855 im Pfarrhaus zu Uhyst gestorben.

8) **Ernestine Charlotte** geb. den 12. August 1804 zu Dresden, verehlichte sich am 20. Juli 1828 an den Schönburg'schen Kämmerer Victor Leopold Swoboda auf Elzenberg b. Glauchau, einen Wittwer, dessen erste Gemahlinnen früh gestorben waren und dessen vierte Gattin sie ward. Swoboda war nachmals Posthalter zu Freiberg, vom Jahre 1838 an aber hat er nach und nach verschiedne Rittergüter in der sächs. Oberlausitz besessen und sich zuletzt, 1862, mit Straßgräbchen b. Kamenz ansässig gemacht. Aus seiner Ehe mit Ernestinen sind 3 Söhne (Alban, Rittergutspachter zu Medewitz im Amtsbezirke Bischofswerda, Victor, Oberlieutenant bei der königl. sächs. Artillerie und Paul) sowie 3 Töchter (Marie, verehl. an den oben sub 3 genannten Horst v. Egidy, Erna und Margarethe) vorhanden, während

von seiner ersten Gemahlin, einer gebornen v. Wilcke, nur eine Tochter (Linna) und von seiner dritten Ehefrau, einer gebornen v. Mildau, nur ein Sohn (Otto, Rendant und Secretair des Graf Schall-Riaucour), von seiner zweiten Frau aber keine Nachkommenschaft existirt.

§. 7.
Wolf Ferdinand.

Wolf Ferdinand, der einzige hinterlassene Sohn Dietrich August Christians, ward am 31. August 1800 zu Dresden geboren, genoß daselbst den ersten Schulunterricht meist durch Hauslehrer, bis er am 1. September 1811 nach Tharandt in das seiner Zeit berühmte Erziehungsinstitut des Dr. Lang kam, in welchem er bis zu seiner Confirmation verblieb und frequentirte er sodann ein Jahr lang die Vorlesungen auf der dasigen Forstacademie, welche damals noch Privatanstalt des Oberforstraths Cotta war. Zu Michaelis 1815 nahm ihn sein Vater zur practischen Erlernung der Landwirthschaft auf sein neugekauftes Gut Spittwitz und kam er, als dasselbe 1819 wieder verkauft worden war, zu seiner weitern Ausbildung als Landwirth zum Rittergutspachter Zenker nach Malsitz b. Bautzen, einem anerkannt tüchtigen, theoretisch wie practisch gebildeten, Oeconom, bei dem er 1 Jahr blieb. Darauf überkam er das von seinem Vater 1820 erkaufte Rittergut Großseitschen zur Administration, an deren selbsteigner Führung der Vater in Folge seiner immer mehr zunehmenden Krankheit behindert war. Daß nach des Vaters Tode sowohl Großseitschen, als auch der dritte Theil von Näthern und ein Antheil an Hermsdorf auf ihn überging, ist bereits im vorhergehenden Paragraph erwähnt. Während das letztgenannte Rittergut nach Ablösung der Gerechtsame, aus denen es lediglich bestand, erlosch, verkaufte er 1837 das ihm gehörige Drittheil von Näthern an seinen Vetter Wolf auf Sorna (s. §. 5), sowie Ende desselben Jahres auch Großseitschen an seinen Schwager Swoboda und übernahm dafür vom 1. Januar 1838 an die bis dahin von Letzterem inne gehabte Posthalterei zu Freiberg. 1853 gab er jedoch das Posthaltereigeschäft auf, verkaufte sein Freiberger Grundstück nebst allem zur Posthalterei gehörenden Inventar an seinen Amtsnachfolger, zc. Bernhard, und kaufte dafür das Rittergut Oberuhna mit Löschau b. Bautzen von seinem gedachten Schwager. Dieser hatte nämlich inzwischen sowohl Großseitschen, als auch das dagegen eingetauschte Rittergut Radibor verkauft und sich mit Oberuhna ansässig gemacht. Aber auch dieses Besitzthum verkaufte Wolf nach 9 Jahren wieder und zog Ostern 1862 zunächst nach Dresden, Michaelis desselben Jahres aber nach Radeberg, woselbst er sich mit einem netten Haus- und Gartengrundstück ansässig gemacht hat in der Absicht, sein Alter daselbst in Ruhe zu verleben. Bei einer im Juli 1852 mit seinem ältesten Sohn unternommenen Rheinreise sah er zu Straßburg ein Manövre französischer Truppen, zu dessen Schluß eine Brücke über den Rhein geschlagen ward, sowie den jetzigen Kaiser und damaligen Präsidenten Louis Napoleon ganz in der Nähe, gleichwie er 40 Jahr früher auch dessen mächtigen Oheim, Napoleon I., gesehen hat.

Verheirathet hat sich Wolf Ferdinand am 6. August 1826 mit der am 14. April 1807 gebornen Wilhelmine Caroline Constanze Pohlink, der einzigen Tochter des Rittergutsbesitzers Johann Traugott Pohlink auf und zu Birkau, dem Nachbargut von Großseitschen. Nach dem am 24. Mai 1829 erfolgten Tode Pohlinks ging Birkau, das dieser 1800 gekauft hatte, auf seine Tochter Constanze und seine Wittwe Wilhelmine Charlotte geb. Eichhorn († 1850 zu Freiberg) über. Dieselben verkauften das Gut 1847, nachdem es die verw. Pohlink 18 Jahre lang bewirthschaftet hatte. Das dafür gelöste Kaufgeld ward vom Posthalter v. Tümpling zum Theil zum Ankauf eines hübschen Bauergutes in Lichtenberg b. Freiberg, das er 1849 in nothwendiger Subhastation erstand, verwendet. Aber bereits nach 4 Jahren ward dieses Gut an Heinrich v. Weiß wieder verkauft.

Die Ehe Wolf Ferdinand's mit Constanzen ward mit 15 Kindern, 7 Söhnen und 8 Töchtern, gesegnet. Diese sind:

1) Wolf Otto, geb. zu Großseitschen den 8. Juli 1827, erhielt seinen ersten Unterricht, ebenso wie seine ältesten Schwestern zu Großseitschen durch Hauslehrer, besuchte sodann das Gymnasium zu Freiberg, darauf die Landesschule Meißen, studirte in Leipzig Jura, machte von Ostern 1851 an seinen Acceß beim Kreisamte Freiberg, ward am 1. Januar 1853 Actuar beim dasigen Stadt- und Raths-Land-Gericht und am 1. September desselben Jahres bei der Justizcanzley zu Reibersdorf b. Zittau. Bei der Aufhebung der Patrimonialgerichtsbarkeit in Sachsen ward er am 1. Juli 1856 Actuar beim königl. Gerichte zu Reichenau und zwar nach dem damals üblichen System ohne Ertheilung der Staatsdienereigenschaft. Kaum mit seiner Familie in Reichenau eingerichtet, wurde er am 1. October desselben Jahres in gleicher Eigenschaft an das Gerichtsamt Zittau versetzt. Am 1. Januar 1858 ward er unter Verleihung der Staatsdienerqualität zum Regierungssecretair bei der Kreisdirection zu Bautzen und außerdem im April 1864 durch die Gnade Sr. Königlichen Majestät zum Referendar bei derselben Behörde ernannt. — Verehlicht hat er sich mit Adeline Caroline Wilhelmine Louise Thella von Bruhn und wurde diese Ehe am 30. April 1855 in der Sophienkirche zu Dresden von dem berühmten Hofprediger Dr. Langbein eingesegnet. Seine genannte Ehefrau ist am 30. Januar 1832 zu Rendsburg geboren, des königl. dänischen Obristlieutnants der Infanterie Georg Christian von Bruhn daselbst und der Maria Janoe aus Kopenhagen nachgelassene jüngste Tochter, und nach dem frühen Tode ihres Vaters von der edeln und vortrefflichen Baronesse Natalie von Blome aus

dem Hause Salzau, seit 1836 Gemahlin des königl. sächs. Oberschenk Standesherrn Grafen Curt von Einsiedel auf Reibersdorf, Milkel ꝛc., als Pflegetochter angenommen worden. Aus dieser Ehe sind entsprossen:

    a) **Marie Constanze Adeline**, geb. am 21. Mai 1856 zu Reibersdorf, besucht die Selecte der Bürgerschule zu Bautzen.

    b) **Wolf Christian Herrmann**, ist zu Bautzen am 22. März 1858 geboren.

    c) **Hans Christian Wolf Maximilian**, geb. zu Bautzen den 11. Juni 1861, schloß schon nach kaum zurückgelegtem ersten Lebensjahre am 25. Juli 1862 seine großen dunkelblauen Augen zum letzten Schlummer, der ihn den Leiden entrückte, von denen sein junges Leben erfüllt war. Er liegt auf dem Taucherkirchhof zu Bautzen begraben.

    2) **Elise**, geb. am 22. November 1828 zu Großseitschen, war während ihrer kurzen Lebensdauer immer kränklich, aber dabei geistig geweckt und doch geduldig in ihren Leiden und ähnelte in dieser Hinsicht ihrem soeben genannten, 33 Jahre später gebornen Neffen. Am 4. November 1832 ging die kleine Dulderin in ihre himmlische Heimath ein und ruht im Tümplingschen Erbbegräbniß zu Göda.

    3) **Henriette Constanze**, geb. am 6. Januar 1830 zu Großseitschen, ist mit Ausnahme der kurzen Zeit, während welcher sie im Müllerschen Pensionat in Dresden war, stets im elterlichen Hause geblieben.

    4) **Marie Wilhelmine**, geb. zu Großseitschen am 12. Juni 1831, verehlichte sich am 18. Juni 1850 zu Freiberg mit dem Kaufmann und Pulverfabrikenbesitzer Herrmann Richter daselbst und hat demselben 4 Kinder, nämlich 1 Sohn, Ernst Friedrich, und 3 Töchter, Gretchen, Käthchen und Constanze, geboren, von denen aber das zweite Töchterchen schon im zarten Kindesalter aus dieser Vergänglichkeit abberufen worden ist.

    5) **Anna**, geb. den 11. Juni 1832 zu Großseitschen, starb als einjähriges Kind an der Ruhr am 6. August 1833 und liegt in Göda begraben.

    6) **Oswald**, geb. am 6. September und gest. am 10. December 1833 zu Großseitschen, ruht gleichfalls im Erbbegräbniß zu Göda.

    7) **Bertha Rosalie Constanze**, geb. den 19. September 1834 zu Großseitschen, hatte als Kind öfters und in gefährlicher Weise an der Bräune zu leiden. Sie ist am 2. Juni 1863 zu Radeberg mit dem Bergwerksingenieur **Paul Fischer** getraut worden, welcher nach Aufgabe seiner zeitherigen Stellung zu Copiapo in Chile, wo er er eine Reihe von Jahren gelebt, in sein Vaterland zurückgekehrt zur Zeit in Dresden Aufenthalt genommen hat, nachdem er während der Sommermonate 1863 nach Gründung seiner Häuslichkeit zunächst in Loschwitz gewohnt hatte. Im März 1864 ward diese Ehe mit einem Söhnchen, **Alfred Paul**, gesegnet, und im

Monat Juni desselben Jahres ging Fischer im Auftrag einer englischen Ac-
tiengesellschaft auf ½ Jahr nach Kleinasien zur Inspection und besseren Einrichtung von, in der Nähe Kerasonda's gelegner, Bleigruben.

8) **Emma Rosalie Thekla**, geb. zu Großseitschen am 15. August
1836, verehlichte sich am 4. October 1859 zu Oberuhna mit dem königlich
sächsischen Postamts-Assistenten **Wilhelm Quanter** zu Freiberg, gegenwärtig Postsecretair in Leipzig, und ist aus dieser Ehe ein Kinderpärchen,
Gertrud und Rudolf, vorhanden.

9) **Wolf Bernhard**, geb. zu Großseitschen am 4. September 1837,
blieb nach dem zu Neujahr 1838 erfolgten Umzug seiner Eltern von Großseitschen nach Freiberg vorerst bis zu seinem 3. Jahre bei der Großmutter
Pohlink in Birkau, ehe er nach Freiberg kam. Hier genoß er seinen ersten
Unterricht in einer Selectenschule, kam sodann in die Knabenerziehungsanstalt
des Pastor Grundmann in Kloschwitz b. Plauen, welches Institut übrigens
auch seine §. 5 no. 1, 2 und 3 genannten Vettern vor ihm besucht hatten,
darauf im Sommer 1850 auf das Gymnasium zu Freiberg, bezog mit 18
Jahren zu Michaelis 1855 die Universität zu Leipzig, wo er Jura, Cameralia und Philosophie studirte, und machte vom 1. September 1858 bis
31. März 1860 seinen Acceß beim Bezirksgericht Kamenz und zwar seit der
im Februar 1860 erfolgten Approbation seiner juristischen Probeschriften als
Protocollant. Nach der Aufhebung des Kamenzer Bezirksgerichts und Verschmelzung desselben mit dem zu Bautzen ward er als Protocollant an dieses
Letztere versetzt, blieb jedoch in dieser Stellung — während welcher er bei
seinem oben sub 1 genannten Bruder wohnte — nur 2 Monate, indem er
vom 1. Juli 1860 an als Hülfsarbeiter dem Gerichtsamte Zschopau beigegeben wurde. Am 1. Juli 1861 ward er zum Actuar und damit zugleich
zum wirklichen Staatsdiener befördert, in welcher Eigenschaft er zunächst noch
ein Vierteljahr bei dem genannten Gerichtsamte verblieb, seit dem 1. October
desselben Jahres aber bei dem Bezirksgerichte zu Chemnitz functionirte, bis
er am 1. April 1864, gleichfalls als Actuar, an das Gerichtsamt zu Reichenbach versetzt ward.

10) **Wolf Herrmann** war das erste Kind Wolf Ferdinands, das in
Freiberg geboren ward. Es starb aber schon wenige Wochen nach der Geburt anno 1839.

11) **Ida Hedwig**, geb. zu Freiberg am 22. April 1840, trat, nachdem sie gleichwie ihre oben sub 3, 7 und 8 genannten Schwestern einige
Zeit in einem Dresdner Mädcheninstitut (dem Wimmerschen) gewesen, zu
Michaelis 1861 ihrem Wunsch gemäß in das Lehrerinnen-Seminar zu Call-
berg b. Lichtenstein ein, sah sich jedoch aus Rücksicht auf ihre Gesundheit
genöthigt, die Anstalt schon im Februar 1862 zu verlassen und in das Elternhaus zurückzukehren.

12) **Georg Adolf Wolf**, geb. zu Freiberg den 15. September 1842, steht als Lieutnant bei der königl. sächs. reitenden Artillerie zu Radeberg. Sein Lieutnants-Patent lautet auf den 26. Juni 1861. Für die Militair-carriere hat er sich in Dresden auf der Artillerieschule vorgebildet, welche er von Ostern 1857 bis dahin 1861 besuchte, nachdem er vorher zuerst im elterlichen Hause, von 1855 an aber theils im Krippendorff'schen Institut, theils beim Prof. Müller in Dresden Unterricht genossen hatte.

13) **Helene Dorothee**, geb. den 5. Juli 1844 zu Freiberg, war nach erhaltenem gewöhnlichen Elementarunterricht gleichfalls eine Zeit lang in Dresden in Pension (bei Frau v. Campen) und ging sodann Michaelis 1861 zu gleicher Zeit mit ihrer Schwester Ida in das Callnberger Seminar, fand sich aber ebenfalls nicht kräftig genug, um ohne Beeinträchtigung ihrer Gesundheit den anstrengenden Cursus ganz durchzumachen, und kehrte daher Weihnachten 1862 aus dem Seminar ins elterliche Haus zurück.

14) **Franz Heinrich August**, geb. zu Freiberg 1846 an demselben Tage wie sein Großvater August, am 10. Januar, will die militairische Laufbahn betreten und befindet sich zur Vorbildung für dieselbe seit dem 12. April 1861 im Cadettenhaus zu Dresden, und zwar seit Ostern 1864 in dessen erster Division.

15) **Ernst Hugo**, geb. den 15. November 1850 zu Freiberg, ist dermalen Zögling des Dr. Dzondi'schen Knabeninstituts in Dresden, nachdem er vorher das Proggymnasium zu Bautzen besucht hatte. Auch sein Bruder Heinrich war Schüler dieser beiden Schulanstalten gewesen. Seinen ersten Unterricht hat Hugo zu Oberuhna im Elternhause genossen, worauf er nach Bautzen in Pension kam, um zunächst die Selecte der Bürgerschule (die sogenannten Parallelklassen) und sodann das Proggymnasium zu frequentiren. Er beabsichtigt Ostern 1865 in das Cadettenhaus einzutreten.

————

Zum Schluß dieses Capitels folgt:

a) ein Stammbaum über die darin behandelte Abtheilung der Sornaer Linie d. i. über die Nachkommenschaft Christian Gottlobs I.,

b) eine Ahnentafel für die Kinder 2. Ehe des soeben genannten Christian Gottlob und

c) ein Stammbaum über die gesammte Sornaer Linie, in welchem jedoch die jung Verstorbenen, beziehentlich auch die unverehlicht Gebliebenen, nicht mit aufgenommen worden sind.

Stammbaum No. II. des Hauses von Tümpling-Sorna.

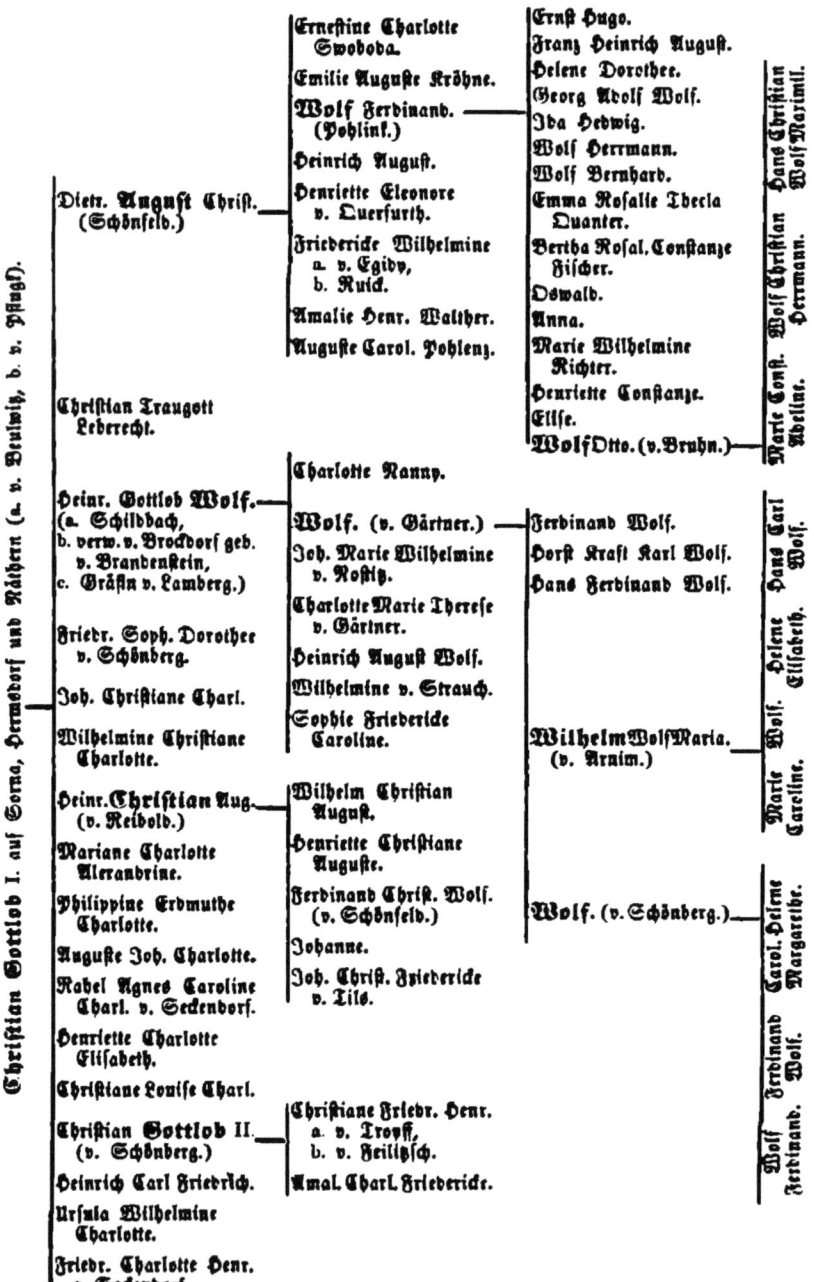

Ahnentafel für die Kinder zweiter Ehe Christian Gottlobs I. von Tümpling-Corna.

16. Maria Elisabeth v. Thumbshirn aus dem Hause Poniz, Lehma u. Frauenfelß.

15. Georg Dietrich v. Pflugl auf Posterstein und Vollmershain.

14. Sybilla Justina v. Sad aus Beichliz und Döliz am Berge.

13. Philipp Heinr. v. Tümpling auf Tümpling, Heiligenkreuz und Nasekirchen.

12. Magdalene Gertrud v. Carlowitz aus Rabenstein.

11. Hans Georg v. Römer auf Neumark.

10. Catharina v. Metsch aus Reichenbach und Friesen.

9. Alexander v. Pflugk auf Posterstein und Vollmershain.

8. Ursula v. Gusteri aus dem Hause Döroheim.

7. Christoph Dietrich v. Bose auf Frankleben, Mölbis und Nidern.

6. Anna Maria v. Römer aus dem Hause Rauenstein.

5. Georg Carl v. Carlowitz auf Altenschönfels, Staucha und Arnsdorf.

4. Marie Elisab. v. Wolframsdorff aus dem Hause Köstriz.

3. Wolf Albrecht v. Creuz auf Kreipitsch, Rudelsburg und Niderndorf.

2. Barbara Sybilla v. Wurmb aus dem Hause Oßmarsleben.

1. Hans Georg v. Tümpling auf Stadtsulza und Tromsdorf.

Dorothee Felicitas v. Pflug aus dem Hause Posterstein und Vollmershain.

Christian Ludwig v. Tümpling auf Nasekirchen und Stöben.

Johanne Dorothee v. Römer aus dem Haus Neumark.

Bernh. v. Pflugk auf Henckewalde. NB. Pflugk sub 15 war sein Bruder.

Ursula Margarethe v. Bose aus dem Haus Frankleben.

Hans Carl v. Carlowitz auf Arnsdorf.

Regina v. Creuz aus dem Hause Niderndorf und Kreipitsch.

Velt Ludwig v. Tümpling auf Kleinaga, Hermsdorf und Schieben.

Charlotte Sophie v. Tümpling aus dem Hause Nasekirchen.

Dietrich v. Pflugl auf Güterliz.

Charlotte Marie v. Carlowitz auf Arnsdorf.

Georg Wolf v. Tümpling auf Hermsdorf und Corna.

Johanne Dorothee v. Pflugl aus dem Hause Güterliz.

Christian Gottlob v. Tümpling auf Corna, Hermsdorf u. Näthern.

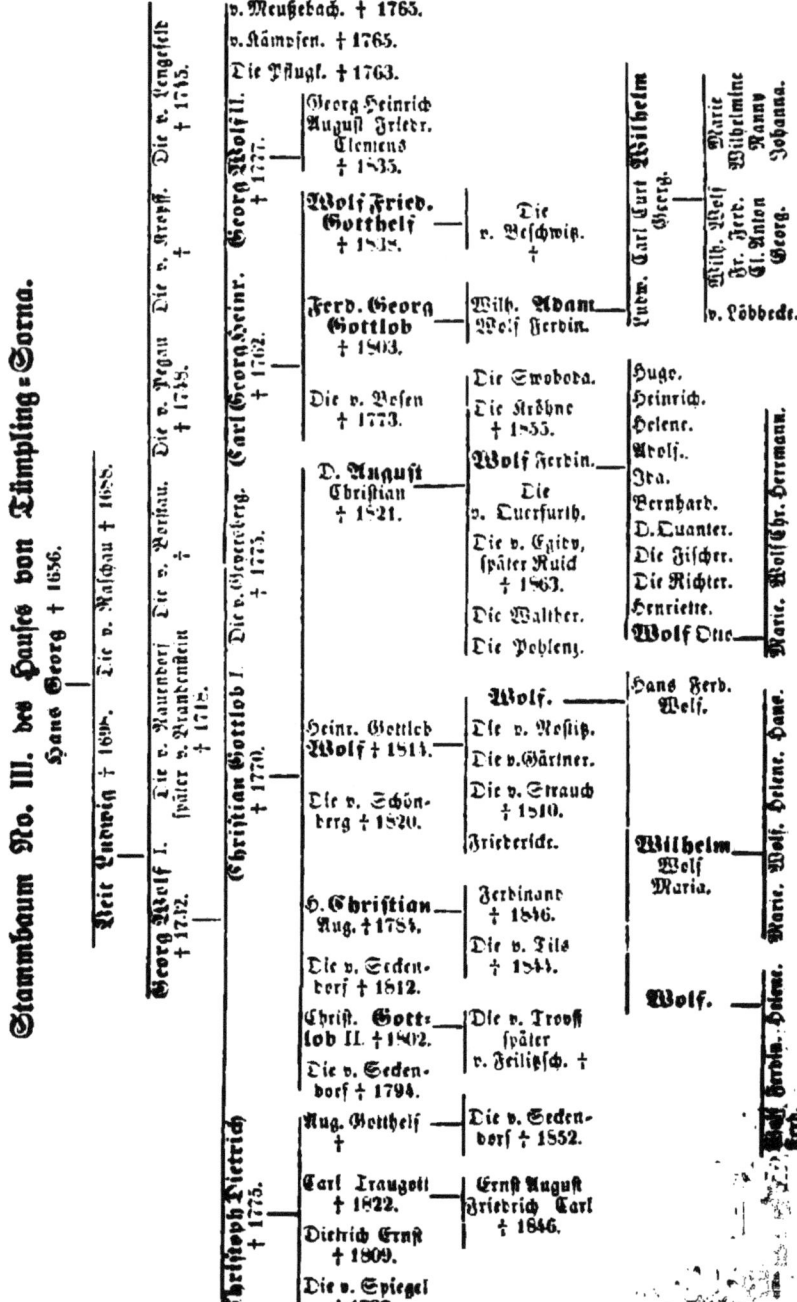

Stammbaum No. III. des Hauses von Tümpling-Gorna.

Achtes Capitel.

Das Haus von Tümpling=Kasekirchen.

Erste Abtheilung.

§. 1.
Rudolph Albrecht.

Wir gelangen nunmehr zu derjenigen Linie des Tümplingschen Geschlechts, welcher das nachmals 1738 auf die Posewitzer Linie übergegangene uralte Stammgut Tümpling zugefallen war und welche davon den Namen: „von Tümpling=Tümpling" erhalten hat, gewöhnlich aber nach dem Rittergute Kasekirchen, welches gleichfalls eine lange Reihe von Jahren in ihrem Besitze war, „das Haus von Tümpling=Kasekirchen" genannt wird. Der Stifter dieser Linie ist **Rudolph Albrecht von Tümpling**, des reichen Otto und der Catharina von Bünau aus dem Hause Schieben jüngster Sohn. Er ist zu Tümpling 1571 geboren. Daß er nach seines Vaters Ableben 1610 die beiden Güter Leißlau und Stöben, und zwei Jahre darauf nach dem Tode seines Bruders Georg Otto gegen Abtretung des Gutes Stöben an seinen Bruder Hans Oswald auf Sulza das Stammgut Tümpling erhalten, ist bereits in Cap. III. mitgetheilt. Rudolph hat weder eine militärische Charge noch ein Civilamt bekleidet, sondern nur seiner Familie und der Administration seiner Güter gelebt. Anfänglich wohnte er zu Leißlau, gründete auch daselbst 1611 seinen Hausstand, indem er sich mit Catharinen von Gottfarth aus dem Hause Buttelstädt verehelichte, welche, am 4. December 1582 geboren, die Tochter Hans Heinrichs von Gottfarth auf Buttelstädt und der Ursula von Harras aus dem Hause Oßmannstädt war. Später verlegte er sein Domicil nach Tümpling. Obgleich er dieses Gut schon 1612 ererbt hatte, ward er damit doch erst am 19. März 1619 vom Herzog Johann Philipp zu Altenburg förmlich beliehen, wobei sein Bruder Hans Oswald auf Sulza und Stöben und sein Neffe Wolf Christoph auf Posewitz zu Mitbelehnten bestellt wurden. Bei der am 18. Juli 1627 zu Weimar geschehenen feierlichen Beisetzung Herzogs Johann Ernst zu Sachsen=Weimar befand sich Rudolph mit unter den neben dem Leichenwagen einherschreitenden Herren vom Adel in der Mitte dieses großartigen, aus 52 verschiedenen Abtheilungen bestehenden Leichenzugs. Herzog Johann Ernst, der älteste von den eilf Söhnen Herzogs Johann zu Sachsen=Weimar, war dänischer General und Feld=Oberster gewesen und am 4. December 1626 zu St. Martin in Ungarn in einem Alter von noch nicht ganz 33 Jahren gestorben. Sein

10*

Leichnam war mit kaiserlicher Genehmigung zunächst in Troppau in Schlesien beigesetzt, von da aber im Juni 1627 in die Heimath abgeholt und hier vom 27. Juni bis 17. Juli in der Stadtkirche zu Jena wiederum beigesetzt worden. Am letztgenannten Tage aber ward er nach Weimar übergeführt und Tags darauf in der dortigen Hauptkirche St. Petri unter großem Gepränge und militairischen Feierlichkeiten beerdigt. Beiläufig sei erwähnt, daß der Paß zum Transport der fürstlichen Leiche von Troppau nach Jena vom Herzog Albrecht zu Friedland (Wallenstein) ausgestellt worden war.

Während des dreißigjährigen Krieges erlitt Rudolph zwar manchen Verlust und Schaden, überwand jedoch diese und andre Calamitäten, die ihn oft recht kleinmüthig und trübsinnig stimmten, und verlebte die letzten Jahre seines Lebens in ungestörtem Frieden und häuslicher Zurückgezogenheit zu Tümpling, wo er am 28. April 1657 im 86. Jahre seines Alters gestorben ist. Seine Gemahlin, Catharina, starb 12 Jahre nach ihm im 87. Lebensjahre am 7. März 1669 zu Camburg, wo sie während ihres Wittwenstandes gelebt hatte. Sie war eine fromme, mildthätige, häusliche und mit einem klaren Verstande begabte Dame und hat ihrem Eheherrn, dessen trübe Stunden sie mit Geschick zu erheitern verstand, 3 Söhne und 4 Töchter geboren, von denen jedoch 3 Töchter und ein Sohn, deren Namen nicht verzeichnet worden, im zarten Kindesalter gestorben sind. Die drei übrigen Kinder sind:

1) **Rudolph Wilhelm**, der älteste Sohn Rudolph Albrechts, war Kammerjunker und später Stallmeister am fürstlichen Hofe zu Altenburg und überdieß Mitglied der, am 24. August 1617 zu Weimar gestifteten, „Fruchtbringenden Gesellschaft“, deren Zweck hauptsächlich in der Vervollkommenung und Hebung der deutschen Sprache bestand. Sowie sich dieser Verein die Indische Palme mit dem Motto: „Alles zum Nutzen“ als Gesellschaftswappen und Sinnbild und davon den zweiten Namen: „der Palmenorden“ beilegte, so führten auch die einzelnen Mitglieder besondere Gesellschaftsnamen und aus dem Pflanzenreich gewählte Sinnbilder. Rudolph Wilhelm, welcher 1652, als der Schmackhafte (d. i. Herzog Wilhelm der Große zu Sachsen-Weimar) Vorstand der Gesellschaft war, in dieselbe eintrat, erhielt den Namen: „der Einwurzelnde“ und den Gänsefuß mit dem Motto: „Erweitert sein Läger“ zum Sinnbild. Zur Ehe ist er zu zweien Malen geschritten, nämlich:

a) das erste Mal im Februar 1641 mit **Dorotheen von Pflugk**, der ältesten Tochter des am 22. November 1579 gebornen und am 3. April 1622 verstorbnen Otto Heinrich v. Pflugk auf Strehla und Krehnitz und der Ursula von Starschedel aus dem Hause Borna, und nach deren Ableben

b) zum andern Male am 2. Sonntag nach Trinit. 1655 zu Altenburg mit **Margarethe von der Wisch**, die, aus einem uralten holsteinischen Adelsgeschlechte entsprossen, „Hofjungfer“ zu Altenburg war.

Diese zweite Ehe ward jedoch bald durch den Tod getrennt, denn Rudolph Wilhelm starb noch vor seinem 1657 entschlafnen Vater, wie aus dem über des Letzteren Verlassenschaft unterm 18. August 1657 abgeschlossenen Erbtheilungsrezeß erhellt. Während seine kurze Ehe mit der Wisch kinderlos geblieben war, hatte er von der Pflugk einen einzigen Sohn:

Rudolph Heinrich, geboren am 11. December 1641. Derselbe erhielt aus dem großväterlichen Nachlaß das Rittergut Leißlau, welches er jedoch später gegen Kasekirchen vertauschte. Sein Vormund, Hans Oswald II. von Tümpling auf Bergsulza, sowie sein Oheim, der im nächstfolgenden Paragraphen näher gedachte Hofmarschall Philipp Heinrich von Tümpling, hielten ihn zum fleißigen Lernen an und ließen ihn gut unterrichten, so daß er an Kenntnissen wohl ausgestattet die Universität zu Jena bezog. Wie es aber in damaligen Zeiten auf den Universitäten mitunter scharf herging, so ward auch Rudolph Heinrich in einen argen Tumult verwickelt, in Folge dessen er harte Strafe zu fürchten hatte. Um solche abzuwenden, reichte er ein Entschuldigungsschreiben und Abo- litionsgesuch unmittelbar beim Landesherrn ein, welcher ihm denn auch in Berücksichtigung der beigelegten günstigen Zeugnisse seiner Lehrer und Professoren unter Ertheilung einer entsprechenden Abmonition für dieses Mal in Gnaden Verzeihung angedeihen ließ. Bald darauf bezog Ru- dolph Heinrich und zwar nicht sowohl wegen des Schattens, den jener Jenaische Streich auf ihn zurückgelassen, wie v. Uechtritz meint, als viel- mehr seiner weitern und vielseitigeren Ausbildung halber die Universität zu Paris. Hier ereilte ihn jedoch ein früher Tod, dessen im Kasekirchner Kirchenbuche folgendermaaßen gedacht ist: „Ao. 1664 d. 4. Oct. ist der „Hochedelgeb. gestrenge und veste Hr. Rudolph Heinrich von Tümpling „auf Kasekirchen zu Pariß in Frankreich, allwo er studiret, an einem „hitzigen Fieber Todtes verblieben, auch daselbst als ein Fremder jedoch „mit Begleitung Lutherischer Graffen und Herren und Vornehmen von „Abel begraben worden. D. 1. Maii hy. anni (1665) zu Altenburg und „allhier ist christ-ordentl. Gebrauch nach parentiret worden. seines Alters „22 Jahr 9 Monat 3 Wochen u. 3 Tage."

2) Philipp Heinrich auf Tümpling, Heiligen-Kreuz und Kasekirchen, geboren am 22. Januar 1616, ist im nächsten Paragraph ausführlicher behandelt.

3) Dorothea Sophie, geboren am Fastnachtsdienstag 1620, ward an ihrem zwanzigsten Geburtstage anno 1639 auf dem weißen Schlosse zu Dornburg mit dem als gelehrten Cavalier bekannten, am 10. März 1613 gebornen, Hans Joachim von Osterhausen auf Kreipitsch, Rudels- burg, Gleina und Gatterstädt, churfürstl. Inspector der Landesschule Pforta, getraut, mit dem sie 22 Jahr in glücklicher Ehe lebte. Sie folgte ihrem

am 30. Juli 1661 verstorbenen Gemahl, dem sie 7 Söhne und 8 Töchter geboren hatte, am 19. August 1668 in einem Alter von 48½ Jahren zu Kreipitsch im Tode nach, und hat das Lob, gleichwie ihre Mutter, von der sie um etwas über ein Halbjahr überlebt ward, eine fromme und wohlthätige Dame gewesen zu sein.

§. 2.

Philipp Heinrich.

Philipp Heinrich, der jüngere Sohn Rudolph Albrechts v. Tümpling und Catharina's geb. v. Gottfarth, erblickte zu Tümpling am 22. Januar 1616 das Licht der Welt. Seinen ersten Unterricht erhielt er im Eltern= hause durch Privatpräceptoren und kam nach kaum vollendetem 12. Lebens= jahre im Februar 1628 als Page an den Hof der Herzogin Elisabeth von Sachsen, Jülich, Cleve, Berg, geb. Herzogin zu Braunschweig=Lüneburg, der hinterlassenen Wittwe des Herzogs August von Sachsen, welcher der jüngste Sohn Churfürsts Christian I. und Administrator des Stifts Naumburg-Zeitz und des Amtes Senftenberg gewesen war. Vier Jahre verblieb er in der angegebenen Stellung bei der Herzogin und fand dort sowohl in den Wissen= schaften als auch in Fertigkeiten seine weitere Ausbildung, namentlich erhielt er in der französischen Sprache, im Reiten, Fechten und Tanzen sehr guten Unterricht. Mit Genehmigung nicht blos, sondern auf Veranlassung seiner ihm wohlwollenden hohen Prinzipalin ward er vom schwedischen Reichskanzler Axel Oxenstierna, Freiherrn zu Fyholmen ꝛc., dazu bestimmt, dessen ältesten Sohn, Johannes — welcher vier Jahr älter als Philipp Heinrich war und 1657 als schwedischer Reichsrath und Reichsmarschall zu Wißmar gestorben ist — auf der Reise, die derselbe damals noch zu seiner Ausbildung nach Frankreich, Holland ꝛc. unternahm, als Gesellschafter zu begleiten. Philipp Heinrich nahm diese Offerte mit Dank an und begab sich im September 1632 und zwar von Dresden aus, wohin sich die Herzogin Elisabeth der Kriegsunruhen halber geflüchtet hatte, zum Reichskanzler Oxenstierna in das feste Lager zu Nürnberg, wo dieser nach dem am 18. September erfolgten Abmarsch seines Königs von dort mit einer ansehnlichen Besatzung noch einige Zeit verblieben war. Von hier aus sollte Tümpling zu Oxenstierna's genanntem Sohn, der damals bereits in Paris war, reisen und zwar in Gesellschaft eines Gesandten des französischen Hofes, der grade zu jener Zeit seine Rück= reise anzutreten im Begriff stand. Allein Philipp Heinrich ward kurz vor dem zur Abreise festgesetzten Tag von einer ziemlich gefährlichen Krankheit, der rothen Ruhr, befallen und dadurch an der Mitreise verhindert. Der Reichskanzler Oxenstierna sorgte väterlich für die Verpflegung des Erkrankten und nahm ihn nach seiner Wiedergenesung in der Eigenschaft eines Pagen auf seinen weiteren Märschen und Touren mit sich. So begleitete unser

Tümpling den berühmten Kanzler, dem nach dem Tode Gustav Adolphs die oberste Leitung der deutschen Angelegenheiten mit fast unumschränkter Vollmacht übertragen worden war, und der zur Zeit, als die Lützner Schlacht am 16. November geschlagen ward, auf Befehl des Königs im Begriff stand, eine Besprechung mit den vier oberdeutschen Kreisen (Franken, Schwaben, Ober- und Nieder-Rhein) zu Ulm einzuleiten, von Hanau über Altenburg nach Dresden und Berlin, wo Oxenstierna die Churfürsten zu Sachsen und zu Brandenburg zum fernern Festhalten am Bunde mit Schweden und zu gewissen Concessionen zu bestimmen suchte, und sodann im März 1633 über Würzburg, wo ein französischer Gesandter zu ihnen stieß, nach Heilbronn zu der dahin verlegten Berathung mit den Ständen der genannten vier obern Kreise, mit denen auch eine neue Alliance abgeschlossen ward. Zu Frankfurt a. M., wo das bei der Heilbronner Versammlung beschlossene Consilium formatum — der dem Reichskanzler der Controle halber beigegebene Ausschuß der Alliirten — zusammentrat und wohin Oxenstierna seinen Sohn Johannes berufen hatte, um ihn zu seinem Gesandten zu ernennen, ward Philipp Heinrich diesem Letztern beigegeben und begleitete er denselben auf den wichtigen Missionen, mit denen er von seinem Vater resp. von dem schwedischen Reichsrath betraut ward. Dahin gehörte zunächst seine Sendung zu der Armee des General Horn nach Costnitz am Bodensee, darauf seine Reise als Bevollmächtigter Schwedens nach den Niederlanden und im Februar 1634 nach London, wo er vier Monate verweilte. Zurückgekehrt aus England ward Johannes von seinem Vater nach Dänemark und in seine Heimath nach Stockholm abgesandt, um über die verlorne Schlacht von Nördlingen, zu der sich Herzog Bernhard von Weimar gegen den Rath Horns vor dem Eintreffen des zu seiner Verstärkung heranrückenden Rheingrafen Otto Ludwig durch seine Kampfeslust hatte verleiten lassen, und über die sonstige Lage der Dinge Rapport zu erstatten. Nachdem er sich dieses Auftrags entledigt, ging er auf Befehl der schwedischen Regierung nach Preußen und wohnte den Friedensverhandlungen zwischen Schweden und Polen bei, die zwar noch nicht zum Frieden, aber doch zur Verlängerung des bestehenden, zu Altmark am 25. September 1629 auf sechs Jahre abgeschlossenen, Waffenstillstandes auf weitere 26 Jahre führten, worauf er zu seinem Vater, dem Reichskanzler, zurückkehrte, um sich dessen weitern Befehlen zur Verfügung zu stellen. Auf allen diesen Reisen war Philipp Heinrich der Begleiter Oxenstierna's, von welchem er durch Ueberreichung des Degens zum Adjutant und Stallmeister ernannt worden war. Während der Unterhandlungen mit den polnischen Bevollmächtigten ward er zur Relation über den Sachstand und Einholung von Instructionen an den Reichskanzler mit Depeschen abgesandt. Nach dem inzwischen erfolgten Abschluß des Friedens zwischen Oesterreich und Sachsen zu Prag am 30. Mai 1635 trug Philipp Heinrich Bedenken, noch länger im

schwedischen Dienst zu bleiben und nahm von Oxenstierna seine Entlassung,
die ihm nur ungern, jedoch mit den besten Empfehlungen, bewilligt ward.
Tümpling reiste nun zunächst in seine Heimath, besuchte seine Eltern und
Verwandten zu Tümpling, Bergsulza und Posewitz und ging sodann auf einige
Zeit an den Hof des Herzogs Friedrich Wilhelm von Altenburg. Im Herbst
1636 begab er sich aber auf den spanisch-niederländischen Kriegsschauplatz
zum Grafen Heinrich von Nassau, General-Capitain und Statthalter über
Friesland und Gröningen, dem Schwestersohne seiner ersten Prinzipalin und
Gönnerin, der Herzogin Elisabeth, welcher ihn auf deren Recommandation
auf zwei Jahre zur extraordinairen Dienstleistung annahm. Hier wohnte er
den berühmten Belagerungen von Breda, welches, 1624 von Spinola eingenommen, 1637 vom niederländisch-französischen Heere wieder erobert ward,
und von Geldern bei. Als die unverhoffte Kunde, daß die bis dahin kinderlos
gebliebene zwei und zwanzigjährige Ehe Ludwigs XIII. am 5. September 1638
durch die Geburt eines Sohnes gesegnet worden sei, in den mit Frankreich
verbündeten Niederlanden einlief, ging der Graf Heinrich auf Wunsch seines
Vetters, des Prinzen von Oranien, selbst nach Paris, dem König zu gratuliren.
In des Grafen glänzendem Gefolge befand sich auch Philipp Heinrich. Da
aber sein Engagement zu Ende ging, so begleitete er den Graf nicht wieder
mit zurück, sondern trennte sich hier von ihm und blieb noch acht Monate
in Paris. Von hier aus begab er sich zu Herzog Bernhard von Weimar,
dessen Ruhm durch die kurz vorher erfochtnen Siege bei Rheinfelden, Witten-
weiher und Thann und vor Allem durch die am 19. December 1638 bewirkte
Einnahme der starken Festung Breisach auf das Höchste gestiegen war, um
in dessen Heer einzutreten. Er erhielt auch sofort nach seiner Ankunft im
Juni 1639 eine Offizierstelle sowie die Stelle eines Hofjunkers, legte dieselbe aber schon nach einem Vierteljahr wieder nieder, da Herzog Bernhard
von der weitern Verfolgung seiner Heldenbahn am 8. Juli zu Neuburg am
Rhein durch einen unerwarteten Tod plötzlich (seiner eigenen Meinung nach
in Folge erhaltenen Giftes) abberufen worden war und sein Heer sowie der
von ihm eroberte Landstrich, aus dem er sich ein Reich zu gründen gedachte,
theils durch Bestechung und List, theils auch durch Gewalt von Frankreich
für sich in Beschlag genommen ward. Philipp Heinrich kehrte unter so be-
wandten Umständen in seine Heimath zurück und offerirte seinem Landesherrn, dem obgenannten Herzog Friedrich Wilhelm II. von Altenburg, seine
Dienste, die von demselben auch angenommen wurden. Welche Function
ihm hierbei zunächst übertragen gewesen, ist nicht bekannt, dagegen steht fest,
daß er 1647 zum Amtmann zu Altstädt oder Allstädt ernannt und 1655 den
Aemtern Roda, Leuchtenberg und Orlamünde vorgesetzt ward. Im Februar
des nächstfolgenden Jahres ward er am Altenburger Hof Hausmarschall und
endlich im November 1663 zum Hofmarschall befördert. Daß er auch li-

terarischen Studien hold war und ein Verehrer seiner Muttersprache, geht daraus hervor, daß er 1660 Mitglied der Fruchtbringenden Gesellschaft ward, wobei er den Namen: „der Aufrichtige" und zum Sinnbild: Waldreben mit dem Motto: „Liebt das Niedrige" erhielt. In seiner Stellung als Beamter war er treu und gewissenhaft, mit wachsamem Auge auf das Wohl seines Fürsten bedacht und gewandt in der Führung und Besorgung von Geschäften. Dieß ward auch vom Herzog anerkannt, denn in seinem am 21. März 1668 errichteten Testamente ernannte er ihn neben dem Altenburgischen Canzler und Consistorialpräsidenten Hans Dietrich von Schönberg auf Goldschau, Reichenbrand und Gruna, dem chursächs. Appellationsgerichts-Präsidenten ꝛc. Heinrich Hildebrand von Einsiedel auf Scharfenstein, Weißbach und Lumpzig und den Dr. jur. Johann Thomas und Curt Löser zum Vormund seines gleichnamigen einzigen Sohnes, zu dessen Obervormündern er den Churfürst Johann Georg II. und den Herzog Moritz zu Zeitz, die Brüder seiner (in erster Ehe an den Erbprinzen Christian von Dänemark verehelicht gewesenen) Gemahlin Magdalene Sybilla, bestellt hatte. Nachdem Herzog Friedrich Wilhelm II. am 22. April 1669 im 67. Lebensjahre mit Tode abgegangen, ward in Gemäßheit seines Testaments Philipp Heinrich mit zum Vormund für den unmündigen Herzog Friedrich Wilhelm III. verpflichtet. Bekanntlich ist der Letztere nie zur selbsteignen Regierung gelangt, da er schon am 14. April 1672 im 15. Jahre seines Alters an den Blattern starb, worauf sein Land an das Haus Sachsen-Gotha fiel, welches wiederum den vierten Theil davon an Weimar-Jena abtrat. Doch diesen Todesfall erlebte der Hofmarschall v. Tümpling nicht. Er war bereits am 15. Juni 1669 in Folge einer Unpäßlichkeit, die er sich auf einer Geschäftsreise nach Dresden zugezogen hatte, zu Altenburg entschlafen und sonach seinem Herrn und Herzog schon nach acht Wochen im Tode nachgefolgt, seines Alters 53 Jahr 4 Monate 3 Wochen und 3 Tage.

Angesessen war derselbe mit den Gütern Tümpling, Kasekirchen und Heiligenkreuz, von denen er das letztgenannte erst unterm 19. Mai 1663 von Jacob Martin Frost gekauft hatte. Die Güter waren verpachtet und blieben mit Rücksicht darauf nach seinem Ableben noch eine Reihe von Jahren im ungetheilten Erbe bis zu dem am 9. Juli 1687 abgeschlossenen Theilungsvertrag. Bei der Theilung, deren Resultat unten bei den Namen der betreffenden Kinder kürzlich angegeben, ward Tümpling zu 15168 Gülden, Kasekirchen zu 10590 Fl. 12 Gr. 6 Pf. und Heiligenkreuz zu 8774 Fl. 7 Gr. 3 Pf. veranschlagt.

Was Philipp Heinrichs Ehe anlangt, so ward er zu solcher am 10. September 1645 zu Tümpling eingesegnet mit Sybilla Justina Freiin von Sack, der Tochter Balthasars Edlen von Sack auf Beichlitz und Dölitz am Berge und der Sybilla geb. von Wiehe aus Burgscheidungen. So berichten alte Stammbäume und Ahnentafeln. Nach einer andern Ahnentafel, deren Angaben v. Uechtritz gefolgt ist, soll der Sohn der soeben genannten Sack'schen Eheleute, der gleichfalls Balthasar hieß und mit Anna von Breitenbauch aus dem Hause St. Ulrich verehelicht war, der Vater der Sybilla Justina gewesen sein. Doch ist diese Annahme irrig. Denn es steht fest, daß Anna verehl. v. Sack geb. v. Breitenbauch im Jahre 1630 aus der am 8. Juli 1629 geschlossenen Ehe Melchiors v. Breitenbauch (geb. 1599, † 1681) und Anna Elisabeths v. Bendeleben (geb. 1610, † 1632) hervorgegangen ist, sie kann also aus ihrer mit dem jüngern Balthasar Edlen v. Sack eingegangnen Ehe unmöglich eine Tochter gehabt haben, die sich 1645 hat verehelichen können. Vielmehr ist Sybilla Justina Freyin von Sack die Schwester des jüngern und die Tochter des ältern Balthasar von Sack gewesen. Nach dem Tode ihres Gemahls, mit dem sie gegen 24 Jahre in glücklicher Ehe gelebt hatte, nahm sie ihren Wohnsitz zu Heiligenkreuz und ist auch daselbst am 3. Pfingstfeiertag, d. i. am 14. Mai, 1695 im 26. Jahre ihres Wittwenstandes gestorben. Ihre irdische Hülle ward am 17. desselben Monats auf dem Friedhof zu Camburg beerdigt.

Aus dieser Ehe gingen 12 Kinder hervor, sieben Söhne und fünf Töchter, von denen jedoch drei Söhne und zwei Töchter jung und noch vor ihrem Vater verstorben sind. Die, welche ihn überlebten, waren:

1) Elisabeth Dorothea, geb. d. 31. Juli 1646 zu Tümpling, verehelichte sich am 6. Juli 1668 mit Johann Georg von Breitenbauch auf Rahnis und Brandenstein. Derselbe war der Stiefbruder von der Ehefrau ihres obgenannten Oheims mütterlicher Seits, des jüngern Balthasar Edlen von Sack. Er war nämlich der am 9. Juni 1642 geborne Sohn Melchiors von Breitenbauch und dessen zweiter Ehefrau Anna Elisabeth von Bippach aus Langenorla.

2) Rudolph Albrecht II., geb. am 4. Juni 1655, erhielt bei der Theilung der väterlichen Verlassenschaft das Gut Heiligenkreuz durch das Loos. Er war fürstl. Sachsen-Eisenbergischer Kämmerer und Steuer-Obereinnehmer in Altenburg, sowie Kriegscommissar und Landesältester des Eisenberg'schen Kreises. Er blieb unverehelicht und ist zu Anfang des Monat Februar 1719 zu Heiligenkreuz gestorben. Sein entseelter Körper ward in der dortigen Kirche bei dem Altar am 7. des genannten Monats beigesetzt.

3) Sybilla Magdalene ward am 28. Juni 1674 oder 1677 mit Christoph Innocentius von Einsiedel auf Lobschütz aus dem Hause Syra und Hopfgarten vermählt.

4) Philipp Lebrecht, geb. d. 5. März 1659 auf dem fürstlichen Schlosse zu Altenburg, erhielt bei der väterlichen Erbtheilung zugleich mit seinem Bruder Otto Wilhelm das Stammgut Tümpling, bekleidete am fürst=

lichen Hofe zu Eisenberg die Stelle eines Kammerjunkers, starb unverehelicht am 2. Mai 1710 und liegt zu Camburg begraben.

5) Otto Wilhelm ist mit seiner Nachkommenschaft im nächsten Capitel behandelt.

7) Hippolyta Sabina verehelichte sich am 3. September 1682 mit dem kaiserlichen Obristwachtmeister Adam Ernst von Hopfgarthen auf Schlottheim.

7) Christian Ludwig, zu dessen Lebensbeschreibung wir uns nunmehr wenden, bekam das Rittergut Kasekirchen.

§. 3.
Christian Ludwig.

Christian Ludwig, geboren im Monat März 1663, Philipp Heinrichs jüngster Sohn, trat in königl. polnische und churfürstl. sächsische Kriegsdienste, in denen er es bis zum Hauptmann brachte. Aus dem Nachlasse seines Vaters fiel ihm durchs Loos das Rittergut Kasekirchen zu. Hierzu kaufte er unterm 5. März 1697 von Hans Siegismund von Hanfmuß das Rittergut Röckenitzsch, ingleichen 1705 von einem Herrn von Portzig das Frei- und Erbgerichtsgut zu Aue. Auch brachte er das Rittergut Stöben an sich, das sein Großvater Rudolph Albrecht I. 1612 bei Annahme des Stammgutes Tümpling der Sulzaer Linie überlassen hatte. Endlich erhielt er nach dem Tode seines Bruders Philipp Lebrecht (s. den vorhergehenden §. sub 4) 1710 einen Antheil an dem von diesem zur Hälfte besessenen Gute Tümpling, wogegen er Röckenitzsch wieder veräußerte. Am 8. Mai 1693 verehelichte er sich mit Dorothea Felicitas von Pflugk, der 1672 gebornen Tochter des wegen seiner ungemeinen Kenntniß der alten Sprachen von den Gelehrten seiner Zeit hochgeschätzten am 5. Januar 1705 verstorbnen altenburgschen Geheimen Raths und Canzlers Georg Dietrich v. Pflugk auf Posterstein und Vollmershayn und dessen erster Ehefrau, der am 23. Februar 1677 zu Altenburg verstorbnen Marie Elisabeth von Thumbshirn. Dorothea Felicitas starb 40 Jahr alt am 13. September 1712 zu Kasekirchen und folgte ihr Christian Ludwig 11 Jahr darauf am 4. September 1723 im 61. Jahre seines Lebens gleichfalls zu Kasekirchen, wo auch Beide beerdigt sind, im Tode nach. Aus ihrer Ehe entsprossen folgende fünf Kinder, die sämmtlich zu Kasekirchen geboren worden sind:

1) Georg Ludwig, geb. d. 19. Januar 1694, ist jung und unverehelicht gestorben.

2) Dorothea Christina, geb. d. 22. März 1695, verehelichte sich am 31. October 1715 mit dem herzoglich Sachsen-Gothaischen Obrist-Wachtmeister der Infanterie Heinrich Ernst von Seebach auf Elleben, einem

Sohne Alexander Thilo's v. Seebach. Die Trauung erfolgte auf dem „hoch-adlichen Hofe" zu Kaselirchen.

3) **Charlotte Sophie**, geb. d. 4. März 1697, ward am 22. Januar 1720 zu Kaselirchen mit dem Cousin ihrer Mutter **Dietrich von Pflugk** auf Gütterlitz vermählt, welcher damals fürstlich Brandenburg-Bayreuthischer Hof- und Jagdjunker und Leibcornet bei der Garde du Corps, später aber churfächsischer Oberforstmeister war. Sein Vater, der 1716 verstorbne churfächsische Geheime Rath und Oberhofgerichts-Präsident zu Jena, Bernhard v. Pflugk, und der obgenannte Georg Dietrich v. Pflugk, der Vater der Dorothea Felicitas, waren Brüder. Aus dieser Ehe der Charlotte Sophie stammte unter Andern auch Johanne Dorothea, welche die zweite Gemahlin Christian Gottlobs I. v. Tümpling aus dem Hause Sorna und eine Mutter zahlreicher Nachkommenschaft ward. (S. oben Cap. VII. §. 1.)

4) **Christian Gottlob**, geb. am 28. März 1700, ward schon acht Wochen nach seiner Geburt, am 23. Mai, dieser Erde wieder entrückt.

5) **Carl Friedrich**, geb. d. 1. Februar 1702, hat den Stamm seines Vaters fortgepflanzt, und enthält der nun folgende Paragraph das Nähere über ihn.

§. 4.
Carl Friedrich.

Carl Friedrich, am 1. Februar 1702 zu Kaselirchen geboren, war der einzige Sohn Christian Ludwigs, der denselben überlebte und den Stamm fortpflanzte. Nach seines Vaters Tode 1723 erbte er Kaselirchen und Stöben, sowie dessen Antheil an Tümpling und die Erbgerichte zu Aue. Er bewarb sich bei dem Weimarschen Hof um Anstellung und hatte das Glück, zunächst Kammerjunker und bald darauf gleichzeitig Amtshauptmann zu Dornburg zu werden. Diese beiden Aemter bekleidete er bis gegen das Jahr 1738, wo ihm das Mißgeschick widerfuhr, bei Herzog Ernst August — man weiß nicht, aus welchem Grunde — in Ungnade zu fallen und seine Entlassung zu erhalten. Er wandte sich nun mit seiner zahlreichen Familie nach Erfurt und lebte dort einige Jahre. Nachdem er aber daselbst seine Gemahlin durch den Tod verloren, zog er nach Neumark zu seiner Schwester, der im vorhergehenden Paragraphen sub 2 genannten verehl. von Seebach.

Nach dem Tode Herzogs Ernst August von Weimar 1748 succedirte dessen unmündiger Sohn Ernst August Constantin und führten Herzog Franz Josias zu Coburg-Saalfeld und Herzog Friedrich III. von Gotha, an dessen Hof der Erbprinz erzogen ward, die Vormundschaft und Regierung für ihn, bis er 1755 selbst die Regierung übernahm, in deren Leitung ihn sein berühmter Premier-Minister Graf Heinrich von Bünau wesentlich unterstützte. Es war ihm jedoch nicht vergönnt, sich lange des herzoglichen Stuhls zu erfreuen, da er schon 1758, erst 21 Jahr alt, starb, mit Hinterlassung eines 9 Monate alten Sohnes, des bekannten Herzogs Carl August und seiner sich in gesegneten Umständen befindlichen Wittwe, der gefeierten Amalie von Braunschweig. Im Jahre 1748, als Herzog Ernst August mit Tode abgegangen war, gelang es unserm Tümpling durch Vermittelung des damals in Weimar Viel vermögenden Hofraths von Mandelsloh, mit dem er durch seine erste Ehefrau verschwägert war, wieder in Weimarsche Dienste zu treten, indem er zum Amtshauptmann in Hardisleben ernannt ward. Doch fast wäre er abermals vom Amte gekommen. Denn — schreibt ein Zeitgenosse von ihm — „als unser Höchstseeligster Herzog Ernst August Constantin mit „dem Herrn Statthalter von Bünau nach Weimar kamen, so hatte der Herr „Amtshauptmann von Tümpling abermahl zu aller erst mit andern Ministern „das Unglück seine völlige Dimission zu erhalten, und der gute Herr war „darüber in solcher Enge und Gedränge, daß wir alle genug zu trösten hatten. „Bey diesem Unglück war aber des Herrn Amtshauptmanns größtes Glück, „daß Dero andre neue Gemahlin ehemalen in Dresden mit der Frau Statt= „halterin von Bünau Hochgräflicher Excellenz wohl bekannt worden war; „daher machte sich diese Gemahlin gleich auf nach Welmar, machte ihre Auf= „wartung bey der Frau Statthalterin, und diese brachte es durch ihren Herrn „Gemahl dahin, daß auf einmahl die völlige Ungnade aufgehoben wurde und „Carl Friedrich von Tümpling Amt und Dienst behielte und auch die gnä= „digste hochfürstl. schriftliche Erlaubniß bekam, sogleich am Hof zu kommen. „Und ich habe diesen Herrn in seinem Leben nicht fröhlicher gesehen als da= „mals, da Sie aus allem Unglück zum größten Glück wieder erhoben wurden. „Hier sind Sie nun beständig geblieben bis an Dero hochseelig Ende.“

Durch seine langjährige Entfernung vom Amte und da er in seinem Haushalte bei seiner starken Familie und dem hohen Fuß, auf dem er lebte, Viel brauchte, kam er in Abnahme seines Vermögens und verkaufte, um sich zu halten, eins seiner Güter nach dem andern und zwar 1738 Stößen und seinen Antheil an Tümpling an den Domprobst Heinrich Carl v. Tümpling-Posewitz, welcher auch den Antheil, den Christian Lebrecht (s. unten Cap. IX. §. 3) am Stammgut besaß, acquirirt hatte, ferner 1740 die Erbgerichte zu Aue an Christian Gottlob v. Tümpling-Posewitz und endlich gleichfalls 1740 das Rittergut Kasekirchen an die Bauern dieses Ortes, so daß dasselbe von da an Amtsdorf ward. Ob es aber nicht besser gethan gewesen wäre, we= nigstens dieses letztgenannte Gut, als das Stammgut seiner speciellen Familie, an welchem so viele Erinnerungen hingen, seinen Nachkommen zu erhalten, und sich, anstatt in Erfurt und Neumark zu privatisiren, der selbsteignen Be= wirthschaftung desselben zu unterziehen, vermögen wir zwar nicht zu beurtheilen, da wir nicht wissen, wie sehr er und sein Besitzthum damals mit Schulden belastet gewesen. Daß ihm aber der Verkauf seiner Besitzungen schlüßlich nichts geholfen und für seine Nachkommen ohne allen Nutzen gewesen, geht daraus hervor, daß er bei seinem Ableben mehr Passiva als Activa hinterlassen hat. Zeidler berichtet darüber kurz und naiv: „Er war ein ansehnlicher Herr, borgte bei Jedermann, und nach seinem Tode bezahlte seine „Gemahlin, die man die rothköpfigte Frau von Tümplingen nannte, Niemanden.“ Fast will es scheinen, als wenn auf dem Namen Carl Friedrich bei dem Tümplingschen Geschlecht kein Segen ruhen wollte, denn sowie der hier fragliche Carl Friedrich den nicht unansehnlichen Besitz, den er ererbt hatte, nicht zu erhalten verstanden und bei seinem Tode Nichts hinterlassen hat, ebenso verlor circa 50 Jahre später sein Namensvetter aus dem Hause Posewitz (s. Cap. IV. §. 8) die vielen Güter, die er besessen, und starb 30 Jahre nach ihm in größter Dürftigkeit. Im Uebrigen aber hat Carl Friedrich von der Kasekirchner Linie, namentlich in wissenschaftlicher, moralischer und gesellschaftlicher Hinsicht, auf einer weit höheren Stufe gestanden, als jener Posewitzer Carl Friedrich. Der Amtshauptmann v. Tümpling starb auf Schloß Hardisleben in der Charfreitags-Nacht 1758 und ward am 2. Osterfeiertag Abends in der dasigen Kirche vor dem Taufstein nach dem Altar zu nach gehaltner Parentation begraben.

Verehelicht hat sich derselbe zu zweien Malen, nämlich

a) am 3. October 1723 mit Johannen Charlotten von Berlepsch aus dem Hause Seebach, Hartmanns v. Berlepsch auf Seebach und Sophie Eleonores von Stammer aus Rammelsburg, welche in zweiter Ehe den preuß. Obrist von Goldacker heirathete, Tochter, und nach deren zu Erfurt erfolgtem Ableben

b) kurz nach oder vor seiner Berufung zum Amtshauptmann in Hardisleben 1748 mit Johannen Eleonoren von Werthern aus dem Hause Klein-Ballnhausen. Mit derselben war er durch seine oben §. 2 sub 1 genannte Tante verschwägert, denn deren Tochter Dorothee Johanne Wilhelmine von Breitenbauch hatte Ernst Gottlob von Werthern auf Klein-Ballnhausen geheirathet. Er hatte sie jedoch erst in dem Hause seines Schwagers, des Geheimen Raths von Mandelsloh zu Weimar, wohin sie von Dresden aus zu Besuch gekommen war, kennen gelernt. Dieselbe überlebte ihn um 13 Jahre, starb zu Naschhausen bei Orlamünde am 15. April 1771 und liegt zu Orlamünde begraben.

Die Kinder Carl Friedrichs, welche sämmtlich aus seiner ersten Ehe stammten, waren:

1) August Wilhelm Burckhardt, geb. zu Weißenfels im Monat Juni 1724, ward herzoglich würtembergischer Hof- und Jagd-Junker, starb aber schon 1745, 21 Jahre alt, zu Stuttgart.

2) Eleonore Wilhelmine Friedericke, geb. im Juni 1725, verehelichte sich dem k. k. Hauptmann von Mandelsloh auf Eckstädt. Sie

starb aber schon im Jahre 1754, mithin vier Jahre vor ihrem Vater, 29 Jahre alt.

3) Carl Gottlob, geb. d. 23. Juli 1726 und gest. 1798, ist unten in §. 6 behandelt.

4) Caroline Eberhardine Juliane, geb. am 16. October 1727 zu Weimar, starb als erwachsene Jungfrau gleichfalls vor ihrem Vater zu Weimar nach langem Krankenlager. Zugleich mit ihr ward

5) eine zweite Tochter geboren, die jedoch todt zur Welt kam.

6) Wolf Friedrich Erdmann, 1728 oder 1729 geboren, starb als Kind am 26. April 1733 zu Dornburg.

7) Ernestine Christiane Henriette erblickte am 20. Februar 1730 zu Dornburg das Licht der Welt. Carl Friedrich, welcher damals nur erst vor Kurzem Amtshauptmann zu Dornburg geworden war, richtete eine große Kindtaufe aus und wurden dabei nicht weniger als 17 Pathen zugezogen, darunter auch der Erbprinz Johann Wilhelm von Sachsen-Weimar, ein Sohn aus Herzog Ernst Augusts erster Ehe († 1732). Die Tochter wuchs zur Freude ihres Vaters heran und verehelichte sich mit dem Sachsen-Weimarschen Capitain Carl Friedemann August von Harras zu Jena, starb jedoch schon am 8. September 1758, 28 Jahr alt, mit Hinterlassung von zwei Kindern und ruht auf dem Friedhof zu Jena.

8) Johann Ernst, bei dem die Zahl der Taufzeugen auf neun reducirt ward, war am 21. Januar 1731 zu Dornburg geboren und starb ebendaselbst in seinem dritten Lebensjahr am 10. Juni 1733.

9) Christian Alexander Hartmann, geb. d. 18. Februar 1732 und gest. 1794, ist im nächstfolgenden Paragraph behandelt.

10) und 11) Ein Sohn und eine Tochter, die zu Jchtershausen geboren worden und ebendaselbst im zartesten Alter wieder gestorben sind.

Es haben sonach von den 11 Kindern Carl Friedrichs nur drei den Vater überlebt, nämlich die sub 3, 7 und 9 Genannten, von denen jedoch die Tochter sub no. 7 ihm sehr bald im Tode nachgefolgt ist.

§. 5.
Christian Alexander Hartmann.

Christian Alexander Hartmann, geboren zu Dornburg am 18. Februar 1732, widmete sich dem k. k. österreichischen Militairdienst und stand im siebenjährigen Kriege mehrere Mal sowohl seinem Bruder Carl Gottlob, als auch seinem Vetter aus der Sornaischen Linie Georg Wolf II. feindlich gegenüber. Mit 17 Jahren, im Jahre 1749, ward er Fähndrich beim Regiment Waldeck Infanterie, und war während des siebenjährigen Krieges Lieutnant. In demselben hat er den für Oesterreich ungünstigen großen Schlachten bei Lowositz am 1. October 1756, bei Prag am 6. Mai 1757

unb bei Leuthen am 5. December 1757, nicht minder den Siegen bei Hoch=
kirch am 14. October 1758 und zu Kunnersdorf bei Frankfurt an der Oder
am 12. August 1759, sowie auch der heldenmüthigen Vertheidigung von
Schweidnitz vom 4. August bis 9. October 1762, die bekanntlich mit der Ueber=
gabe der Festung an die Preußen endete, beigewohnt. Im Jahre 1767 ward
er Capitain, nahm jedoch wenig Jahre darauf seinen Abschied und zog nach
dem heimathlichen Thüringen. Zu seinem Wohnsitz wählte er Erfurt. Dort
gründete er sich auch seinen häuslichen Heerd. Bald darauf vertauschte er
zwar sein dasiges Domicil mit dem zu Arnstädt, kehrte aber nach wenig
Jahren wieder nach Erfurt zurück, woselbst er denn auch nach kaum voll=
endetem 62. Lebensjahre, am 22. Februar 1794, an einer Brustkrankheit, an
der er 14 Tage darniedergelegen, gestorben ist. Der Curiosität halber und
als ein Zeichen der damaligen Zeit sei hier bemerkt, daß sich seine Tante
(seiner Mutter Schwester), die Geheime Räthin von Maudelsloh, sehr un=
willig darüber geberdete, daß er sich seine Gemahlin nicht aus dem Kreise
des stiftsberechtigten Adels gewählt hatte, und ihn ob dieser Mésalliance
enterben wollte.

Er hat sich drei Mal verheirathet, nämlich:

a) am 25. Juli 1772 zu Erfurt mit Charlotten Henrietten von
Gerstenberg, welche am 25. September 1775 zu Arnstädt im Wochen=
bett starb,

b) am 25. Juni 1777 mit Magdalenen Christianen von Ger=
stenberg, welche am 13. April 1787 zu Erfurt gestorben ist, und

c) am 23. October 1787 mit einem Fräulein von Fensterer, die
ihn überlebte.

Kinder hatte er nur von seiner ersten Gemahlin, und zwar fol=
gende drei:

1) Friederike Wilhelmine Charlotte Sophie, geb. zu Arn=
städt am 20. Mai 1773, starb in ihrem dritten Lebensjahre vier Wochen
nach ihrer Mutter am 22. October 1775.

2) Charlotte Caroline Henriette Wilhelmine Martha,
geb. am 1. Juli 1774, hat ihren Vater überlebt, wie aus des Letzteren
Todtenschein hervorgeht, ihre weiteren Schicksale aber sind uns unbekannt
geblieben.

3) Gottlob Carl Wilhelm ward am 9. September 1775 zu Arn=
städt geboren. Die Freude, welche Christian Alexander Hartmann über die
Geburt seines Sohnes empfand, verkehrte sich nur zu bald in bittres Leid,
denn es ward ihm nicht nur dies Kind schon nach acht Tagen, am 16. Sep=
tember, wieder genommen, sondern auch die Gattin am 25. desselben Monats
durch den Tod entrissen, was jedenfalls Anlaß ward, daß er sich von Arn=
städt weg wieder zurück nach Erfurt wandte.

§. 6.

Carl Gottlob.

Carl Gottlob, der zweite Sohn Carl Friedrichs v. Tümpling und der Johanne Charlotte von Berlepsch, war zu Weimar am 23. Juli 1726 geboren, begann seine militairische Laufbahn im Dresdner Cadettenhause, vertauschte jedoch dasselbe bald mit dem zu Berlin, in welchem er bis zum Unteroffizier avancirte, ward darauf Page am preußischen Hofe und 1744 Leib-Page Friedrichs des Großen. Er verfolgte jedoch den ihm hier gebotnen Uebergang zur Hofcarrière nicht weiter, sondern wandte sich der rein militairischen Laufbahn zu, indem er 1746 beim Bredowschen Infanterieregiment als Fähndrich eintrat. 1749 avancirte er zum Souslieutnant, 1757 zum Premierlieutnant und 1759 nach dem glänzenden Gefecht am Sebastiansberge zum Capitain, bei welcher Gelegenheit er überdieß auch noch sofort den Orden pour le merite erhielt. Außer dieser Affaire hat er im siebenjährigen Kriege auch noch den Schlachten von Lowositz, wo er seinem bei den Oesterreichern stehenden Bruder gegenüber focht, Kollin, Kay und Torgau, sowie dem Gefechte bei Strehla und der Belagerung von Prag beigewohnt. Bei Kay und bei Torgau ward er blessirt, indessen beide Mal nur leicht. Nach beendigtem Krieg und zwar noch im Jahre des Friedensabschlusses 1763 verehelichte er sich am 21. Juli mit Catharinen Wilhelminen Margarethen von Wagenschütz aus dem Hause Altenzaum in der Altmark, des königlich preußischen Capitains Wilhelm Christoph von Wagenschütz und der Margarethe Elisabeth von Mithoff (Mitzlaff?) Tochter. Indessen ließ er sich durch Hymen nicht zur Untreue gegen Mars verleiten. Er diente fort und erhielt im nächstfolgenden Jahre, 1764, die Compagnie, wobei er zum Regiment des Herzogs von Braunschweig nach Quedlinburg versetzt ward. 1773 ward er Major und als solcher Commandeur des zweiten Bataillons zu Quedlinburg. 1783 erhielt er auf Ansuchen seinen ehrenvollen Abschied und blieb in seinem genannten letzten Garnisonsorte bis zu seinem 1798 im 63. Lebensjahre erfolgten Ableben.

Er hatte vier Kinder, drei Söhne und eine Tochter, welche sämmtlich zu Quedlinburg geboren wurden. Dieselben hießen:

1) Gottlob Ernst Johann Friedrich, geb. d. 21. März 1764, starb am 30. August des nämlichen Jahres.

2) Ludwig Carl Albrecht Johann, geb. am 15. August 1765, starb im sechsten Lebensjahre am 6. Mai 1771.

3) Carl August Rudolph, geb. 1767, ist im nächsten Paragraph behandelt.

4) Charlotte, geb. im Monat October 1769, ist bald nach ihrer Geburt wieder verstorben.

§. 7.
Carl August Rudolph.

Carl August Rudolph, der jüngste Sohn des Major Carl Gottlob von Tümpling, geboren am 5. November 1767 zu Quedlinburg, widmete sich gleichfalls der militairischen Laufbahn. Er trat in herzoglich braunschweigische Kriegsdienste und ging als Oberlieutnant mit dem Regiment von Riedesel nach Holland. Es geschah dieß in dem Kriege, den Oesterreich und Preußen im Jahre 1792 unter dem Oberbefehle des regierenden Herzogs Ferdinand von Braunschweig, der auch seine Truppen mit Preußens Heer vereinigte, gegen Frankreich führten. Aus diesem Feldzug glücklich zurückgekehrt, war es ihm nicht vergönnt, an den großen kriegerischen Ereignissen der späteren Jahre Theil zu nehmen, denn schon im Jahre 1805 ward er, 38 Jahr alt, von einem frühen Tode dahingerafft. Er war damals Capitain bei den braunschweigischen Grenadieren.

Aus seiner Ehe mit einer gebornen von Damm, welche ihn 17 Jahr überlebte und am 20. Februar 1822 zu Quedlinburg gestorben ist, sind vier Kinder hervorgegangen:

1) Herrmann starb im zartesten Alter.

2) Emilie Charlotte Friederike Wilhelmine, geb. am 28. Mai 1798, vermählte sich mit dem königlich preußischen Rittmeister im 7. Cürassier-Regiment, von Gansauge, welcher als Major seinen Abschied nahm und 1861 zu Potsdam gestorben ist, während sie ihm im darauf folgenden Jahre, am 24. December 1862, gleichfalls zu Potsdam im Tode nachgefolgt ist mit Hinterlassung einer einzigen Tochter, die an den Gerichts-assessor Graf von Bredow in Rothenow verehelicht ist.

3) Alfred Anastasius Wilhelm studirte jura und wandte sich dem preußischen Staatsdienst zu. Im Jahre 1844 ward er Regierungsrath, eine Stellung, die er, decorirt mit dem rothen Adlerorden 4. Cl., noch gegenwärtig bei der Regierung zu Breslau bekleidet. Da er unverehelicht geblieben, auch bei seinem vorgerückteren Alter nicht gemeint ist, noch in den Ehestand zu treten, wird mit ihm der Mannesstamm der Linie Tümpling Rasekirchen erlöschen, nachdem die männliche Nachkommenschaft Otto Wilhelms (s. oben §. 2 no. 5) bereits ausgestorben ist, wie wir im nächstfolgenden Capitel sehen werden.

4) Adolph Hans Carl Friedrich ergriff nach dem Beispiel seines Vaters und Großvaters die militairische Carrière und trat in königl. preußische Dienste. Er war Lieutnant zuerst im 2. Garde-Uhlanen-Landwehrregiment, später im 2. Dragonerregiment, nahm aber zeitig seinen Abschied und starb 1838 unverehelicht zu Schwest.

Stammbaum No. I. des Hauses von Lümpling-Ansekirchen.

Rudolph Albrecht I., des reichen Otto jüngster Sohn.
(Catharina v. Gotfarth.)

Rudolph Wilhelm.
(Dorothea v. Pfugl.)
(Margarethe v. d. Wilsch.)

Rudolph Heinrich.

Drei Töchter und ein Sohn.

Philipp Heinrich.
(Sybilla Juk. Jrevin v. Sad.)

Dorothea Sophie v. Eberbausen.

Elisabeth Dorothea v. Breitenbauch.

Rudolph Albrecht II.

Sybilla Magdalene v. Einsiedel.

Philipp Lebrecht.

Otto Wilhelm. Conf. Stammbaum No. II.

Doppelita Sabina v. Hofgarten.

Christian Ludwig.
(Dorothea Felicitae v. Pfugl.)

Drei Söhne und zwei Töchter.

Georg Ludwig.

Dorothea Christine v. Seebach.

Charlotte Sophie v. Pfugl.

Christian Gottlob.

Carl Friedrich.
(Johanna Charlotte v. Berlepsch.)
(Johanna Eleonore v. Wertherin.)

Eleonore Wilhelmine Friederike v. Marbeloh.

Carl Gottlob.
(Katharine Wilhelmine Margaretha v. Wagenschütz.)

Caroline Eberhardine Juliane.

Eine Tochter.

Wolf Friedrich Erdmann.

Ernestine Christiane Henriette v. Harras.

Johann Ernst.

Christian Wiegans der Hartmanns.
(Charlotte Henriette v. Gerkenberg.)
(Magdalene Christiane v. Gerkenberg.)
(N. N. v. Renherer.)

Ein Sohn und eine Tochter.

August Wilhelm Burchard.

Ludwig Carl Albrecht Johann.

Carl August Rudolph.
(N. N. v. Damm.)

Charlotte.

Friederike Wilhelmine Charlotte Sophie.

Charlotte Caroline Henriette Wilhelmine.

Gottlob Carl Wilhelm.

Gottlob Ernst Johann Friedrich.

Hermann.

Emilie Charlotte Friederike Wilhelmine v. Gansange.

Alfred Anastasius Büschm.

Adolph Hans Carl Friedrich.

11*

Ahnentafel für die Kinder Philipp Heinrichs von Tümpling.

#				
16.	Elisabeth v. Drazdorf aus Brachstädt.			
15.	Mathias von und aus Saldern.	Magdalene von und aus Saldern.		
14.	Catharina von und aus Dorstädt.	Heinrich v. Wiehe auf Burgscheidungen.	Sybilla v. Wiehe aus Burgscheidungen.	
13.	Christoph v. Wiehe auf Burgscheidung.			
12.	Margarethe v. Arnsdorf aus Hainichen.		Balthasar Edler v. Sack auf Beichlitz und Delitz am Berge.	Sybilla Justina Edle von Sack aus dem Hause Beichlitz.
11.	Christoph v. Hanfstengel auf Netzschlau.	Eleonore v. Hanfstengel aus Netzschlau.		
10.	Elisabeth v. Minkwitz aus Fallenhain.	Caspar Edler v. Sack auf Beichlitz und Klein-lauchstädt.		
9.	Carl Edler v. Sack auf Beichlitz.			
8.	Catharina v. Witzleben aus Berka. / Nach Anderen: Catharina v. Langen.			
7.	Valentin v. Harras auf Dömannstädt. / Nach Anderen: Friedemann v. Harras.	Ursula v. Harras aus d. Hause Dömannstädt.		Philipp Heinr. v. Tümpling auf Tümpling, Brüllgenkreuz und Rasekirchen.
6.	Catharina v. Brühl aus Gangloffsömmern.	Hans Heinrich v. Gottfarth auf Buttelstädt.	Catharina v. Gottfarth aus Buttelstädt.	
5.	Hans v. Gottfarth auf Buttelstädt.			
4.	Catharina v. Spiegel. / Nach Anderen: Christine v. Schauroth.		Rudolph Albrecht v. Tümpling auf Tümpling und Leißlau.	
3.	Günther v. Bünau auf Schieben. / Nach Anderen: Heinrich v. Bünau.	Catharina v. Bünau aus dem Hause Schieben.		
2.	Anna Maria v. Creutz aus dem Hause Frohburg.	Otto v. Tümpling auf Tümpling, Sulza, Posewitz &c. &c.		
1.	Hans Oswald v. Tümpling auf Tümpling, Leißlau und Rasekirchen.			

Neuntes Capitel.

Das Haus von Tümpling=Nasekirchen.

Zweite Abtheilung.

§. 1.

Otto Wilhelm.

Otto Wilhelm, der dritte Sohn des Hofmarschall Philipp Heinrich v. Tümpling, geboren im Jahre 1660, erhielt bei der Theilung der väterlichen Verlassenschaft das Stammgut Tümpling zugleich mit seinem älteren Bruder Philipp Lebrecht. Nach dem Tode des Letzteren 1710 fiel ihm ein weiterer Antheil an dem Gute zu, dessen letztes Viertheil auf seinen jüngern Bruder Christian Ludwig überging. Hierzu bekam er nicht nur das Rittergut Schieben 1692 bei seiner Verehelichung von seiner Schwiegermutter geschenkt (— die Angabe, daß dieses Gut nicht ihm, sondern seinem Sohne Friedrich Wilhelm geschenkt worden, welchem dasselbe später allerdings zufiel, ist unrichtig, denn schon mehrere Jahre vor dessen Geburt, nämlich schon 1694 beim Eintrag der Geburt der unten sub 1 genannten Tochter in das Kirchenbuch, ist Otto Wilhelm „Herr auf Tümpling und Schieben" genannt, wie denn auch sonst die bestimmte Nachricht vorliegt, daß er das Gut bei seiner Verheirathung erhalten habe —), sondern erbte auch von seinem ältesten Bruder Rudolph Albrecht II., der 1719 kinderlos gestorben war, Heiligenkreuz, und erhielt überdieß 1724 das kleine Lehngut Rückebusch bei Lübben in Lehn gereicht. Das letztgenannte Gut hatte vordem denen von Rückebusch (auch Rychpusch geschrieben) zugehört, und war aus dieser alten schlesischen Familie Adam Sigismund von Rückebusch dessen letzter Besitzer gewesen. Derselbe hatte weder lehnsfähige Nachkommen, noch auch Mitbelehnte, da sich die betreffenden Verwandten an der Erwerbung der Mitbelehnschaft versäumt hatten. Otto Wilhelm hatte unter diesen Umständen auf Ansuchen die Expectanz auf das Lehen erhalten. Die Verwandten Rückebusches erhoben jedoch dagegen Vorstellung mit der Bitte, ihnen die begangene Felonie nicht anrechnen zu wollen. Die darüber mit ihrem Gutachten gehörte Juristenfacultät zu Leipzig sprach sich aber dahin aus: „daß Se. Hochfürstl. „Durchlaucht als Lehnsherr ohne Präjudiz der dem Otto Wilhelm von Tümp= „ling und seinen Nachkommen ertheilten Expectanz die begangene Felonie der „Rückebusche nicht pardonniren könne." Es entschied darauf auch der chur= sächsische Schöppenstuhl zu Leipzig mittelst am 5. Februar 1723 publicirten Urthels, daß Otto'n Wilhelm von Tümpling das Lehngut Rückebusch billig einzuräumen und ward dieses Urthel in der obern Instanz am 8. April 1724 bestätigt. Indessen scheint Otto Wilhelm dieses Lehngut nicht lange besessen zu haben, und hat es wahrscheinlich der Familie von Rückebusch gegen Entschädigung überlassen.

Was seine amtliche Stellung betrifft, so war er zuerst churfächsischer Amtshauptmann zu Borna, sodann churfächs. Cammer-Rath, gleichzeitig aber und seit 1698 herzoglich sachsen-merseburgischer Hofmarschall zu Merseburg, welcher Stelle er eine ziemliche Reihe von Jahren vorstand, und zuletzt königlich polnischer und churfächsischer Cammerherr und Stifts-Cammerdirector zu Zeiß, sowie Steuer-Obereinnehmer zu Altenburg. Er starb während des Gebrauchs einer Kur zu Carlsbad am 28. Juni 1730 und ward sein Leichnam nach Heilligentreuz gebracht und dort am 3. Juli beigesetzt. Verehelicht hatte sich derselbe zwei Mal, nämlich:

a) am 2. October 1692 auf dem Schlosse zu Dornburg mit Emilien Eleonoren Reichsgräfin von Allstädt, welche ihm das Gut Nieder-Röblingen bei Allstädt zubrachte. Dieselbe war am 20. September 1674 zu Dornburg geboren und die Tochter Herzogs Bernhard von Jena und der Marie Elisabeth von Kospoth. Sie starb am 18. Februar 1706 zu Merseburg und liegt im Kreuzgang der dasigen Domkirche begraben. Ueber ihre Mutter und deren mariage de conscience mit Herzog Bernhard giebt der nächstfolgende Paragraph nähere Auskunft, welche Eröffnungen vornehmlich deshalb geschehen sind, um einigen darüber verbreiteten irrigen Ansichten und Mittheilungen entgegen zu treten. Sechszehn Jahre nach dem Ableben seiner ersten Gemahlin, mit der er über 13 Jahre in glücklicher Ehe gelebt hatte, schritt er zu seiner zweiten Ehe, indem er

b) am 12. August 1722 zu Teichwolframsdorf mit Charlotten Henrietten von Wolframsdorf getraut ward. Sie war die hinterlassene Tochter des am 24. October 1665 geborenen und am 2. Juni 1708 gestorbenen churfächsischen Obristlieutnants Rudolf Moritz von Wolframsdorf und der Anna Sophie von Bittinghof aus dem Hause Niedendorf, welche am 4. Mai 1720 zu Teichwolframsdorf gestorben war. Ihr genannter Vater war als tapferer Offizier bekannt, der in 16 Campagnenjahren, z. B. bei dem Entsatz von Wien 1683, bei der Erstürmung von Ofen 1686, ferner in dem deutsch-französischen Krieg von 1688—1697, sodann nach dem Ryßwicker Frieden bis 1702 in polnischen Diensten gegen Tartaren, Türken und Schweden und endlich von 1702 an in dem spanischen Erbfolgekriege, gefochten hatte. Diese seine zweite Gemahlin, mit der er gegen acht Jahr verehelicht war, überlebte ihn und ist in Dresden gestorben.

Die Kinder Otto Wilhelms, welche sämmtlich aus seiner ersten Ehe stammen, sind:

1) **Charlotte Wilhelmine**, geb. d. 22. September 1694 zu Tümpling, starb ebendaselbst als neunjähriges Mädchen am 2. September 1703 und ruht zu Camburg, wo sie am 4. ejusd. unter gehaltenem Sermon in dem Familien-Erbbegräbniß beigesetzt ward.

2) **Friedrich Wilhelm**, geboren am 3. Januar 1696 zu Tümpling, erhielt nach seines Vaters Tode in Gemeinschaft mit seinem Bruder Christian Lebrecht das Stammgut Tümpling, soweit dasselbe überhaupt ihrem Vater gehört hatte, und verkauften sie es 1738 an den Dompropst Heinrich Carl von Tümpling Posewitz. Außerdem hatte er für seine Person das Rittergut Schieben bekommen, welches er schon bei seines Vaters Lebzeiten bewirthschaftet hatte. Hier lebte er in ziemlicher Zurückgezogenheit, wenigstens wissen wir von ihm Nichts zu berichten, außer daß er bei einigen Kindern seines Vetters Carl Friedrich Taufpathe gewesen. Er blieb unverehelicht, starb am 20. Januar 1741 und liegt in Camburg begraben. Schieben fiel seinem Bruder Christian Lebrecht zu, der für seine Person aus dem väterlichen Erbe Heiligenkreuz empfangen hatte.

3) **Christian Lebrecht**, geb. am 28. Februar 1697, ist in §. 3 behandelt.

4) **Moritz Ludwig** ward zu Tümpling am 16. August 1698 geboren, bald darauf nachdem Otto Wilhelm merseburgischer Hofmarschall geworden war. Mit Rücksicht auf diese Beförderung erhielt das Kind zu Pathen: a) Erdmuthe Dorothea verw. Herzogin zu Sachsen-Merseburg geborene Prinzeß von Sachsen-Zeitz, an deren Hof Tümpling Marschall war; b) deren ältesten Sohn, Moritz Wilhelm, seit seines Vaters Christian II. Tode 1694 Herzog zu Merseburg, aber damals erst 10 Jahr alt, und c) den regierenden Herzog Moritz Wilhelm von Sachsen-Zeitz, welcher der Bruder der genannten Frau Herzogin und, nebenbei bemerkt, der letzte Herzog zu Zeitz war, denn nach seinem 1718 erfolgtem Tode fiel Zeitz-Naumburg dem Churfürstenthum Sachsen zu. Moritz Ludwig starb in seinen jungen Jahren, ohne daß wir die Zeit und den Ort seines Ablebens näher anzugeben vermögen. Dasselbe gilt von den drei folgenden, zu Merseburg geborenen, Kindern:

5) **Johanna Amalie**, geb. am 10. Januar 1703,

6) **Erdmuthe Wilhelmine**, geb. am 1. Mai 1704, und

7) **August Rudolph**, geb. am 3. August 1705.

§. 2.
Marie Elisabeth Reichsgräfin von Altstädt.

Nach dem am 17. Mai 1662 erfolgten Ableben Herzogs Wilhelm des Großen von Weimar theilten sich dessen vier Söhne dergestalt in die väterlichen Lande, daß der älteste, der am 11. September 1627 geborene Johann Ernst, Weimar, die beiden mittleren, Adolph Wilhelm, geb.

b. 15. Mai 1632, und Johann Georg, geb. d. 12. Juli 1634, zusammen Eisenach, und der jüngste, der am 21. Februar 1638 geborene Bernhard, Jena erhielt. Bernhard von Jena, welcher mit 24 Jahren zur Regierung kam, verehelichte sich wenig Wochen darauf, am 10. Juni 1662, zu Paris mit Marie de la Tremouille, des Herzogs Heinrich von Thouars und der Maria de la Tour d'Auvergne am 26. Januar 1632 geborener Tochter, die er auf seiner ersten Reise nach Frankreich, 1657, hatte kennen lernen. Aus dieser Ehe waren bis zum Jahre 1670 folgende vier Kinder hervorgegangen, von denen jedoch nur das jüngste, kaum erst geborene, Töchterchen damals noch am Leben war, nämlich:

     a) Wilhelm, geb. d. 24. Juli 1664 und gest. d. 21. Juni 1666,

     b) eine am 7. April 1666 tobt zur Welt gekommene Prinzeß,

     c) Bernhard, geb. d. 9. November 1667 und gest. d. 26. April 1668, und

     d) Charlotte Marie, geb. am 20. December 1669.

Obschon Herzog Bernhards Ehe sonach mit Kindern gesegnet ward, die freilich zum größten Theil wieder gestorben waren, entstanden doch zwischen ihm und seiner Gemahlin Mißhelligkeiten und ernste Differenzen, deren Grund außer in dem Umstande, daß Marie sechs Jahre älter als Bernhard war, hauptsächlich in einem körperlichen örtlichen Leiden, von welchem die Herzogin befallen zu werden das Unglück hatte, und in dem bei dem Herzog gegen sie entstandenen, aber grundlosen, Verdacht der Untreue, sowie in dem Unmuth des Letzteren darüber zu suchen ist, daß er keinen Thronfolger hatte. Marie hielt sich unter diesen Umständen vom Herzog fern, welcher darauf seiner Seits ernstlich auf Scheidung und auf die Wahl einer andern, ihm zusagenderen, Gattin bedacht war, zumal sich seine Neigung bereits auf eine Dame seiner Umgebung gelenkt hatte, deren Schönheit ihn zu fesseln wohl geeignet sein mochte. Es war dieß eine der Hofdamen seiner Gemahlin: Marie Elisabeth von Roßpoth, welche nach einem aus den Siebenziger Jahren des vorigen Jahrhunderts über sie vorhandenen und eingehendere Studien documentirenden Aufsatz eine junge, bildschöne, geistreiche Dame von ebenso distinguirter Leibesgestalt, als reichem Gemüth und klarem Verstand und dazu anmuthig und lebendig im Umgang gewesen sein muß. Mit dieser gedachte Herzog Bernhard nach der beabsichtigten Trennung seiner Ehe sich zu verbinden, und fühlte sich von ihren Reizen so angezogen, daß er sie zu bestimmen suchte, sich ihm schon vor dem Erfolg seiner Scheidung hinzugeben. Das Fräulein lehnte solches Ansinnen zwar anfänglich sehr entschieden ab, indem sie ihn vielmehr zur Aussöhnung mit der Herzogin zu bewegen versuchte, ergab sich aber seinem Willen, nachdem sie gesehen, daß er von einer Versöhnung Nichts wissen wollte, im Gegentheil die Scheidung als gewiß in Aussicht stellte und ihr das feierliche Versprechen gegeben hatte, sie sodann zu seiner ehelichen Gemahlin zu erheben. Der Herzog leitete darauf auch

die Ehescheidung ein, indem er zunächst das Gutachten der theologischen und
juristischen Facultät zu Jena darüber erforderte. In dem von diesen ertheilten gemeinschaftlichem Responsum wurden jedoch die angegebenen Gründe
zu einer Ehescheidung nicht für ausreichend erkannt. Bernhard mochte sich
wohl auch inzwischen überzeugt haben, daß sein Verdacht auf einem Miß-
verständnisse beruht habe und söhnte sich mit der Herzogin aus, ohne jedoch
deshalb von der Roßpoth zu lassen. Letztere aber wollte die Rolle, zu der
sie sich jetzt erniedrigt sah, nicht spielen und überhäufte nebst ihren Verwandten den Herzog mit Vorwürfen. Um sie und deren Verwandtschaft zu
beschwichtigen, stellte der Herzog unter Darlegung des Sachverhalts in einem
förmlichen Zeugniß vom 20. October 1672 eine Art Ehrenerklärung für die
Roßpoth aus, in der er deren Unschuld versicherte und angab, daß er die ihr
gegebenen Versprechungen zur Zeit zwar unmöglich erfüllen könne, daß er
aber ihrer nimmer vergessen, sondern sie gleich wie seine rechte getraute Ehe-
gemahlin pflegen und schützen, und dafür besorgt sein werde, daß sie auch
von Andern dafür respectirt werden solle. Zugleich verlieh er ihr dabei den
Titel einer Dame d' Allstädt, setzte ihr jährlich 1000 Thaler aus, und gab
die Absicht zu erkennen, fortan sich ihrer zu enthalten. Den genannten Titel
ertheilte er ihr deshalb, weil ihr zu jener Zeit Allstädt (woselbst sie sich auch
noch im darauf folgenden Jahre, 1673, aufgehalten hat) als Wohnungsort
angewiesen worden war, und vielleicht auch in der entfernten Absicht, um ihr
das Amt Allstädt, das ihm selbst erst 1672 nach dem Aussterben des älteren
herzoglichen Hauses Sachsen Altenburg zugefallen war, später ganz zu überlassen und sie dadurch der ihr damals wohl noch zugedachten Stellung einer
Herzogin von Jena näher zu bringen. Aber zur Ausführung des Vorsatzes,
fortan und so lange die Herzogin lebte, von der schönen Dame zu lassen,
kam es bei dem Herzog nicht. Er suchte vielmehr nach Gründen, die wohl
die Rückkehr in die Arme der Madame d' Allstädt rechtfertigen könnten.
Und er glaubte diese einmal darin erblicken zu dürfen, daß für den Landgrafen Philipp von Hessen wegen besonderer, bei ihm gleichfalls obwaltender,
Umstände die Polygamie von sehr tonangebender Seite als ausnahmsweise
statthaft bezeichnet worden war, anderer Seits aber dachte er durch ein ge-
lehrtes Responsum, das er sich — es ist nicht ausgemacht, von Wem — zu
verschaffen gewußt hatte, bei Eingehung der beabsichtigten zweiten Ehe gedeckt
zu sein. In demselben war nämlich eine solche aus den vom Herzog für
die Trennung seiner Ehe angegebenen Gründen für erlaubt angesehen, zur
Bestätigung dessen unter Andern auch auf mehrere Stellen des Corp. jur.
canon., z. B. auf c. 18 C. XXXII q. 7; c. 1 C. XXXIII q. 1 und c. 8 X.
Qui filii sint legitimi (IV, 17) unter Annahme einer Quasidesertio, Bezug
genommen und zum Schluß gesagt worden: „Diesem nach halten wir davor,
„daß wegen dieser itzo angeführten und in facto vor wahr præsupponirten

„Urſachen und Umſtänden das matrimonium ad morganaticam mit Sempro-
„nia gar wohl beſtehen könne, iedoch ſolchergeſtalt, und mit dieſer ausdrück-
„lichen Bedingung, Condition und Qualitæt, nemlich ut dominus maritus
„a priori conjuge in posterum plane abstineat, nec ipsi ulterius coha-
„bitet: nam si hoc fiat, isque ipse iterum cohabitet. tunc censetur
„omne vitium sanatum, omnis culpa et crimen remissum ac condonatum,
„ac dissidium conjugale sublatum, pristinumque conjugium renovatum,
„quod posteriori tunc merito præfertur.“ In dieſer Anſicht von der Statt-
haftigkeit der Schließung eines zweiten, morganatiſchen, Ehebundes vor der
Trennung ſeiner erſten Ehe ward Herzog Bernhard durch einen unedeln
Character in ſeiner Umgebung beſtärkt, durch den Licentiaten und Aſſeſſor des
Conſiſtoriums zu Jena, Andreas Wigand, der früher Jeſuit und Pro-
feſſor der Gottesgelahrtheit zu Erfurt geweſen, ſodann aber zur lutheriſchen
Confeſſion übergetreten war und ſich nach Jena gewendet hatte, wo er auch
am 13. Juni 1674 geſtorben iſt. Dieſer Wigand unternahm es, den Herzog
mit der Madame d' Allſtädt im Jahre 1673 zu Allſtädt in Gegenwart von
drei Zeugen förmlich und unter den üblichen kirchlichen Gebräuchen zu trauen
und zur Ehe einzuſegnen. Daß dieß wirklich geſchehen, hat ſowohl Herzog
Bernhard ſelbſt in dem ſogleich zu erwähnenden Schreiben vom 5. December
1674 bekannt, als es auch von den zugezogenen Zeugen, dem Cantzler Dr.
Strauch, dem Amtsſchöſſer und Oberſteuer-Einnehmer Chriſtian Hilgundt
und dem Kammer-Pagen Georg Ernſt von Zehmen, mittelſt von ihnen ſpäter
darüber erforderter ſchriftlicher und noch im Original vorhandener, Atteſte
beſtätigt worden iſt. So lebte denn der Herzog in doppelter Ehe, denn er
dachte nicht mehr daran, ſich von ſeiner legitimen Gemahlin ſcheiden zu laſſen,
ſuchte vielmehr der erfolgten Ausſöhnung Dauer zu geben, was gewiß ebenſo
löblich, als die Eingehung der gleichzeitigen Ehe mit der Allſtädt ungerechtfertigt war. Um dieſe Letztere zu beſchwichtigen, welche vielleicht im Stillen
noch hoffen mochte, dermaleinſt, und ſei es erſt nach dem Tode der Herzogin,
deren Stelle einnehmen zu können, und wohl auch in Fürſorge für das Kind,
das Marie Eliſabeth damals unter dem Herzen trug, ſchloß Bernhard mit
ihr 1674 einen Ehecontract ab, in welchem beſtimmt ward, daß die aus
ihrem Verhältniſſe hervorgehenden Kinder als eheliche angeſehen werden und
ſo lange, als nicht die beim Kaiſer beantragte Standeserhöhung erfolgt ſei,
als abliche Perſonen gelten ſollten. Ferner verſprach der Herzog darin, der
Dame d' Allſtädt zur Morgengabe 20,000 Thaler in Terminen auszuzahlen,
und die unbezahlten Termine ihr mit 5 pro Cent zu verzinſen, außerdem ihr
zur Wohnung das Schloß Dornburg, das ihm gleichfalls 1672 aus der alten
burgiſchen Erbſchaft zugefallen war, einzuräumen und gewiſſe Naturalien zukommen zu laſſen. Die Morgengabe ſollte aber für den Fall, daß ſie ohne
Descendenz verſterben ſollte, an die herzogliche Caſſe zurückfallen. Der All-

städt ward dabei die Verpflichtung auferlegt, über die geschehene Trauung gegen Jedermann zu schweigen.

Die Bigamie, in welcher Herzog Bernhard lebte, war eine vollständige, da er der Bedingung, unter welcher in dem obgedachten Responsum seine morganatische Ehe als erlaubt angesehen worden war, nicht eingedenk blieb. Denn sowie die Allstädt am 20. September 1674 mit einem Töchterlein, Emilie Eleonore von Allstädt, niedergekommen war, befand sich auch die Herzogin — welche, wie oben bemerkt, am 16. December 1669 ihr letztes Kind geboren hatte — im Jahre 1674 gleichfalls in gesegneten Umständen und schenkte ein halb Jahr nach der Entbindung der Allstädt, am 28. März 1675, ihrem Gemahl den ersehnten Kronprinzen, Johann Wilhelm, welcher zwar seinem Vater auf den Thron gefolgt, aber noch während seiner Minderjährigkeit, nämlich schon am 4. November 1690, an den Blattern gestorben ist, worauf das Herzogthum Jena theils mit Weimar theils mit Eisenach vereinigt ward, bis es sammt diesem nach dem Aussterben der Eisenacher Linie 1741 wieder ganz an Weimar unter Ernst August zurückfiel. Zwar noch vor der Geburt dieses Prinzen, aber doch erst nachdem die Frau Herzogin ihren hoffnungsvollen Zustand ihrem Gemahl mitgetheilt hatte, gingen dem Letzteren ernstere Zweifel gegen die Zurechtbeständigkeit seiner heimlichen Ehe mit der Allstädt bei. Um sich von den Gewissensscrupeln, die ihn in dieser Beziehung beunruhigten, zu befreien, veranlaßte er mittelst Schreibens vom 5. December 1674 einige bewährte Juristen und Theologen seiner Residenz, zu denen er besonderes Vertrauen hegte, sich nach gemeinschaftlicher Berathung unparteiisch und gewissenhaft darüber auszusprechen, ob und in wie weit die Ehe mit der Allstädt als gültig anzusehen sein dürfte. Die unterm 15. desselben Monats erfolgte Antwort fiel dahin aus, daß diese Ehe sowie die geschehene priesterliche Trauung eine Geltung nicht haben könne, und er und die Roßpoth davon abzustehen Gewissens halber schuldig seien. Es scheint auch, als sei von ihnen dieser Rath befolgt und ihre Ehe als aufgelöst angesehen worden. Es ist wenigstens erstens gewiß, daß die Allstädt außer der genannten Tochter weitere Kinder nicht geboren hat, wie dieß unter Andern auch aus dem unten gedachten Responsum Lynkerianum hervorgeht, in welchem nur von einer Tochter die Rede ist. Wenn daher in Lairitzes genealogischem Palmenwald Seite 265 und in der „Sammlung verschiedener Nachrichten aus allen Theilen der historischen Wissenschaften" Bd. 2 sub VIII Anm. X von noch andern unehelichen Kindern Bernhards von Jena gesprochen wird, so sind diese, so sie überhaupt existirt haben, nicht von der Roßpoth geboren worden. Zweitens spricht aber auch der Umstand dafür, daß in dem kaiserlichen Rescripte, mittelst dessen die Madame d' Allstädt nebst ihrer Descendenz in den Reichsgrafenstand erhoben ward, deren Tochter als „außer der Ehe empfangen und geboren" genannt ist, indem sich

daraus schließen läßt, daß dieselbe auch vom Herzog Bernhard in seinem
Gesuche nicht anders bezeichnet worden. Hat der Letztere nun auch nach dem
Responsum vom 15. December 1674 die Roßpoth nicht weiter als seine ihm
angetraute Gattin angesehen, so hat er doch nicht aufgehört, für dieselbe
sowie für das mit ihr erzeugte Kind zu sorgen. Er gewährte ihr das, was
er ihr versprochen, getreulich fort und bewirkte, daß sie und ihre Tochter in
den Reichsgrafenstand erhoben ward, was mittelst kaiserlichen Rescripts vom
9. November 1676 in der Weise geschah, daß sich diese Standeserhöhung
nicht blos auf die Allstädt und deren Tochter Emilie Eleonore, sondern auch
auf die eheliche Nachkommenschaft, welche etwa die Letztere erhalten würde,
erstrecken sollte. Da sich nun diese Comtesse 1692 mit Otto Wilhelm von
Tümpling verheirathet und demselben Kinder geboren hat, so waren diese
Letzteren auch vollkommen berechtigt, sich Grafen von Tümpling zu nennen,
von welcher Berechtigung sie indessen nie Gebrauch gemacht haben. Und sie
thaten schon um deswillen wohl daran, weil sie sich nicht im Besitz der Mittel
befanden, um den durch solch eine Standeserhöhung mehr oder weniger be-
dingten erhöhten Aufwand ohne Beschwerde bestreiten zu können. Es würde
ihnen also der Grafenstand schwerlich von Vortheil gewesen sein, denn wahr
ist es, was Riehl in seiner „bürgerlichen Gesellschaft" sagt: daß das sociale
Elend da beginnt, wo die Kraft des Einzelnen nicht mehr ausreicht, die körperlichen und geistigen Güter zu erwerben, welche ihm durch seine gegebene
Stellung in der Gesellschaft als das geringste Maaß des Bedürfnisses bezeichnet werden. Dieß mochte wohl auch Herzog Bernhard bedenken, als er
seiner natürlichen Tochter, der jungen Reichsgräfin Emilie Eleonore v. Allstädt, nach ihrem vollendeten dritten Lebensjahre bei Gelegenheit ihres Ge-
burtstags am 20. September 1677 das Rittergut Nieder-Röblingen bei Allstädt schenkte. Schon im darauf folgenden Jahre, am 3. Mai 1678, starb
Bernhard von Jena und vier Jahre darauf, am 24. August 1682, seine
Gemahlin, die Herzogin Marie. Die Gräfin Allstädt lebte fortan in stiller
Zurückgezogenheit theils in Dornburg, theils auf dem Kammergut Heußdorf
bei Apolda, theils auf dem Gute ihrer Tochter, darauf bedacht, der Letzteren
eine möglichst gute Erziehung zu geben. Sowie sie in der Zeit, als sie sich
der Gunst des verstorbenen Herzogs und wohl auch eines Einflusses auf denselben rühmen konnte, Niemandem Etwas in den Weg gelegt hatte: so er-
fuhr auch sie von keiner Seite Verfolgungen oder Unbilden, und ward insbesondre sowohl ihr die Morgengabe der 20,000 Thaler, als auch ihrer
Tochter das Gut Nieder-Röblingen unverkürzt gelassen, obschon in einem nach
dem Tode des Herzogs von einem Rechtsgelehrten abgefaßten Gutachten, dem
Responso Lynckeriano, ausgesprochen worden war, daß, da eine gültige Ehe
zwischen ihr und dem Herzog nicht bestanden habe, von einer Morgengabe
aber nur bei einer wirklichen Ehe die Rede sein könne, und da überdieß sie

für den, bei dem Vorhandensein nur eines Kindes leicht möglichen, Fall, daß sie ohne Descendenz versterben sollte, die 20,000 Thaler zurückzuzahlen verbunden sei, ihr kein Recht auf dieses Geld zustehe, und ebenso sei auch die der Tochter gemachte Schenkung nach römischem Recht, namentlich nach der Novelle 74 in fine und nach c. 15 der Novelle 89 — welche Gesetzes stellen indessen nur von den in Blutschande erzeugten Kindern handeln — ohne Gültigkeit. Es ward jedoch dieses, einseitige und die Grundsätze über die Schenkungen, die Alimentationspflicht und die Entschädigung nicht hinlänglich berücksichtigende, rigoröse Gutachten von den Erben Bernhards nicht für maaßgebend angesehen, und der Gräfin Allstädt und ihrer Tochter das, was ihnen vom Herzog geschenkt und durch schriftliche Urkunden zugesichert worden war, gelassen. Nach der Verheirathung ihrer Tochter mit Otto Wilhelm v. Tümpling lebte die Gräfin v. Allstädt zumeist in dem Hause ihres soeben genannten Schwiegersohnes, dem sie das Rittergut Schieben schenkte. Sie starb zu Merseburg am 8. Februar 1716 und ward in der Bischofs capelle der dasigen Domkirche begraben, während ihre Tochter, die verehel. v. Tümpling, schon 10 Jahr zuvor, am 18. Februar 1706, gleichfalls zu Merseburg gestorben und im Kreuzgang des Domes beerdigt worden war.

Bevor wir zur Beantwortung der Frage: „Wo, wann und von welchen Eltern Marie Elisabeth von Koßpoth nachmalige Reichsgräfin von Allstädt geboren worden?" verschreiten, sei es verstattet, vorerst einige der in Vorstehendem gedachten Urkunden hier wörtlich wiederzugeben.

I.
Herzog Bernhards Attest vom 20. October 1672.

Von Gottes Gnaden, wir Bernhard Herzog zu Sachßen, Jülich, Cleve und Berg, auch Engern und Westphalen, Landgraf in Thüringen, Marggraf zu Meißen, gefürsteter Graf zu Henneberg, Graf zu der Mark und Ravens berg, Herr zu Ravenstein ꝛc., vor uns, unsere Erben und Nachkommen uhr kunden hiermit, daß nachdem zwischen uns, und der Durchlauchtigsten Fürstin, Frau Marien, Herzogin zu Sachßen, gebohrner Herzogin von Tremouille, unserer freundlich geliebten Gemahlin Liebten, sowohl Anfangs nach unserer Fürstl. Vermählung, als nachgehender Zeit viel schwere Irrungen, Zwistig keiten und Mißverstände sich ereignet, wodurch die gegen einander tragende eheliche Liebe fast gänzlich erloschen, bald Wir uns unserer Fürstlichen Gemahlin, bald Dieselbige sich uns zu entziehen bewogen worden, und uns beederseits viel unzehliche Beschwerungen zugewachsen, Wir endlichen aus großen Unmuth in die Gedanken gerathen, und uns festiglich folgendes für gesetzt, Wir könnten und wollten, zu Hochgedachter Unserer Gemahlin und Unserer eigenen Beruhigung, vermittelst einer gänzlichen Ehescheidung uns von derselben sondern laßen. Dieweil wir aber bey uns befinden, daß wir in dem ledigen Stande ein unsträflich Leben zu führen, nicht gefaßt; als haben Wir uns darauf ferner entschloßen, Uns mit Hochgedachter unserer Gemahlin damahls bestallten Kammer-Jungfer Maria Elisabeth von Kospot in Ansehung derer sonderbahren bekannten Qualitæten und alten adelichen Geschlechtes, nach vorhergegangener Ehescheidung, ehelichen trauen zu laßen, und zu verbinden. Wie wohl nun dieselbige, nachdem Wir Ihr hiervon Eröffnung gethan, eine sonderbare displicenz hierüber spühren laßen, sich darneben Uns auf andere Gedancken zu wenden ernstlich bemühet, auch bei solchen Dissensu lange Zeit fest bestanden, und in Hoffnung gelebet, es würden sich die zwischen Uns und Unserer Fürstlichen Gemahlin herfür gethane Mißverstände verliehren, und Wir daburch auf andre Gedancken von selbsten gediehen, So hat sich dennoch befunden, daß sich selbige von Tage zu Tage gehäufft, der zwischen Uns und Unserer Fürstlichen Gemahlin schwebende Haß sich je mehr und mehr vergrößert, und die von uns gefaßte Resolution von Zeit zu Zeit fester gesetzt, so daß gedachte von Kospot, nachdem wir sie, daß keine Versöhnung mehr zu hoffen, versichert, und wir unser ihr gethanes Versprechen mit theuren Eidschwüren und andern hohen Betheurungen nochmahls befestiget, endlichen auf unser ferneres Ansuchen, und wenn Wir von Unserer Gemahlin geschieden seyn würden, sich vermählen und inzwischen in solcher Intention beyzuwohnen bewegen laßen. Als nun hierauf Wir, zu solcher Ehescheidung zu gelangen, billig von nöthen befunden die hierzu vermeyntlich habenden Ursachen untersuchen zu laßen, und solche von Geist- und Weltlichen vor allerdings unzuläßig befunden worden, es auch nachmahls durch Göttliche Schickung dahin gekommen, daß wir mit Unserer freundlich geliebten Gemahlin, Liebden, in ein gutes Vertrauen, und also die Sache in solchen Stand gesetzet worden, daß, wie Wir nunmehro von unsern Theologen berichtet, ohne Verletzung unsers Gewissens und großen sonderbahren Nachtheil die der Kospot geschehene Versprechung noch zur Zeit unmöglich vollzogen werden könne: So steigt uns inniglich zu Gemüthe, daß Wir dieser hochwichtigen Sachen Bewandniß überleget, Ihr, der von Kospot so großen unwiederbringlichen Unfall, wiewohl wider Intention, zugezogen, und daburch deren Anverwandten und gantzen Familie zu rechtmäßigen Eifer bewogen, und achten uns verbunden, ihre hierbei habende Unschuld hiermit zu contestiren, auch Uns hiermit kräftiglich zu verbinden, Ihrer nun und nimmermehr zu vergeßen, sondern vielmehr sorgfältig, und als Unsers recht getrauten Ehegemahls zu pflegen, und sie zu schützen, auch von iedermann dafür respectiren und halten zu laßen, sowohl die nachdrückliche Verfügung zu thun, daß der gedachten von Kospot nebst dem Prædicat Dame d' Allstædt jährlich und erblich Eintausend Reichsthaler ohnfehlbar gereichet werden mögen, welches Wir der von Kospot bei Fürstl. Treue und Glauben und an Eydes statt ver-

fprechen, wowider uns keine Exception noch Ausreden, wie die in Rechten
verordnet oder Namen haben mögen, fhützen noch aufhalten foll, geftalt
Wir folchen fammt und fonders in genere et in specie hiermit renunciret
und Uns derfelben begeben haben wollen. Treulich fonder Gefährde. Ur-
kundlich mit Unferm Fürftlichen Secret und eigenhändigen Subscription be-
kräftiget und gegeben, Jena, den 20. October ao. 1672.
(L. S.)   **Bernhard, Herzog zu Sachßen.**

II.
Zeugniffe über die erfolgte Trauung des Herzogs Bernhard mit der Koßpoth.

a) Zeugniß des Canzler Dr. Strauch.

Ich endes benanter hiermit urkunde und bekenne, Demnach der Durchlauchtigfte Fürft und Herr, Herr Bernhard, Herzog zu Sachfen, Jülich, Cleve
und Bergen rc. rc. Mein gnedigfter Fürft und Herr mir in gnaden zu erkennen
gegeben, welcher geftalt aus erheblichen urfachen Seine Fürftliche Durchlaucht
hiebevor der damahlß noch ledigen ftandes, nunmehro Frawen, Frawen Marien Elifabeth geborne von Cof Pot zu Alfted rc. verfprochen und zugefaget,
Diefelbe zur ehe zu nehmen, und zu mehrer Vergnügung befagter Madame
d' Alfted, nach Kirchengebrauch mit Derfelben fich copuliren zu laßen, ent-
fchloßen wehren, Dahero mir gnedigft befehlen laßen, bey folchen actu copulationis zu erfcheinen, Daß ich dahero Hochgedachtes meineß gnedigften
Fürften und Herrens befehl zu gehorfambfter Pflichtfchuldigfter folge folchem
actui copulationis Perfönlich beygewohnet, auch denfelben mit gebrauchlichen
ceremonien vom anfang bis zu ende volleziehen gefehen und gehöret. zu
mehrer urkund deßen ich mich eigenhändig unterfchrieben und mein gewöhnlich
Petfchafft vorgedruckt. Gefchehen Jena den 26. Augufti Ao. 1674
(L. S.)   **J. Strauch, D. Canzler.**

b) Zeugniß des Kammerpagen v. Zehmen und des Amtsfchößer Hilgundt.

Wir Endes unterfchriebene hiermit Uhrkunden und bekennen, das Als
der Durchlauchtigfte Fürft und Herr, Herr Bernhard Hertzog zu Sachßen,
Jülich, Cleve und Berg rc., Unfer gnädigfter Fürft und Herr, verwichenes
Jahrs mit Madame de Alftedt durch Priefterliche Hand, der Kirchen-Ordnung
gemes, copuliret worden, Hochgedachte Fürftliche Durchlaucht Uns als chrift-
liche Gezeugen darzu gnädigft erfordern laßen, worbey wir auch in unter-
thänigfter gehorfam erfchienen und folchem actui Copulationis, vermittelft
abgelegten andächtigen gebeths um erlangung göttlichen reichen feegens, Perfönlich beygewohnet. Deßen zu mehrerer Beglaubigung haben wir Uns eigen-

hänbig unterschrieben und solches mit unsern respective angebohrnen und gewöhnlichen Petzschafften bekräfftiget. Signat. Jena, den 26. Aug. 1674.

(L. S.)	(L. S.)
Georg Ernst von Zehm m. ppria	**Christian Hilgundt** p. t.
als Ihr Durchl. Rammer Page.	Amtschößer zu Capellendorff
	und obersteuer-Einnehmer zu Jena.

c) Zeugniß des Oberhofmarschall v. Zehmen.

Nachdeme Tit. der fürstlich Sachsen Mörseburgische Herr Hof-Marschall
von Tümpling mich ersuchet hat, ein Attestat über voriges so allbereit den
26. August Anno 1674 von mir gestellet zu ertheilen, als bezeuge hiermit
und bekenne, Das als der Durchlauchtigste Fürst und Herr, Herr Bernhardt
Herzogl zu Sachse, Jülich, Cleve und Bergl, mein in Leben geweßner gnädigster Herr Höchstsehligen gedächtniß, Anno 1673 Sich mit der Madame
d' Alstedt durch Priesterliche Hand dergestalt copuliren laßen, das Sie
hierzu Dero damahligen Cantzlern H. Doctor Strauchen, wie auch den damahligen Ambtschoßer zu Capellendorf und Ober-Steuer-Einnehmer zu Jhena
H. Christian Hilgunden und mich, den damahligen Cammer Pagu umb diesen
Actu bey zu wohnen erfordern laßen, worbey wir auch in unterthänigsten
gehorsam erschienen und diesem Actui Copulationis vom Anfang bis zu Ende
Persönlich bey gewohnet, und das Dieses also geschehen, erinnere mich noch
vorietzo gantz wohl, dahero ich dieses

Attestat

unter meiner eignen Hand und Siegell auf ersuchen des obgemelten H. Hof-
Marschall von Tümpling wohlbedächtig von mir stellen wollen.

Signat. Gotha den 23. Martii Anno 1709

(L. S.)   Georg Ernst von Zehm m. pria.

III.

Ehecontract zwischen Herzog Bernhard und der Madame d' Allstædt.

Zu wissen, daß zwischen dem Durchlauchtigsten Fürsten und Herrn,
Herrn Bernharden Herzoge zu Sachßen, Jülich, Cleve und Berg,
auch Engern und Westphalen, Landgrafen in Thüringen, Marggrafen zu Meißen,
gefürsteten Grafe zu Henneberg, Grafen zu der Mark und Ravensberg, Herrn
zu Ravenstein an einem, und der Wohlgebohrnen Frauen, Frauen Marien
Elisabeth gebohrnen von Rospot, Madame von Alstädt, folgende Punctation in vim instrumentorum matrimonialium beständig und
unwiederruflich wohlbedächtig überlegt veracordiret und beschloßen worden,
wie folget:

Erſtlich verſprechen beyde, respective Fürſtliche und Hochherrliche Perſonen einander krafft des zwiſchen Ihnen ohnveränderlich ergangenen unauflöß= lichen ehelichen Bandes, auch darauf erfolgter Prieſterlichen Einſegnung, treulich zu lieben, zu ehren, respective zu ſchützen und zu verſorgen. Krafft ſolcher Ehebindung ſoll auch der verhoffte Eheſegen und künftig erzeugte Kinder wie von Rechtswegen, alſo von männiglich wes Standes, Würden oder Qualitæt der oder dieſelben ſeyn mögen, vor rechtmäßige und aus reinem Ehebette erzeugte Adeliche Kinder, biß ſo lange bey Kaiſerlicher Maieſtæt die verlangte Erhebung in höhern Stand ausgewürcket und zu wege gebracht worden, erkennet, gehalten und respectiret werden.

Zum Andern verſprechen Herrn Herzogs Bernhard zu Sachßen Hochfürſt= liche Durchlaucht, ſeiner vermählten Hertzlieben zur Morgen=Gabe Zwantzig= tauſend Reichsthaler Haupt=Stamm oder Capital, ſolche Summa jährlich und zwar iedes auf gewiße Termine zu zahlen, und damit ietzo inſtehende Michaelis des 1674ſten Jahres den Anfang mit einer anſehnlichen Poſt machen zu laßen, die übrigen restirende Termine aber allewege Landüblich mit 5 pro Cent jährlich zu verpenſioniren und zu verzinßen, auch ieben Jahres=Zinß alle Jahre in 4 Terminen quartaliter auf Madame Lebens= zeit zu ihrem eigenmächtigen Nutz und Gebrauch reichen und liefern laßen.

Zum Dritten verſichern Hochgedachte Se. Fürſtliche Durchlaucht ſolches Capital und Zinß=Reichung insgemein auf alle und jeglich Dero Rent= und Cammer=Gefälle, in specie aber ſoll ietziger und künftiger Amt=Schreiber zu Dornburg, oder wer ſonſt hiernächſt mit Einnahme und Ausgabe derer Amts=Gefälle zu thun haben wird, Ihro der Madame von Alſtädt alle Quartale den gefälligen Zinß ohne Verzug und der Madame Koſten und Schaden reichen und zahlen, und damit nächſtkünftige Michaelis den An= fang machen, darüber auch iedesmal gehörige Quittung empfahen.

Zum Vierten: Zur Residenz und Wohnung wird Ihr das Schloß Dorn= burg und darinnen benöthigte Zimmer, ſammt Küchen, Keller, Stallung und andere Pertinentien krafft dieſes auf Fürſtliche Durchlaucht Lebenszeit zu nutzen und zu bewohnen eingeräumet, daraus ſie wider ihren Willen zu weichen unverbunden ſeyn, ſondern ſich vielmehr des Juris retentionis bis zu ihrer anderweitigen gäntzlichen Befriedigung zu gebrauchen haben ſoll.

Zum Fünften: Zur Küche wird ihr bewilliget jährlich durch unſern Jäger= meiſter zwey Hirſche, vier Thiere, wie auch Wildpret und Rehe, ohne Entrichtung eines Jäger=Rechtes oder Unkoſten, wie auch zu nothwen= digen Bau= Back= und Brenn=Holtze die jährlich benöthigte Quantitæt, iedoch ohne allen Mißbrauch, zu rechter Zeit anzuführen, und ohne Entgeld herbey zu ſchaffen.

Vor das Sechſte: Im Fall Madame von Alſtädt ohne Leibes=Erben mit Todte abgehen würde, ſoll ihre verſprochene Morgen=Gabe wieder zurück

auf Fürstliche Durchlaucht oder Hochgedachte Deroselben Fürstliche Leibes-
Erben fallen. Und soll

letztlich die Madame die zwischen Fürstliche Durchlaucht und Ihr vor-
gegangene eheliche Trauung bei Lebzeiten der Fürstlichen Gemahlin in Ver-
schwiegenheit zu Ihrem selbst Besten und Verhütung allerhand Widerwärtigkeiten behalten; Insonderheit aber an den Königlichen Dennemärci-
schen, auch andere Churfürstliche und Hohe Höfe davon nichts, weder in
Schriften noch durch mündliche Zuentbiethung gelangen laßen. Widrigen-
falls und da etwas dieser Punctation zu entgegen geschehen sollte, wollen
Fürstl. Durchlaucht an diesem Vergleich, Versprechung und Zusage ohn-
verbunden seyn.

Alles getreulich und sonder Gefährde.

(L. S.)   **Bernhard, Herzog zu Sachßen.**

IV.
Vom Herzog Bernhard erfordertes Gutachten über die Gültigkeit seiner Ehe mit der Allstädt.

a) Anfrage und Auftrag des Herzogs.

Von Gottes Gnaden Bernhard, Herzog zu Sachsen, Jülich, Cleve und
Bergen ꝛc. Würdige, Veste und Hochgelahrte Räthe, Lieben, Andächtige und
Getreue. Wir mögen euch in sonderbarem gnädigsten Vertrauen hiermit nicht
verhalten, es ist auch Euch vornhin zum Theil nicht unbekannt, was gestalt
Wir hiebevor nach allerhand zwischen Uns und unser freundlich geliebten Gemalin, Liebden, entstandenen schweren Irrungen und Mishelligkeiten, endlich
auf die Gedanken gerathen, und Uns folgendes vestiglich vorgesetzet, Wir
könnten und wollten zu Hochgedachter unserer Gemalin und Unserer eigenen
Beruhigung mittelst einer gäntzlichen Ehescheidung Uns von derselben sondern,
auch sofort mit Ihrer Liebden damaligen Kammerjungfer Maria Elisabeth
von Roßboth in Ansehung Ihrer sonderbaren Qualitäten und alten adelichen
Geschlechts ehelichen trauen laßen, gestalt Sie dann, nachdem sich angeregte
Misverständniß von Tage zu Tage gehäuffet, zur Versöhnung die Hoffnung
je mehr und mehr verschwunden, und Wir der von Roßboth, Unser Ihr ge-
thanenes Versprechen mit theuren Eidschwüren zu mehrmalen bevestiget, endlich
auf Unser ferneres Ansuchen Uns nach geschehener Ehescheidung sich vermälen
zu laßen, bewilliget, und sie inzwischen solcher ehelichen Intention beyzuwohnen
sich bewegen laßen. Wiewohl nun nachgehends durch Göttliche Verleihung
Wir Uns mit Unserer freundlich geliebten Gemalin Liebden in gutes Vernehmen hinwiederum gesetzet, und hingegen die von Roßboth vermittelst Unserer schriftlichen Contestation und Declaration Ihrer Unschuld, nächst ge-
machter Versicherung Ihrer Abfindung und Unterhalt halber, unter ertheiltem

Prädicat Dame d' Alstett zu dimittiren gesinnet gewesen, so sind Wir dennoch aus allerhand, und insonderheit wegen Duldung der Polygamiæ gefaßten
und von andern zum theil approbirten Gedanken, veranlasset worden, durch
den nunmehr verstorbenen L. Wigandi Uns mit derselben insgeheim copuliren zu lassen, auch ihr darauf ferner in ehelicher Intention beigewohnet.
Wann aber nach der Hand Uns kein geringer Gewissensscrupel hierob entstanden, ob eins oder das andere, was hierunter jemals fürgangen, in geistund weltlichen Rechten bestehen könne: als haben Wir Uns in Unsern Christfürstlichen Gewissen verbunden erachtet, diesen schwerlichen und gefährlichen
Sachen dermaleinst Endschaft zu geben, und sie durch Niedersetzung gewisser
unpartheyischer Geist- und Weltlichen Personen vermittelst Abfassung einer
rechtlichen Sentenz erörtern zu lassen. Gleichwie Wir nun Euch vor andern
hierzu gnädigst ersehen, und aus Landesfürstlicher Hoheit und Macht hierzu
constituirt haben wollen; also ist Unser gnädigst Begehren; Ihr wollet
Euch zum förderlichsten zusammen verfügen, die Sache wohl und weißlich
untersuchen und überlegen, auch nach geschehener Consultation Euch eines in
Gottes Wort, Geist- und Weltlichen Rechten gegründeten Ausspruchs, ob und
wie weit angeregte Copulation, Beiwohnung und Versprechungen zu Recht
bestehen, und ein und der andere Theil demselben mit gutem Gewissen nachleben könne, vereinigen und Uns denselben gebührend eröffnen, inmaßen Wir
Euch Eurer Pflicht, womit Ihr Uns sonst verwandt, so viel diese Sache betrift, Kraft Dieses entlassen, auch der erfolgenden Sentenz aus sonderbarer
Willkühr Uns verbindlich gemachet haben wollen. An dem geschiehet Unser
gnädigster Will und Meinung und Wir sind Euch mit Fürstlichen Hulden
wohl beigethan. Dat. Jena den 5. December 1674

Bernhard, Herzog zu Sachßen.

b) Antwort darauf.

(Nachdem in der langen Einleitung das vorstehende Auftragsschreiben
fast wörtlich wiedergegeben, heißt es in dem Responsum zum Schluß also:)

Wellen Hochgedachten Herrn, Herrn Herzogen Bernhards zu Sachsen
Durchlaucht bei Leben Dero Fürstlicher Gemalin, und mit selbiger noch währendem Ehestande, der von Roßpoth anderweit die Ehe versprochen und ihr
beigewohnet, welches Gottes Wort, denen geist- und weltlichen Rechten, auch
allgemeiner Christlichen Kirche durchgehender Observanz zuwider läufft, und
also dieses Vornehmen durch eidliche Betheurungen und erfolgte Priesterliche
Copulation eine Beständigkeit oder Würkung nicht erlangen können: So
mögen Se. Durchlaucht und obgenannte die von Roßpoth mit guten unverletzten Gewissen denen geschehenen Versprechungen im geringsten nicht nachleben, sondern sind vielmehr beiderseits davon gäntzlich abzustehen Gewissens
halber schuldig und haben billige Ursach, dasjenige, so bis anhero vorgegangen

12*

herhlich zu bereuen, wahre Buſſe zu thun und Gott abzubitten. Auch ſind
oberwähnte Gelübde und eidliche Betheurungen ſamt der Prieſterlichen Trauung
vor ganh unbündig, an ſich ſelbſt nichtig und unkräftig zu halten und zu erkennen. Inmaſſen wir denn ſolche eidliche Betheurungen und Prieſterliche
Trauung vor allerdings nichtig und unkräftig hiermit erklären und erkennen.
Deſſen zu Urkund iſt Dieſes von uns eigenhändig unterſchrieben und geſiegelt.
Actum Jena den 15. December Anno 1674.

    (L. S.) George Adam Struve D.   (L. S.) Friedem. Bechmann D.

    (L. S.) Johann Schiller, D.   (L. S.) Joh. Chriſtoph Falckner.

    (L. S.) Johann Muſäus, D.   (L. S.) Theophilus Colerus, Superint.

V.
Documente über die Erhebung der Koßpoth und deren Descendenz in den Reichsgrafenſtand.
a) Kaiſerliches Diplom.

Wir Leopold von Gottes Gnaden erwählter Römiſcher Kayſer, zu allen
Zeiten Mehrer des Reichs, in Germanien, zu Hungarn, Boheimb, Dalmatien,
Croatien und Sclavonien König, Erh-Herzog zu Oeſterreich, Herzog zu
Burgund, zu Brabandt, zu Steyer, zu Kärndten, zu Crain, zu Lühenburg,
zu Würtenberg, Ober- und Nieder-Schleſien, Fürſt zu Schwaben, Marggraf
des Heil. Römiſchen Reichs zu Burgau, zu Mähren, Ober- und Nieder-Lauſih,
Gefürſteter Graf zu Habsburg, zu Tyrol, zu Pfirdt, zu Kyburg und zu Görh,
Landgraf in Elſaß, Herr auf der Windiſchen Marck, zu Portenau und zu
Salins ꝛc. Bekennen vor Uns und Unſere Nachkommen an dem Heil. Rö-
miſchen Reiche, auch Unſerm Erbkönigreiche, Fürſtenthum und Landen öffentlich
mit dieſem Briefe und thun kund allermänniglich, was geſtalten Uns Unſer
lieber Oheim, des Hochgebohrnen Fürſten Bernhard Herzogens zu Sachßen,
Jüllich, Cleve und Berg, Landgrafens in Thüringen und Marggrafens zu
Meißen, Unſers lieben Oheims und Fürſtens Liebden, in Unterthänigkeit zu
erkennen gegeben, wie daß Sie aus erheblichen Urſachen bewogen worden,
Uns unterthänigſt anzulangen und zu bitten, daß Wir gnädigſt geruhen wollten,
die aus Maria Eliſabeth von Koßpoth außer der Ehe empfangene und ge-
bohrene Aemiliam Eleonoram ſamt erſtgemeldeter Mutter ſelbſten in ſolchen
Stand zu ſehen, wodurch die von ihnen beyderſeits ins künfftige ehelich erzielende Kinder Mann- und Weibliches Geſchlechtes deſto mehrers würden
angewieſen, durch rühmliche Tugenden und Wandel vor andern in der Welt
ſich kundbar zu zeigen und hervorzuthun, und Wir Uns denn hierbey gnädigſt
erinnert und zu Gemüthe geführet den ſonderbahren hochrümlichen Eifer, mit
welchem Unſer und des Reichs Ehre, Sicherheit und Wohlfahrt zu befördern
gedachtes Herzogen Liebden bey gegenwärtigen gefährlichen Läufften ſich jeder-

zeit hat angelegen seyn laßen, auch benebst die sichere Nachricht erhalten, was gestallten obermeldete Maria Elisabeth von Roßpoth aus guten alten adelichen Geschlechte entsproßen, so haben Wir mit wohlbedachtem Muth, gutem Rath und rechten Wißen Sr. Liebden alleruntertthänigstem Ansuchen allergnädigst deferiret, und sobann aus Kayserlicher Macht und Vollkommenheit sowohl besagte Mariam Elisabeth von Roßpoth als erstermeldete ihre Tochter Aemiliam Eleonoram in die Ehre und Würde Unseres und des Heil. Römischen Reichs Gräflichen Standt gesetzt und erhoben; Ordnen, würdigen, setzen und erheben sie, Mutter und Tochter, samt denen von ihnen hiernächst — wenn sie sich Standesmäßig verehlichen — erziehlenden ehelichen Kinder Manns- und Weiblichen Geschlechtes in den Stand, Ehre und Würden Unserer und des Heil. Römischen Reichs rechtgebohrnen Grafen und Gräfinnen; zufügen, vergleichen und gesellen sie zu derselben Schaar, Gemein und Gesellschaft; Ertheilen und geben Jhnen samt und sonders den Titul und Nahmen derer Gräfinnen von Allstädt und erlauben ihnen, sich also zu nennen und zu schreiben. Meynen, setzen und wollen, daß mehrgemeldete Maria Elisabeth von Roßpoth und ihre Tochter Aemilia Eleonora auch alle ihre künfftige eheliche erziehlende Kinder Unsere und des Heil. Röm. Reichs Gräfinnen seyn, sich also nennen und schreiben, auch von Uns und sonsten jedermänniglich davor geachtet, geehret, genennet, geschrieben und erkennet werden, und darzu alle und jegliche Gnaden, Freyheiten, Ehre, Würde, Præeminenz, Vorgang, Stand, Session, Herrlichkeit, Recht und Gerechtigkeiten, gleich andern Reichs-Grafen und Gräfinnen, und Beneficien auf hohen und niedern Domen, Stiftern, Geist- und Weltlichen Lehen und Aemtern empfahen, innehaben und tragen, auch sonsten an allen andern Orthen des Gräflichen Tituls, Sessionen, Stimm und Processionen mit allen Ehren gebrauchen sollen und mögen, inmaaßen sich andere Unsere und des Heil. Römischen Reichs Gräfinnen von Recht und Gewohnheit wegen freuen, gebrauchen und genießen, von allermänniglich ungehindert.

Ueber das und zu mehrerer Bekräftigung Unserer Kayserlichen Gnade und Erhöhung in den Reichs-Gräflichen Standt haben Wir mehrgemeldeter Maria Elisabethen Gräfin von Allstädt und deren Tochter Aemiliæ Eleonoræ, auch ihren künfftigen ehelichen Leibes-Erben und dererselben Erbens-Erben hernach beschriebenes Wappen in allen und jeglichen Gelegenheiten und Begebenheiten zu führen und zu gebrauchen gnädigst erlaubt und zugelaßen, als mit Nahmen:

Jst ein Schild in Form einer Quartirung, jedoch jede Feldung inmitten der Länge nach wieder in zweien, also der gantze Schild in acht gleiche Theile dergestalt abgetheilet, daß der hintre- untere und fordere- obere außerhalbe Theil roth oder rubinfarb, in jedem an der Abtheilung (d. h. in jedem dieser Theile an der Seite und an die nächste Abtheilung anstoßend) ein ausgeschwungener gekrönter halber weißer Adler, in dem Schnabel ein Hufeisen haltend; Die andern beyden und innern halben Theile purpurn oder violfarb, in welchem jeden ein eiserner Ancker mit zween Spitzen und ihren Gegenhaken und dem Ringe und dem gewöhnlichen Holtz oben grade über sich; in der Unter- und hintern Ober-Feldung aber beederseits blau oder lasurfarb, zur Linken eine gelbe oder Goldfarbe doppelte gantze, in der Abtheilung zur rechten Seite aber dieser Farbe eine halbe Lilie mit ihrem Bunde zu sehen; Auf dem Schilde zween gegen einander gestellte freye offne blau angelauffene Adeliche Thurnier-Helme mit anhangendem Kleynod, zur Linken mit blau und gelber, zur rechten Seiten aber weiß und rother, auch beyderseits mit diesen Farben etwas vermischten Helmbecken, und jeder mit einer goldfarbnen Königlichen Krone gezieret, aus der hintern erscheinen, nach einander gestellt, acht gelbe oder goldfarbene Ungarische oder Türckische Copien, deren vier rothe Fändel aus-, deren vier ein-wärts fliegend. Aus der fordern Krone bis unter die Hüfte eines gantz nackenden mit Haar überwachsenen wilden Mannes Gestallt, der ziemlich lange und dicke graue Barth- und fliegende Kopf-Haar hat, sonst aber von Leib und Gesichte rother Farbe, auf dem Kopfe einen geflochtenen grünen Lorbeer-Krantz habend, und mit beyden Händen die Helmbecke bey dem aufffliegenden blauen Theilen haltend.

Als denn solch Gräfliches Wappen und Kleynod in diesen Libells weiß geschriebenen Brief mit Farben eigentlich und erkänntlicher entworffen ist.

Ferner und über Obbegriffenes haben Wir auch mehrgedachter Gräfin Maria Elisabeth von Allstädt und deren Tochter Aemiliæ Eleonoræ auch ihren künfftigen ehelichen Leibes-Erben Manns- und Frauens-Personen diese Kayserliche Gnade gethan und gegeben, thun das und geben auch ihnen aus Römisch Kayserlicher Macht-Vollkommenheit, wißentlich und in der kräfftigsten Form als es immer seyn kann und mag in Krafft dieses Briefs, daß nun hinführo von Uns und Unsern Nachkommen an dem Heil. Römischen Reich, Römischen Kaysern und Königen, mehrgedachter Gräfin von Allstædt und deren Tochter Aemiliæ Eleonoræ Gräfin von Allstädt, wie auch ihren künfftigen ehelichen Leibes-Erben, Mann- und Weiblichen Geschlechts aus allen Unsern und Unserer Nachkommen am Heil. Römischen Reiche und Unseres löblichen Ertzhauses Oesterreich Cantzeleyen in Unsern und Ihren Reden, Schrifften, Briefen, Missiven und anderen, so von Uns und Unsern Nachkommen am Reich, darinnen sie genannt oder bestimmt, ausgehen würden, auch sonst jedermänniglich der Titul, Prædicat und Ehren-Wort: Hoch und Wohlgebohren gegeben, geschrieben und ertheilet werden solle. Und gebiethen darauf allen und jeden Churfürsten, Fürsten, Geist- und Weltlichen, Prælaten, Grafen, Freyherren, Rittern, Knechten, Landmarschallen, Landes-Hauptleuten, Land-Voigten, Hauptleuten, Vicedomen, Voigten, Pflegern, Verwesern, Amt-

leuthen, Landrichtern, Schuldheißen, Bürgermeiſtern, Richtern, Räthen, Kun-
bigen berer Wappen, Ehrenholten, Persevanten, Bürgern, Gemeinden und
ſonſt allen andern Unſern und des Reichs auch Unſerer Erb-Königreiche,
Fürſtenthum und Landen Unterthanen und Getreuen, in was Würden, Stand
oder Weſen ſie ſind, ernſt und feſtiglich mit dieſem Brief, daß ſie oftgedachte
Gräfinnen Mariam Elisabetham von Alſtædt und Aemiliam Eleonoram,
ihre Tochter, auch deren künfftig ehelich erzielende Kinder Mann- und Weiblichen Geſchlechtes nun hinführe ewiglich in allen und jeglichen ehrlichen
Adelichen und andern anſehnlichen Verſammlungen, auch ſonſten an allen
Orten und Enden vor Unſre und des Heil. Römiſchen Reichs rechtgebohrne
Gräfinnen annehmen, ehren, achten, zulaßen, würdigen, nennen und erkennen,
Ihnen auch den Titul Hoch und Wohlgebohren geben, Sie alſo nennen,
ſchreiben, auch ſonſten aller und jeder Gnaden, Freyheiten, Ehren und Würden, Prærogativen, Recht und Gerechtigkeiten, wie auch vorgeſchriebene Gräf-
liche Wappen und andere Privilegien geruhiglich brauchen und genießen laſſen,
und daran nicht irren, ſondern Sie bey dem allen von Unſer und des Heil.
Römiſchen Reichs wegen feſtiglich handhaben, ſchirmen, und dabey geruhiglich
bleiben laßen, auch darwider Nichts thun, noch dies jemandes Anderem zu
thun geſtatten in keine Weiſe noch Wege, als lieb einem Jeden ſey, Unſere
und des Heil. Römiſchen Reichs Ungnade und darzu eine Poen, nehmlich
Zwey Hundert Mard löthiges Goldes zu vermeiden, die ein Jeder ſo offt
er frevendlich darwider thäte, Uns halb in Unſer und des Heil. Römiſchen
Reichs Cammer, und den andern halben Theil vielgedachten Gräfinnen von
Alſtädt, Mutter und Tochter, und deren künfftigen ehelichen Leibes-Erben,
Manns- und Frauens-Perſonen, ſo ſie hierwieder beleidiget würden, zu zahlen
verfallen ſeyn, und nichts deſto minder dieſelben alle und jede bey oberzählten
Gräflichen Ehren, Stande und Würden verbleiben, auch würflich gehand-
habet und geſchützet werden ſollen.

Und dies iſt Unſer ernſter Wille und Meynung; jedoch Uns und dem
Heil. Römiſchen Reiche und ſonſten Männiglich an ſeinen Rechten und Gerechtigkeiten unvergriffen und unſchädlich.

Zu Urkund und mehrerer Bekräfftigung haben Wir an dieſem Brief Unſere Kahſerliche güldene Bullam wißentlich hängen laßen, der gegeben iſt in
Unſerer Stadt Wien den Neunten Tag des Monats Novembris, nach Chriſti
unſers lieben Herrn und Seeligmachers gnadenreichen Geburth in dem Sechzehn
Hundert Sechß und Siebenzigſten, Unſerer Reiche des Römiſchen in dem Neun-
zehenden, des Hungariſchen in dem Zwei und Zwanzigſten, und des Böh-
miſchen in dem Ein und zwantzigſten Jahre.

Leopold. (L. S.) Leopold Wilhelm Graf von Königsed
Registr. et collat   *Ad mandatum Sacræ Cæsareæ Majestatis proprium.*
Johann Eißmann Registrator.   Wilhelm Schröter.

b) Abbildung des Gräflich Allstädtischen Wappens,

wie solches im vorstehenden Kaiserlichen Diploma beschrieben und demselben,
in bunten Farben gemalt, beigefügt ist.

c) Kaiserliches Intimations-Schreiben an Chur-Maintz.

Wir Leopold von Gottes Gnaden, erwählter Römischer Kayser, zu
allen Zeiten Mehrer des Reichs ꝛc. Geben Ew. Liebden hiermit freund- und
gnädiglich zu vernehmen, daß Wir auf unterthänigstes Anlangen des Hochgebohrnen Fürstens Bernhard Herzogen zu Sachßen, Jülih, Cleve und
Berg, Landgrafen in Thüringen, Markgrafen zu Meißen, Unsers lieben
Oheims und Fürstens Liebden, Maria Elisabeth von Kospoth und dere
Tochter Aemilia Eleonora aus erheblichen Ursachen, insonderzeit aber seiner
Liebben um Uns und des Heil. Römischen Reichs habende vortrefflicher Me-
riten willen in des Heil. Reichs Gräflichen Stand samt Zulegung des Præ-
dicats Hoch und Wohlgebohren solcher Gestallt gesetzet, daß nicht allein
dieselben für ihre Personen dafür geachtet, sondern auch, wenn sie sich stand-
mäßig verheyrathen würden, auch ihre künftigen Leibes-Erben Mann- und
Weiblichen Geschlechtes Successive also erkennet und geehret werden sollen.
Damit nun obbemeldte Mutter und Tochter von Cospoth hinführo den Titul
Gräfin von Allstädt mit dem Præedicat Hoch- und Wohlgeb:ren gleich wie
von Unserm Hof, also auch Ew. Liebden, als des Heil. Römischen Reichs
Ertz-Kantzlers, Kantzeleien bei fürfallenden Occasionen jederzeit gegeben werden
möge, Als haben Wir Deroselben solches zu notificiren für eine Nothdurft
erachtet mit dem freundlich gnädigsten Ansinnen und Begehrer, Sie wollen
bey Dero untergebenen Cantzleyen die Verordnung thun, damit solche Erheb-

und Würdigung ad notam genommen, und mehr gedachten Gräfinnen von Allſtädt bey allen fürfallenden Occaſionen der gebührende Titul gegeben werden möge. Und verbleiben Ew. Liebden benebens mit Gnaden zugethan. Gegeben zu Wien, den 9. November 1676.

(L. S.)   **Leopold.**

Leopold Wilhelm Graf von Königseck
Ad mandatum Sac. Cæs. Maiest. pprium.
Wilhelm Schröter.

VL.
Urkunde über die Schenkung des Gutes Nieder-Röblingen an die Gräfin Emilie Eleonore v. Allſtädt.

Von Gottes Gnaden wir Bernhard der ältere Herzog zu Sachßen, Jülich, Cleve und Berg, Landgraf in Thüringen, Marggraf zu Meißen, gefürſteter Graf zu Henneberg, Graf zu der Marck und Ravensberg, Herr zu Ravenſtein ꝛc. Urkunden und bekennen hiermit vor uns und unſere Fürſtlichen Erben, und Nachkommen, daß Wir das freye Lehen- und Zehend-Guth zu Nieder-Röblingen in unſerm Fürſtlichen Amte Allſtädt gelegen, ſo bis anhero Friedrich Wilhelm von Niclot daſelbſt wiederkäuflich innen gehabt und Wir ſolches durch unſere Kammer einlößen und die Wiederkaufsgelder bezahlen laßen, aus wohlbedachtem Rath und väterlicher Vorſorge unſerer Fräulein Tochter Aemilia Eleonora Gräfin zu Allſtädt erb- und eigenthümlich cediret, abgetreten und übergeben haben. Thun auch ſolches hiermit und in Krafft dieſes Briefes vergeſtallt und alſo, daß ſie berührtes Zehend-Gut mit allen Pertinentien, Freyheiten, Rechten und Gerechtigkeiten, nehmlich einen freyen Ritterſitz zu Nieder-Röblingen bey dem Kirchhofe, ſamt allen Ein- und Zugehörungen, mit Aeckern, Wieſen, Fiſchereyen, item 360 Scheffel Sangerhaußiſches Maaß Zehend-Getraite, als 64 Scheffel Weitzen, 113½ Scheffel Rocken, 112 Scheffel Gerſte, 70½ Scheffel Hafer jährlich auf Martini, den Fleiſch Zehend, daß ein Rind und Eberſchwein in das Dorf geſchickt werde. Item die Zehend-Hühner und Gänße, Rauchhühner aus jedem Hofe im Dorfe eins, eine freye Fiſcherey in der Helm vor dem Rieth, eine Wieſe ſo Henneberg um einen Zinß innen gehabt, die Erbgerichte und Erbzinßen, nehmlich 4 fl. 5 gr. an Gelde, 46 Hühner, 3 Gänße, 4 Nordhaußer Scheffel Hafer, wie ſolches das Erbregiſter und alte Lehn-Briefe unter dem Dato Altenburg den 1. Junii ao. 1620 mit mehreren ausführlich beſaget, und ſolches der von Niclot bis anhero inne gehabt, genutzt und gebrauchet, oder nützen und gebrauchen können und mögen, ohne jemands Ein- und Widerrede erblich, als eine väterliche Donation beſitzen, genießen und mit Einhebung des Zehends und Erbzinßes nächſt bevorſtehenden Tag Michaelis und Martini den Anfang machen laßen ſoll. Befehlen demnach hiermit unſern ietzigen und künfftigen Amtſchreibern zu Allstädt, daß sie mehrberührten Zehenden, Zinßen und andere Gefälle auf die bestimmte Termine richtig, vollständig und ohne Verbleibung eines Restes einbringen und unserer Fräulein Tochter gegen Quittung treulich in ihre Gewahrsam liefern, und alle dasjenige, was zu Erhaltung berührten Lehen-Gutes erfordert wird, treulich beobachten, und beswegen absonderlich Pflicht ablegen sollen, ganz treulich sonder arge List und Gefehrde. Zu mehrerer Urkunde und Versicherung haben Wir diesen Donations-Brief eigenhändig unterschrieben, mit unserm Fürstlichen Cammer-Secret bedrücken und wißentlich ausfertigen laßen.

So geschehen, Jena den 20. September an. 1677.

(L. S.)　　　　　　**Bernhard**, Herzog zu Sachßen.

VII.
Kirchliches Zeugniß über das Ableben der Gräfin Allstädt.

Extract aus dem bey der Schloß- und Dom-Kirche zu Merseburg gehaltenen Kirchen-Register.

Ao. 1716. Den 8. Februar: Nachts um 12 Uhr ist die Hoch-Wohlgebohrne Frau, Frau Maria Elisabeth Gräfin von Altstædt, gebohrne von Kostbothen, gestorben, und den 12. dito darauf Abends um 9 Uhr in hiesige Schloß- und Dom-Kirche, in die Bischofs-Capelle zwischen Bischof Tilo v. Tröthe und den Hn. General v. Kragen in ein einfaches neu gemauertes Grab geleget worden.

Der Actus: Den 8 Febr. Mittags um 12 Uhr wurde vorgeläutet 3 Viertel Stunden. Mittwochs darauf Nachmittage wurde die Canzel, der kleine Altar, wie auch der Stuhl, worinne Sie gesessen, mit schwarzem Tuch bekleidet, auf den Platz wurde auch ein schwarz Tuch gebreitet; die 2 Cronen-Leuchter wurden mit Lichtern gezieret, auch noch über 150 Lichter in der Kirche herum gesteckt. Die Leiche blieb unter währenden Sermone unter der Canzel stehen, dabey auf beyden Seiten 12 Geridons mit brennenden Lichtern stunden. Der Sermon wurde von dem Stifts-Superintendent H. M. Polycarpus Lehßern gehalten, der Segen wurde von H. M. Limßen, Capellan, gesprochen. Wurde gesungen ohne Music: 1, Jesus meine Zuversicht 2, Nach dem Sermon: Nun laßt uns den Leib begraben; 3, der Segen; 4, Mit Fried und Freud ich fahr dahin; da wurde die Leiche in die Gruft gesenket, sie wurde getragen von denen Vicarien und Choralisten, es wurde gar nicht geläutet, weil Sie es nicht verlangten.

Noch ist die Frage unerledigt: Wo, wann und von welchen Eltern die
Gräfin von Allstädt geb. von Roßpoth geboren worden? In den Schriften,
welche Angaben darüber enthalten, finden wir hierauf zwei, einander ent-
gegenstehende, Antworten. Die Einen, z. B. Val. König und Friedr. Bülau,
geben an, dieselbe sei die Tochter des am 9. Juni 1632 verstorbenen Amtshauptmanns Friedrich v. Roßpoth und der Katharina geb. v. Zersen gewesen
und im Jahre 1629 geboren, während die Andern, z. B. der Verfasser des
im Eingang dieses Paragraphen gedachten Aufsatzes, den Erb-, Lehn- und
Gerichtsherrn Georg Ernst von Roßpoth auf Torgelow, Nagsdorf und Dannenwalde in Mecklenburg und Sophie geb. von der Lancken aus Neverin als
ihre Eltern bezeichnen, wie denn auch v. Uechtritz erzählt, sie stamme aus den
nurgenannten mecklenburgischen Ortschaften. Wir unsrer Seits sind zwar zur
Zeit noch nicht in der Lage, hierüber bestimmte Auskunft geben zu können,
wohl aber ausreichend fundirt, um jede dieser beiden Antworten, und besonders die erstere, als irrig zu bezeichnen.

Ob Otto Wilhelm v. Tümpling, der Schwiegersohn der Gräfin Allstädt,
die Namen der Eltern, den Geburtsort und das Geburtsjahr derselben ge-
kannt hat, mag dahin gestellt bleiben; daß er aber gewußt hat, aus welcher
Linie des von Roßpothschen Geschlechts und aus welchem Lande sie stammte,
darf wohl als ausgemacht gelten. Es lag nun demselben daran, für seine,
aus der Ehe mit Emilien Eleonoren geb. Gräfin v. Allstädt entsprossenen,
Kinder den Nachweis zu liefern, daß sie dem stiftsberechtigten Adel angehörten.
Er war aber darüber nicht im Zweifel, daß er zur Aufstellung der zu diesem
Zweck nöthigen Ahnentafel für seine Ehefrau die bekannten Ahnen des Herzog
Bernhard von Jena aufzuzeichnen und, um die dazu zu bringenden Ahnen
seiner Schwiegermutter zu erfahren, sich an die Roßpothe in Mecklenburg
zu wenden habe, und veranlaßte er daher 1729 seinen Sohn Christian Leb-
recht, an Ernst Friedrich von Roßpoth auf Kruckau oder Kreckow in Mecklenburg-
Strelitz zu schreiben und diesen um Zusendung einer Ahnentafel für Marie
Elisabeth von Roßpoth zu bitten. Darauf erhielt Christian Lebrecht, der damals unlängst Kammerjunker geworden, folgende Antwort:

„Hochwohlgebohrner Herr, Insonders Hochgeehrter
„Herr Cammer-Juncker, Sehr wehrtester Herr Vetter!

„Ewer Hochwohlgebohren, als Meines sehr wehrtesten Herrn Vetters,
„geehrtestes Schreiben habe woll erhalten; Bitte nicht ungültig zu nehmen,
„das nicht eher meine Schuldige antwort Ihme zugesant habe. Ich bin von
„Hertzen erfreuet, das die Ehre habe, einen unbekannten, dennoch nahen Ver-
„wanten Freundt, mit in Connissance zu kommen. Ich nehme von Hertzen
„theill an Dero itzo angefangen fortune; Wünsche das der große Gott Ihme
„zu Dero Selbst wehlenden wollfahrt ferneres Gedeien geben wolle.

„Mein wehrtester Herr Vetter verlanget die Kosbothen Ahnen, so sende
„dieselbe so weit als ich sie habe itzo bekommen können, und habe ich auf
„Dero Verlangen selbige von ein pahr Cavalier auß alter Familien auß
„Mecklenborg unterschreiben laßen, als behm H. Obersten von Holstein von
„Kleinen Luckau und behm Hoffmeister von Glöden von Roggenhagen.
„Solte dieses noch nicht zu reichlich sein, So können Ewer Hochwohlgebohren
„durch eine confirmation von unseren Landes Siegel es erhalten. Mein
„Sehliger Vater, als Dero Frau Großmutter Bruder, hatt geheisen Ernst
„Leberecht. Mihr ist es sonderlich lieb, das ich die Ehre und Vergnügen
„habe, mit Meinen sehr wehrtesten Herrn Vetter in connisance zu gerathen.
„Ich bitte mihr fernerhin Dero correspondance zu gönnen, und werde Ich
„mit aufrichtigen Hertzen allezeit theill nehmen an Dero wollfahrt, und will
„ich keine Antwortt schuldig bleiben. Die adresse an Mich ist über Berlin,
„Neu-Brandeburg, Kruckau, und wohne ich eine Meile von N. Brandeburg,
„wie ich den negst Einer ganz ergebensten Empfehlung unbekannter Weise von
„meiner Frau und angehörigen, ich stehts verharre Ew. Hochwohlgebohren
„als Meines sehr wehrtesten Herrn Vetters ganz aufrichtiger Diener
„Krukau, den 20 April 1730.　　　Ernst Friedrich von Kosboth.“

Auf der Ahnentafel, welche diesem Briefe beigelegt war, fand sich folgende, das Wappen der Mecklenburger Koßpothe betreffende, Notiz:

„Dieses ist der Kosbothen Wappen, bestehet in anderthalb Lilgen unten,
„und oben 9 Standaren, die ganze Lilge stehet in gelben Felde, die halbe
„in rothen, die Standaren fangen die untersten gelbe an, die andern roth,
„eine ums andere.　　　　　　　　E. F. v. Kosboth.“

Hieraus erhellt, daß Maria Elisabeth Reichsgräfin v. Alstädt ihrer Geburt nach der mecklenburgschen Linie des Koßpothschen Geschlechts
angehört und einen Bruder, Ernst Leberecht, gehabt hat, dessen Sohn Ernst
Friedrich auf Krukau oder Kreckow bei Neu-Brandenburg in Mecklenburg-
Strelitz angesessen war. Daß von dem Letzteren das Wappen der mecklenburger Linie derer von Koßpoth in der Hauptsache richtig angegeben worden,
bestätigt von Meding im II. Theil seiner Nachrichten von adelichen Wappen,
wo er Seite 320 sub nr. 467 und 469 die Kosbothe und die Koßpothe als zwei von einander ganz verschiedene Geschlechter behandelt und
das Wappen der Ersteren also beschreibt:

„Ein in die Länge gespaltner Schild, worin zur Rechten eine ganze silberne
„Lilie im rothen, zur Linken aber eine halbe rothe Lilie im silbernen Feld
„befindlich; auf dem Helm, dessen Decken silbern und roth, erscheinen
„sieben güldne Lanzen, an welche kleine Fähnlein wechselsweise silbern und
„roth geheftet sind.“

Das Wappen der Koßpothe dagegen ist so, wie bei Val. König, beschrieben,
wonach dasselbe drei silberne Sterne im blauen Schild und auf diesem Letztern

anstatt eines Helmes eine blaue hohe orientalische Mütze mit rothem Auf-
schlag und dunkeln Federn enthält. Daß die Allstädt zu der Zeit, als sie
noch Fräulein v. Roßpoth oder Rosboth war, das erstbeschriebene Wappen
geführt, zeigt ein Blick auf das oben beschriebene und abgebildete Allstädtische
Wappen, welches offenbar eine Verbindung des Rosbothschen mit einem Theile
des herzoglich sächsischen Wappens darstellt. Denn das Wappen der Churfürsten und Herzöge zu Sachsen aus dem Hause Wettin enthielt unter Andern
auch einen getheilten Schild, in dessen einem rothen Felde ein halber weißer
gekrönter Adler befindlich war. In dem der Allstädt verliehenen Wappen
wird dieser aus dem sächsischen Wappen entlehnte halbe Schild mit dem
Rosbothschen Wappenschilde durch das den Anker enthaltende Feld verbunden,
und wird auch durch die Farbe des Letzteren diese Verschmelzung angedeutet:
die rothe Farbe des herzoglichen Schildes vermischt sich dem Blau des Rosbothschen Wappens zu Violet unter dem Symbol der Treue und Hoffnung.

Die von Ernst Friedrich von Roßpoth — wir lassen die Schreibweise
„Rosboth" von nun an unberücksichtigt — mitgetheilte Ahnentafel nennt als
die Eltern der Marie Elisabeth v. Roßpoth: „Georg Ernst von Roßpoth auf
Torgelow, Klagsdorf und Dannenwalde und Sophie von der Lancken aus
Neverin", als deren Großeltern a) väterlicher Seits: „George v. Roßpoth
auf Torgelow, Klagsdorf und Dannenwalde und Sophie v. Glabow aus
Baumgarten", b) mütterlicher Seits: „Rickmann v. d. Lancken auf Neverin,
Borgbietz und Radewitz und Elisabeth von der Liehe aus Ochtenhausen", als
deren Urgroßeltern: „Joachim v. Roßpoth auf Torgelow und Klagsdorf,
Sophie v. Dertzen aus Görtzhagen, Otto v. Glabow auf Baumgarten, Ilse
v. Oldershausen aus Durabe, Heinrich v. d. Lancken auf Borgbietz und Radewitz, Catharina v. Arnsdorf aus Wislow, Dietz v. d. Liehe auf Ochtenhausen
und Redersdorf und Mette v. Greße aus Hußlingen". Im Valentin König
finden wir jedoch, daß die hier als Eltern der Gräfin Allstädt genannten
Georg Ernst v. Roßpoth und Sophie v. d. Lancken zwar eine Tochter Namens
Maria Elisabeth gehabt haben, daß dieselbe aber an einen von Stammer
verehelicht gewesen, und daß Georg Ernst v. Roßpoth 1489 unter Churfürst
Johanns zu Brandenburg Armee in Kriegsdiensten gestanden und 1492 an
einem Kriegszug nach Ungarn Theil genommen habe, ferner daß dessen gleich-
namiger Vater 1435 beim Churfürst Johann mit dem Beinamen Alchimista
zu Brandenburg Hofmeister und Hauptmann, später aber 1441 unter Churfürst Friedrich II. von Brandenburg Landrath gewesen sei, wogegen Joachim
v. Roßpoth 1385 florirt habe. Sind diese Angaben richtig, woran zu zweifeln
wir keinen Grund haben, so kann die Allstädt mit der in jener Ahnentafel
gedachten Maria Elisabeth v. Roßpoth nicht identisch sein und die genannten
Personen nicht zu ihren Eltern, Großeltern und Urgroßeltern gehabt haben.

Es muß sonach in der mecklenburger Linie des Roßpothschen Geschlechts, freilich zu sehr verschiedener Zeit, zwei Fräuleins Namens Maria Elisabeth gegeben haben, und ist anzunehmen, daß die Personen, denen Ernst Friedrich v. Roßpoth auf Ansuchen seines Vetters Christian Lebrecht v. Tümpling Auftrag zur Anfertigung einer Ahnentafel für Maria Elisabeth v. Roßpoth gegeben hat, die Ahnen eben für jene ältere Maria Elisabeth aufgestellt haben. Auf diese von den betreffenden Mitgliedern der Tümplingschen Familie für richtig angenommene und später durch den Druck weiter verbreitete Ahnentafel gründet sich übrigens auch die Angabe im Uechtritz sowie in der mehrgedachten älteren Abhandlung, wonach die Gräfin Allstädt eine geborene von Roßpoth aus dem Hause Torgelow, Klagsdorf und Dannenwalde sein soll.

Noch weit unrichtiger ist es aber, die Gräfin v. Allstädt als eine Tochter des Amtshauptmann Friedrich v. Roßpoth zu Jena und das Jahr 1629 als ihr Geburtsjahr zu bezeichnen. Denn

1) nach den übereinstimmenden Angaben a) in den Kirchenbüchern zu Jena und Weimar, b) in dem 1681 erschienenen Archit. Jenens. von M. Adrian Beier pag. 236 flg. und c) auf dem Epitaphium, welches dem Amtshauptmann v. Roßpoth errichtet und in der Stadtkirche zu Jena an einem Pfeiler neben der Canzel angebracht worden ist, ist der hier fragliche, am 22. März 1569 geborne, Cammerrath zu Weimar sowie Hofgerichtspräsident und Amtshauptmann zu Jena, Friedrich v. Roßpoth auf Seitendorf am 19. Februar 1628, in seinem 59. Lebensjahre, mit Catharina von Zerfen, des weiland gräflich oldenburgischen Hofmeisters Wolf von Zerfen auf Labona hinterlassener Tochter, damals fürstlich anhaltischen CammerJungfer, zu Coßwigt copuliret worden, und schon 4¼ Jahr darauf, nämlich am 27. Juni 1632, 63 Jahr alt, mit Hinterlassung folgender drei Kinder zu Jena gestorben:

α) Wilhelm, geb. d. 7. December 1628, † 1678 als Sachsen-Magdeburgischer Geheimer Rath ꝛc.

β) Friedrich, geb. d. 24. Juni 1630, † 1701 als churfürstlicher Geheimer Rath ꝛc., und

γ) Friederike Catharina, geb. d. 9. November 1632 als posthuma zu Jena, † ebendaselbst d. 17. December 1648.

Es würde, falls er außerdem noch eine 1629 geborene Tochter, Maria Elisabeth, gehabt hätte, dieß sicher in den sub a, b, c genannten Quellen angegeben worden sein, denn es läßt sich kein Grund denken, aus welchem diese Urkunden, die auch über die nachgelassenen Kinder Roßpoths Auskunft geben sollten, durch Verheimlichung des Vorhandenseins einer Tochter hätten eine Unwahrheit melden sollen. Es ist aber

2) faſt unmöglich, daß ihm außer den drei genannten Kindern auch noch 1629 ein ſolches geboren worden ſein ſoll. Denn es hätte ſolchenfalls müſſen ſeine Gemahlin innerhalb eines Zeitraums von 18 Monaten und 18 Tagen drei Mal entbunden und das angeblich 1629 geborene Kind ſowie der am 24. Juni 1630 zur Welt gekommene Knabe faſt unmittelbar nach der Geburt des vorhergehenden Kindes erzeugt worden ſein.

3) Ferner würde Maria Eliſabeth, wenn ſie wirklich ſchon 1629 geboren wäre, 9 Jahr älter als Herzog Bernhard, und zu der Zeit, als ſich deſſen Leidenſchaft für ſie vornehmlich zeigte, d. i. in den Jahren 1670 bis 1673, ſchon 41 bis 44 Jahr alt und bei der Geburt ihrer Tochter Emilie Eleonore 45 Jahre alt geweſen ſein. Es könnte mit Recht als ein Zweifel an dem geſunden Sinn des Herzogs angeſehen werden, wenn er, deſſen Liebe zu ſeiner Gemahlin zum Theil mit aus dem Grunde, weil dieſelbe 6 Jahr älter als er war, erkaltete, ſeine Neigung dafür auf eine noch ältere Dame hätte werfen wollen. Dieß und die Beharrlichkeit, mit der der Herzog ihr anhing, ſpricht in der That nicht dafür, daß die Allſtädt im Jahre 1629 geboren ſein ſoll. Iſt ſie aber in dieſem Jahre nicht geboren, ſo kann ſie nach dem sub 1 Mitgetheilten auch nicht eine Tochter Friedrichs v. Roßpoth zu Jena geweſen ſein.

4) Wäre Jena oder ſonſt ein Ort in Thüringen oder Sachſen die Heimath der Roßpoth geweſen, ſo würde dieß dort und insbeſondere auch deren Schwiegerſohn ſicher bekannt geweſen und für denſelben kein Grund vorgelegen haben, wegen Erlangung der Namen ihrer Eltern und weiteren Aſcendenten ſich nach Mecklenburg zu wenden. Dafür aber, daß ſie wirklich der mecklenburgiſchen Linie des Roßpothſchen Geſchlechts angehört, ſpricht außer der ſoeben angegebenen Thatſache

5) auch der Umſtand, daß, als ihr in dem oben sub III mitgetheilten Ehecontracte zur Pflicht gemacht ward, ihre Trauung mit dem Herzog ſowohl deſſen Gemahlin als auch den auswärtigen Fürſten gegenüber geheim zu halten, unter den Letztern der König von Dänemark ganz beſonders genannt worden iſt. Dieß konnte aber ſeinen Grund muthmaßlich doch nur darin haben, daß nahe Verwandte der Roßpoth am däniſchen Hofe bekannt waren. Wir finden nun auch in jener Zeit einen Georg Melchior v. Roßpoth in däniſchen Kriegsdienſten, der ſich im ſchwediſch-däniſchen Kriege 1657—1660 ausgezeichnet hatte, und es gehörte derſelbe zur mecklenburger Linie.

6) Endlich iſt ſchon oben dargethan, daß Maria Eliſabeth ſowohl nach dem Inhalt des mitgetheilten Briefes Ernſt Friedrichs v. Roßpoth auf Kreckow, als auch nach dem, was das Gräflich Allſtädtiſche Wappen im Vergleich mit dem der mecklenburger Roßpothe an die Hand giebt, aus der mecklenburgiſchen Branche des Roßpothſchen Geſchlechts abſtammen muß, welcher

Linie der Hofrichter und Amtshauptmann Friedrich v. Roßpoth zu Jena nicht angehört hat. Nach Gauhens Adels-Lexicon sowie nach dem oben citirten v. Medingschen Werke ist es sogar sehr zweifelhaft, ob die mecklenburger Roßpothe — die er „Roßebode" oder „Roßebude" schreibt — mit den thüringischen, sächsischen und preußischen Roßpoths stammverwandt sind und zu einem Geschlecht gehören.

. Es stellt sich sonach das Anführen, daß Maria Elisabeth die Tochter des mehrgenannten Friedrich v. Roßpoth gewesen, als eine willkührliche und durchaus unbegründete Annahme dar, die nur dadurch erklärlich wird, daß Friedrich v. Roßpoth zufällig in Jena gelebt und aus dem Jahr 1629 kein Kind gehabt hat. Es fällt daher auch alles das, was auf Grund dieser irrigen Annahme und Angabe Königs über die große Schlauheit und das berechnende Intriguiren der Roßpoth gesagt und geschrieben worden ist, in der Hauptsache in sich selbst zusammen, obschon wir gern zugeben, daß bei ihr die Aussicht auf dereinstige Erhebung zur Herzogin von Jena für das endliche Eingehen auf die Wünsche des Herzogs gewiß von Einfluß gewesen und sie wohl auch darauf bedacht gewesen sein mag, sich möglichst sicher zu stellen. Daß übrigens die, vom Herzog Bernhard selbst genährte, Hoffnung der Roßpoth, dereinst Herzogin zu werden, nicht etwa eine so exorbitante und ungereimte gewesen, wie Manche meinen, beweist neben Andern auch Herzog Johann Adolph von Sachsen-Weißenfels, der sich bekanntlich nach dem 1686 erfolgten Tode seiner ersten Gemahlin Johanna Magdalene geb. Prinzeß von Sachsen-Altenburg in zweiter Ehe 1692 mit Christianen Wilhelminen v. Bünau, die vom Kaiser gleichfalls in den Reichsgrafenstand erhoben worden war, verehelicht hat. Will man aber in dieser Angelegenheit überhaupt von Verführung und Intriguen sprechen, so würde Maria Elisabeth, die sich wohl von der Rechtmäßigkeit und Zurechtbeständigkeit ihrer heimlichen, priesterlich eingesegneten und mittelst Ehecontracts befestigten, Ehe überzeugt halten mochte, weit eher als deren Opfer zu gelten haben, und vielleicht der Exjesuit Wigand für den Hauptintrigant zu halten sein. Wäre die Allstädt eine ausgefeimte Verführerin und von Stolz und Herrschsucht aufgebläht gewesen, so würde sie nach dem Tode des Herzog Bernhard sicher verfolgt und das ihr ungünstige Responsum Lynckerianum ihr gegenüber für maaßgebend erachtet worden sein. Auch nachstehender Brief, den sie zwar viele Jahre nach jenem Verhältniß, nämlich 1696 nach der Geburt ihres zweiten Enkelkindes, von ihrem alten Seelsorger zu Dornburg erhalten, läßt die Annahme eines intriganten und verwerflichen Characters kaum zu. Derselbe lautet:

„Hochgebohrne Gräffin, Gnädigste Frau!

„Wie viel tausendmahl habe ich vor Gott gewünschet, die Gnade und „das Glück zu haben, Meine gnädigste Gräffin und Frau nur noch einmahl

„zu sehen und mit Dero Gnaden den Wunder-Wechsel der Zeit zu überlegen.
„Wie mehr, denn zu wohl, haben meine Muthmaſſungen ihren Endzweck er=
„reichet. Darumb liebe ich der Alten wahres Sprichwort: Wahrnungs Hauß
„stehet am Längsten! Gnädigste Gräfin und Fraw! Sie werden schwärlich
„glauben können, wie bey den unvermutheten gefährlichen Fällen vor Selbige
„ich meinem Gott so hertzlichen Danck abgestattet, daß Sie allen dem, was
„ich ohne unterlaß gemuthmaſſet, durch instigationen und Trieb des H.
„guten Geistes, auch durch gnädigen Schutz unter dem Gleit der H. Engel
„so kräfftig entgangen, So daß Sie nunmehro unschwer glauben mögen, wie
„wachsam das liebreiche Hertz Gottes für Dero Gnaden zeitliches und ewiges
„Wohlergehen so Lieb-Väterlich gesorget. Sie versichern Sich, ob Sie wohl
„aus meiner Seel-Sorge, doch niemahls aus meiner täglichen und anbächti=
„gen Vorbit bey Gott entgangen! Und umb so viel mehr, weil aller Segen
„in irdischen und himmlischen meiner gnädigsten Frawen auf dem Fuß ge=
„folget! Was kan Dero armen Vorbitter bey Gott erfreulicher fallen, als
„daß das Hochgebohrne Reiß, so Anno 1674 den 20. Septem. auff dem
„Hochfürstlichen Schloß und Hauße Dornburg entsproſſen, und den 23. darauf
„von mir, als einem geistlichen Weinbergarbeiter, in dem Tauff-Bündniß
„auf Jesum, den Himmlischen Weinstock, gepfroffet worden, was erfreulicher,
„daß solcher dem Stand nach Tugend hochgewachsen, und nun mit vollen
„Hochgebohrnen früchten vor Gott und aller Menschen augen freudig leuchtet.
„Der Herr, der Seine Gläubige, wie wohl wunderlich, doch herrlich führet,
„Der überschütte gnädigste Fraw Stamm Reiß und Reißlein sampt gantze
„Hochgebohrne Familie noch ferner mit Gnade, Trost, Friede und Freude,
„ja mit allem zeitlichen und Himmlischen Segen! Amen!

„Gnädigste Fraw, kan ich etwas in gehorsambster unterthänigster Vor-
„bitte bey Gott über dieses beytragen, so werde ich eher das Vermögen, als
„den Willen der geringsten Nachläßigkeit beschuldigen laſſen, und verharren
„Meiner Hochgebohrenen Gräffin und gnädigsten Frawen

„Dornburg den 21. Jener Anno 1696.

gehorsambst unterthänigster Vorbitter bey Gott
M. Michael Schäffenbergl
Pastor et Adjunctus daselbſt.

Doch verlaſſen wir nunmehr die, immerhin merkwürdige, Perſönlichkeit
der Reichsgräfin Marie Ellsabeth von Allstädt geb. v. Roßpoth, bei welcher
länger zu verweilen wir durch die zum Theil unrichtigen Angaben und Urtheile, die über sie vorliegen, veranlaßt wurden, und wenden wir uns nun
zu deren Enkelsohn, dem oben §. 1 No. 3 genannten Christian Lebrecht
von Tümpling.

§. 3.
Chriſtian Lebrecht.

Chriſtian Lebrecht, der zweite Sohn Otto Wilhelms und der Eleonore geb. Reichsgräfin v. Allſtädt, ward am 28. Februar 1697 zu Tümpling geboren und am 3. März getauft, wobei der Herzog Chriſtian von Eiſenberg, der Erbprinz Johann Georg von Sachſen-Weißenfels, ſeine Großmutter mütterlicher Seits die Gräfin Allſtädt geb. v. Koßpoth und ſein Oheim Philipp Lebrecht Tümpling, Eiſenbergiſcher Cammerjunker und Mitbeſitzer des Stammgutes Tümpling, Pathenſtelle vertraten. Nach ſeines Vaters Tode fiel ihm Heiligen-Kreuz, ſowie in Gemeinſchaft mit ſeinem Bruder Friedrich Wilhelm der größte Theil von Tümpling (ein Viertheil davon gehörte ſeinem Vetter Carl Friedrich) und nach ſeines nurgenannten Bruders Ableben auch Schieben zu. 1738 verkaufte er ſeinen Antheil an Tümpling an den Domprobſt Heinrich Carl v. Tümpling, wie er ſpäter auch ſeine beiden andern Güter veräußert hat. Er erhielt ſeinen Kindern ſonach Nichts von ſeinem Grundbeſitz und hinterließ dieſelben überhaupt in ziemlich dürftigen Verhältniſſen, was darin ſeinen Grund hatte, daß er einen guten Theil ſeines Vermögens bei ſeinem Vetter Carl Friedrich (Cap. VIII, §. 4) eingebüßt und bei geringem Gehalte die Koſten eines großen Haushaltes (und manche ſogenannte Ehrenausgaben zu beſtreiten hatte, vielleicht auch, daß er, im väterlichen Hauſe an Comfort gewöhnt, es nicht recht verſtand ſich einzuſchränken. Er war königl. Poln. und churſächſ. Cammerjunker und ſeit 1742 Cammerherr, und lebte anfänglich zu Camburg, ſpäter aber in Pirna, wo er auch am 2. April 1750 geſtorben und am 6. ejusd. früh 5 Uhr gegen Erlegung der vollen Gebühren in der Stille zur Erde beſtattet worden iſt.

Vermählt hatte er ſich am 4. November 1739 mit Eberhardinen Henrietten Marien verw. v. Beuſt geb. v. Pöllnitz, welche, am 1. Juli 1718 zu Stuttgart geboren, des Würtembergiſchen Regierungsraths, Vicepräſidenten, Lehnprobſtes und Obervoigts der Städte und Aemter Ludwigsburg, Eichſtädt und Waiblingen, ſowie Sachſen-Weißenfelſiſchen Canzlers auch Geheimen-Raths Gottlob Friedemann von Pöllnitz auf Rentendorf, Röpſen und Heiligen-Creuz und der Marie Catharina von Weſenbeck aus dem Hauſe Balcow und Grimmitz jüngſte Tochter war. In ihrer erſten, nur ſehr kurzen, Ehe war ſie mit dem herzoglich Sachſen-Meiningſchen Oberſtallmeiſter Ernſt Friedrich von Beuſt verheirathet geweſen. Nach dem Tode Chriſtian Lebrechts v. Tümpling verlegte ſie ihren Wohnſitz nach Dresden und iſt ſie daſelbſt am 20. Auguſt 1763 in ihrem 46. Lebensjahre geſtorben. Die aus dieſer Ehe hervorgegangenen Kinder ſind:

1) Henriette Johanna Marie, geb. den 12. October 1740 zu Camburg, † 1743.

2) **Friederike Eberhardine Charlotte,** geb. zu Camburg am 23. September 1741, starb in der Blüthe ihrer Jahre am 29. Januar 1761 zu Dresden und liegt auf dem Johannis-Kirchhof daselbst begraben.

3) **Carl Gottlob Lebrecht,** geb. zu Camburg den 24. Juni 1743, war in seiner Jugend Cadet bei der Leibgrenadier-Garde zu Dresden, quittirte jedoch 1763 den Militairdienst. Am 28. Februar 1776 fand er beim Uebersetzen über die Saale, unweit des beim Stammhaus Tümpling gelegenen Dorfes Stöben, auf bedauerliche Weise seinen Tod. Als er nämlich während eines Besuches seiner alten Heimath und seiner Verwandten aus der Posewitzer Linie, um sich nach dem durch eine Feuersbrunst heimgesuchten Schmiedehaußen jenseits der Saale zu begeben und den armen Abgebrannten sein Mitleid durch eine milde Spende zu bezeigen, am genannten Tage mit dem Gärtnerssohn aus Tümpling bei Stöben in den Kahn getreten war, stürzte sein gedachter Begleiter in den Fluß. Bei dem Bemühen, ihn zu retten und ihm wieder in den Kahn zu helfen, ward er von jenem in das Wasser gezogen, in welchem Beide ertranken. Während der Gärtnerssohn noch am nämlichen Tage aufgefunden ward, fand man den Leichnam Tümplings erst am 11. März an der Fähre bei Schieben. Derselbe ward zunächst nach Tümpling gebracht und am 13. März standesgemäß in Camburg begraben.

4) **Otto Gotthold Friedemann,** geb. d. 27. Juni 1744 zu Pirna, ist im nächstfolgenden Paragraphen behandelt.

5) **Philipp Johann Wilhelm** ward zu Pirna am 12. October 1745 Vormittags gegen 11 Uhr geboren und noch am nämlichen Tage getauft, worin der Grund zu suchen, daß von seinen 14 Pathen 9 bei der Taufe nicht persönlich anwesend gewesen sind. Auch die übrigen Kinder Christian Leberechts sind, wenn auch nicht an dem Tage ihrer Geburt, doch sehr bald, in der Regel am zweiten Tag, darauf getauft worden, welche Sitte wir im Interesse der betreffenden Mütter nicht gerade empfehlen möchten. Nach dem Tode seines Vaters ward er von der Mutter in Dresden erzogen, und als auch diese heimgegangen war, nahm ihn zunächst der Domprobst Heinrich Carl v. Tümpling in sein Haus auf und behielt ihn mehrere Jahre bei sich in Merseburg, wie derselbe auch für die übrigen Söhne Christian Leberechts in anzuerkennender Weise sorgte. Auch sein Bruder Christian Gottlob (Cap. IV. §. 6) unterstützte diese armen Tümplingschen Brüder und nahm insbesondere von 1775 bis zu seinem Ableben unsern Philipp Johann Wilhelm zu sich nach Boblas, wie es denn wohl auch seiner Vermittlung zu danken ist, daß der Letztere unterm 2. März 1775 zum fürstlich Anhalt-Bernburgischen Cammerjunker ernannt ward. Nach dem Tode seines Wohlthäters begab sich Philipp Johann Wilhelm nach Zeitz, wo er mehrere Jahre blieb. 1786 erstand er die in Folge des zum Vermögen

13*

Carl Friedrichs v. Tümpling-Posewitz ausgebrochnen Concurses zur Subhastation gekommenen Güter Posewitz und Zöthen, nachdem er sich am 29. April
1784 zu Altenburg mit Friedericken Wilhelminen von der Gabelentz, der einzigen Tochter des herzogl. Gothaischen Ober-Landjägermeisters
Hans Georg v. d. Gabelentz auf Poschwitz und der Christiane Amalie von
Bose aus dem Hause Naundorf, verheirathet hatte und wahrscheinlich dadurch
in den Besitz der zum Ankauf jener Güter erforderlichen Mittel gekommen
war. Seine Ehe blieb kinderlos. Am 29. Juli 1790 ward er herzoglich
Sachsen-Gotha-Altenburgischer Cammerjunker, ob er die Anhalt-Bernburger
Cammerjunkerstelle vorher niedergelegt, oder ob er gleichzeitig an beiden
Höfen Cammerjunker gewesen, steht nicht ganz fest, es scheint aber das Letztere
der Fall gewesen zu sein. Wie bereits in der Einleitung S. 16 sub 4 erwähnt, hat sich besonders dieser Tümpling für das Sammeln der alten
Familien-Nachrichten interessirt, und würde ohne sein Bemühen wohl manches von dem noch jetzt vorhandenen Material, aus dem das gegenwärtige
Werkchen zusammengestellt worden, für die Familie verloren gegangen sein.
Bei ihm waren viele, die Tümplingsche Familie betreffende, Originaldocu-
mente niedergelegt, von denen eine große Zahl sich gegenwärtig in den Händen der unten §. 6 sub 3 genannten Verwandten befindet. Er starb am
29. April 1795 am eilften Jahrestag seiner Hochzeit auf seinem Gute Posewitz, welches ebenso wie Zöthen seiner Wittwe zufiel. Seine Gebeine ruhen
auf dem Friedhof zu Camburg.

6) **Christian Georg August**, geb. zu Pirna am 4. November 1746,
ist in §. 5 (S. 204) behandelt.

7) **Ludwig Friedrich Heinrich**, geb. d. 6. December 1749 zu
Pirna, starb ebendaselbst am 4. Juli 1751 zur großen Betrübniß seiner
Mutter, welche sehr bald darauf nach Dresden zog.

Zum Schluß dieses Paragraphen ist noch der Stieftochter Christian
Lebrechts v. Tümpling zu gedenken, Elisabeth Friedericke Amalie
von Beust, welche aus der von Eberhardinen Henrietten Marien v. Pöllnitz mit dem obgenannten Oberstallmeister v. Beust am 17. October 1735
eingegangenen Ehe stammt. Dieselbe war nach dem Tode ihrer Mutter von
der verwittw. General-Major von Bolbritz geb. Freyin von Rose zu Dresden als Pflegetochter angenommen worden, starb aber schon 3 Jahre darauf.
Kurz vor ihrem Ableben, am 18. Juni 1766 errichtete sie ein Testament und
vermachte darin ihren vier Stiefbrüdern, den obengedachten Carl Gottlob
Lebrecht, Otto Gotthold Friedemann, Philipp Johann Wilhelm und Christian
Georg August v. Tümpling „in Ansehung des großen Bedürfnisses" derselben,
sowie „aus Hochachtung für ihre seligen Eltern" ein Legat von 1000 Thalern, die zu 5 ⅜ ausgeliehen werden sollten, dergestalt,

„daß mehrgenannte Brüder oder deren Erben dieses Capital niemals

„anzugreifen oder barüber auf irgend eine Art zu disponiren befugt
„sein, sondern sie und nach ihren Ableben deren eheliche Leibeserben
„nur die Zinsen und zwar nach den Stämmen davon zu genießen haben
„sollen. Inmaßen denn auch, dafern einer oder der andere von besag=
„ten Brüdern ohne Leibeserben mit Tode abgehen sollte, dessen Antheil
„von den Zinsen den übrigen Stämmen zufallen soll.

„Sollten meine Brüder“ — heißt es weiter — „insgesammt mit
„Tode abgehen und von ihnen eheliche Leibeserben nicht vorhanden sein,
„also ihre Stämme gänzlich erlöschen und absterben, auf solchen Fall
„will und verordne ich, daß die Zinsen, jährlich an 50 Thlr., fünf un=
„bemittelten Fräuleins (— worunter muthmaßlich Jungfrauen adeligen
Standes verstanden sein sollen —) „welche ihre Dürftigkeit und Wohl=
„verhalten durch glaubwürdige Zeugnisse beibringen können, also jeder
„jährlich 10 Thaler und zwar so lange gereicht werden sollen, bis sie
„zu besserer Versorgung gelangen, inmaßen auf solchen Fall andere an
„der solchergestalt Abgehenden Stelle treten 2c.“

Mit der Verwaltung dieser Stiftung ward das Oberamt zu Bautzen
beauftragt, in dessen Bezirk das Rittergut, auf welchem jene 1000 Thlr.
standen, gelegen war, und ist gegenwärtig, nach Auflösung dieser Behörde,
die Verwaltung der Stiftung dem Gerichtsamte zu Bautzen, die Oberaufsicht
aber der Kreisdirection daselbst übertragen. Da, wie unten §. 6 näher an=
giebt, seit 1858 die männliche Descendenz der vier Brüder erloschen ist,
so steht die Nutzung dieser Stiftung dermalen den hinterlassenen Kindern
der §. 5 sub 2 genannten Auguste Louise Christiane Amalie Müller von
Berneck, sowie der in §. 6 sub 3 aufgeführten Adelheid Baumbach zu.

§. 4.
Otto Gotthold Friedemann.

Otto Gotthold **Friedemann** v. Tümpling, der zweite Sohn
Christian Lebrechts, geboren zu Pirna am 27. Juni 1744, ward, wie sein
ältester Bruder, für die militairische Laufbahn vorgebildet und zu diesem
Behufe Cadet beim chursächsischen Infanterie-Regiment Sachsen-Gotha, aber
auch er gab nach dem Tode seiner Mutter 1763 diese Carriere wieder auf
und zwar, um seinem ihm von Jugend auf eigen gewesenen Hange, sich in
der Welt umzusehen und Seereisen zu unternehmen, nachgehen zu können
und um zu versuchen, in fremden, fernen Landen sein Glück zu machen,
welches er bei seiner Vermögenslosigkeit in der Heimath nicht zu finden
hoffte. Ostindien schwebte ihm in dieser Beziehung als das Paradies vor,
das er aufzusuchen habe, und fast tollkühn, ohne Kenntnisse sowohl der dort
üblichen Sprachen als auch irgend welcher practischen Fertigkeiten, machte er

sich mit Anfang des Monat März 1764 auf, das Land seiner Träume zu erreichen. Er reiste zu diesem Zweck zunächst und zwar per Schiff auf der Elbe nach Hamburg und nach kurzem Aufenthalt daselbst zur See weiter nach Amsterdam, wo er bei günstigem Wind nach acht Tagen anlangte. Auf der Fahrt dahin theilte er dem Schiffsführer seine abenteuerlichen Pläne und daß er gesonnen sei, in Amsterdam Gelegenheit nach Ostindien zu suchen, mit, worauf jener sich in anscheinend freundlicher und theilnehmender Weise sogleich bereitwillig zeigte, ihm dazu behülflich zu sein, mit dem Versprechen, ihn, da er der holländischen Sprache noch nicht kundig sei, zu einem Manne zu bringen, der die deutsche Sprache verstehe und Gelegenheit habe, ihn in seinem Vorhaben zu unterstützen. Unser Tümpling, unerfahren wie er war, nahm diese Freundlichkeit für baare Münze und ließ sich zu dem Manne bringen, der ihn aus Menschenfreundlichkeit, wie er glaubte, mit Rath und That weiter helfen sollte. Derselbe nahm ihn zwar auch, um ihn in seinem leichtgläubigen Zutrauen zu bestärken, sehr freundlich auf und gab sich für einen deutschen Landsmann aus, überlieferte ihn aber einem sogenannten Seelenverkäufer oder Werber. Für diesen mochte der der Landessprache unkundige, unerfahrne junge Mensch ein rechter Fund sein! Er versprach ihm, dafür zu sorgen, daß er nach Ostindien kommen solle, und nahm ihn mit seinen Effecten in sein Haus in Herberge, in Wahrheit aber in Gefangenschaft, indem er ihm zu seiner Wohnung eine Dachstube anwies, in welcher bereits einige Leidensgefährten saßen, und ihn nebst den übrigen Insassen dermaßen bewachte, daß an ein Entkommen aus dem Hause nicht zu denken war. Aus Alteration und solch eingesperrten Lebens ungewohnt verfiel Friedemann hier in eine schwere Krankheit, von der er zwar wieder hergestellt ward, durch welche aber sich seine Gefangenschaft bis auf etwas über 2 Monate verlängerte. Und nur erst, nachdem er sich durch den Seelenverkäufer bei der Ostindischen Compagnie als Soldat für Batavia hatte anwerben lassen, ward er seines Arrestes ledig. Zuvor aber mußte er dem Agenten angeloben, ihm für seine Bemühungen und für die Gefälligkeit, die er von demselben durch die Vermittlung dieses Unterkommens und Engagements erhalten hatte, 100 Gulden zu bezahlen, die ihm von seinem Soldatentractament, das in 9 Gulden Holländisch monatlich bestand, nach und nach abgezogen wurden. Den Rest seines Reisegeldes hatte er wahrscheinlich für die erhaltene Beherbergung, Kost und Pflege bereits hingeben müssen. Außerdem ward er genöthigt, seine Kleidungsstücke und sonstigen Effecten an einen Juden, den ihm der Seelenverkäufer zuführte, um ein Spottgeld zu verkaufen, und dagegen die Uniform anzulegen. Darnach endlich durfte er jenes Haus verlassen, nicht um die Freiheit, sondern um das Loos eines gemeinen Soldaten der Ostindischen Compagnie zu schmecken. In dieser ihm aufgenöthigten Eigenschaft ward er, nachdem er auf dem Ostindischen Hause den

Elb hatte leisten müssen, am 2. Juni 1764 auf das Ostindische Schiff Lycolton oder Lycochten gebracht, und erhielt daselbst eine Lade, worin die Schiffskleidung und was sonst noch einem Soldaten auf einer Seereise mitgegeben zu werden pflegte, verwahrt war. Es wurden ihm aber diese Gegenstände nicht etwa schenkungsweise überlassen, sondern deren Anschaffungskosten auf Rechnung seiner Besoldung geschrieben und ihm zu Heller und Pfennig abgezogen. Auf dem Schiffe, dessen Bemannung an Matrosen und Soldaten aus 500 Mann bestand, mußte er, gleich den übrigen Soldaten, alle schwere Arbeiten mit verrichten helfen, was ihm, da er dessen ungewohnt und überdieß klein und schwächlich war, hart ankam. Am 19. Juni wurden die Anker gelichtet, wobei er kräftig mit zugreifen mußte und das Schiff stach mit günstigem Wind in die hohe See. Tags zuvor war der Capitain, Stupver oder Stülber, auf dem Schiff eingetroffen und hatte in Begleitung einer Deputation der Ostindischen Compagnie sofort eine Musterung der Mannschaften vorgenommen. Erst bei dieser Gelegenheit brachte Tümpling in Erfahrung, daß er unter falschem Namen, nämlich als „Friedemann aus Tümplingen" inscribirt worden war. Seine dagegen erhobene Vorstellung wurde unbeachtet gelassen und mußte er, wollte er sich nicht Unannehmlichkeiten und Strafen aussetzen, schweigen und dulden. Nachdem es ihm aber in einem günstigen Moment, als er gerade am Wasserfaß Schildwache stand, gelungen war, dem Commandanten der Soldaten, von Geburt einem Landsmann von ihm, sein unglückliches Schicksal mitzutheilen, ward er von aller groben Arbeit befreit und rücksichtsvoller behandelt. Dessen ungeachtet, vielleicht auch gerade wegen des dadurch herbeigeführten Mangels an Bewegung erkrankte er, bekam den Scorbut und ward deshalb am 8. October 1764 am Cap der guten Hoffnung aufs Land ins Lazareth gebracht. Nach seiner Genesung reiste er am 22. Februar 1765 mit einem andern holländischen Schiffe seiner Truppe nach Batavia nach, wo er am 6. Juni eintraf. Er ward dem Truppentheil beigegeben, welcher ca. 100 Mann stark zur Besatzung von Malakka bestimmt war, und langte er dort nach achtzehntägiger Fahrt am 9. Juli 1765 glücklich an. Hier ward er mit den übrigen dahin dirigirten Mannschaften ins Fort gelegt und hatte als Soldat die gewöhnlichen Dienste zu thun. Nachdem er sich aber im darauf folgenden Jahre, am 5. Mai 1766, dem Commandanten, Capitain Bisbom, geoffenbart hatte, kam er auf das Secretair-Comptoir des Gouverneurs M. Thomas Schippers und ward, da er sich gut eingerichtet, auch das Holländische geläufig sprechen und schreiben gelernt hatte, vom Jahre 1767 an daselbst als Assistent mit einem monatlichen Gehalt von 15 Gulden angestellt, welcher vom August 1768 an auf 22 Gulden und vom Juni 1770 an auf 36 Gulden erhöht ward. In dieser Stellung verehelichte er sich am 22. October 1769 mit Henrietta de Dias, der Tochter des portugiesischen Capitains Sebastian de Dias und

der Anna Robrigras, und machte dadurch seine Lage in jeder Beziehung angenehmer. Der Gouverneur und sämmtliche Räthe von Malakka waren bei
seiner Hochzeit gegenwärtig. Außer der Gehaltszulage, die er im darauf
folgenden Jahre erhielt, ward ihm auch die Erlaubniß ertheilt, neben seinen
dienstlichen Verrichtungen die Geschäfte eines Procurators zu versehen. Da
diese Beschäftigung sich über Verhoffen einträglich erwies und seine Geschäfte
sich mehrten, trat er, um sich den Letzteren ganz hingeben zu können, im
Juli 1775 aus dem Dienst der Ostindischen Compagnie, in welchem er 11
Jahr und 1 Monat gestanden. Doch war es nicht seine Absicht, in dieser
Stellung und an jenem Orte zu bleiben. Er faßte vielmehr drei Jahre
darauf, nachdem er sich gegen 13 Jahr in Malakka und zwar Dank der gesunden Luft und Lage jenes Theils der indischen Halbinsel mit bestem Wohl-
sein aufgehalten, auch seine Vermögensverhältnisse ganz wesentlich verbessert
hatte, den Entschluß, mit seiner Familie und gesammten Habe sich zunächst
nach Batavia zu begeben und von da sodann nach Europa zurückzukehren.
Am 19. März 1778 reiste er nach genommenem Abschied von seinen zahlreichen Freunden und den Verwandten seiner Gemahlin mit seiner Familie
welche außer seiner Frau aus 2 Kindern, nämlich einem siebenjährigen Sohn:
Julius Christian Marcellus Sebastian, geb. den 2. Jan. 1771,
und einer jüngeren Tochter: Maria, bestand, sowie mit seinen Sclaven
nach Batavia, wo er am 16. April 1778 anlangte. Nach den glücklichen
Jahren von Malakka brach über den bedauernswerthen Mann von Neuem
das Unglück mit Macht herein. Denn bald nach der Ankunft in dem durch
sein ungesundes Klima bekannten Batavia überfiel ihn und die Seinen eine
schwere Krankheit, von der er für seine Person sich zwar langsam erholte,
die aber binnen 5 Monaten seine Gattin, seine beiden blühenden Kinder und
seine Sclaven dahin raffte. So stand er denn wieder allein, ohne Stellung,
angegriffen von der Krankheit, niedergeschlagen von dem bittern Verlust der
Seinen in der fremden Welt verlassen da, in einem Lande, in dem er kaum
darauf rechnen konnte, Theilnahme zu finden. Hierzu kam noch, daß dies
furchtbare Jahr auch seine Kasse ungemein in Anspruch genommen hatte.
Aus diesem Grund und weil er sich körperlich für zu schwach fand, um eine
so große Seereise zu unternehmen, verschob er die Rückkehr in die Heimath
und suchte wieder Anstellung. Und leichter, als er erwarten konnte, fand er
solche durch Vermittelung seines früheren Gouverneurs von Malakka, M.
Thomas Schippers, der inzwischen Rath von Indien und Präsident der
Justiz-Collegien zu Batavia geworden war, indem er im October 1778 die
Stelle eines Procureurs im Rathe von Indien erhielt und damit die Be-
fugniß, als Sachwalter Geschäfte zu treiben. Nachdem er diese Function
5 Jahre verwaltet und sich dabei eine hübsche Summe Geldes verdient hatte,
regte sich in ihm von Neuem und lebhafter das Verlangen, sein Vaterland

und seine Verwandten wieder zu sehen. Er bat daher, in der Absicht nach Europa zurückzugehen, um seine Entlassung und erhielt solche auf wiederholtes Ansuchen vom Anfang des Jahres 1784 an. Wieder aber ward seine Abreise verzögert, da er, darauf bedacht, die Reisekosten möglichst zu sparen, vorerst abwartete, ob er nicht auf einem nach Europa gehenden Schiffe als Secretair oder sonst Anstellung finden könnte, worüber die Zeit verstrich. Während dieser Zeit ward er von einem seiner Freunde, Johann Adrian van Steinbergen aus Leyden, ersucht, für ihn die Führung eines wichtigen Processes zu übernehmen, welches Ansuchen er nicht ablehnen mochte. Der van Steinbergen, ein sehr reicher Mann, war nämlich aus gehässiger Mißgunst beschuldigt worden, sein Vermögen durch verbotenen Handel gewonnen zu haben, und wegen dieses Crimens vom Fiskal zu Batavia bei der Justizbehörde förmlich angeklagt worden, so daß er in Untersuchungshaft gekommen war. Steinbergen ernannte nun unsern Tümpling zu seinem Generalbevollmächtigten mit dem Auftrag, nicht allein seinen Proceß zu führen, sondern auch während seines Arrestes sein Hab und Gut zu administriren und zu beaufsichtigen. Friedemann mußte daher aufs Neue in den bereits quittirten Dienst eines Procureurs treten, was ihm ohne Weiteres gestattet ward, und führte er die Sache seines Freundes so glücklich, daß derselbe nicht nur des Arrestes entlassen, sondern auch der Fiskal verurtheilt ward, die Kosten dieses Processes zu tragen und dem von ihm Angeschuldigten für Schand und Schaden Ersatz und Genugthuung zu gewähren. Der Fiskal, dem dieser Ausgang nicht zur Ehre gereichte, kochte Rache und sann auf das Verderben Steinbergens und Tümplings. Und er verstand es, seine Absichten durchzusetzen mit Hülfe des Gouverneurs, dessen Freund und Vertrauter er war. Es ward nun vermöge der Regierungsgewalt vollbracht, was erwünscht, aus Rechtsgründen aber nicht zu ermöglichen gewesen war, indem, wie v. Uechtritz erzählt, „auf eine ganz despotique Weise" Steinbergen wieder inhaftirt, Tümpling aber bedeutet ward, mit dem nächsten nach Europa segelnden Schiffe die Insel zu verlassen. Da es auf Java eine Instanz, bei der man über den Gouverneur hätte Beschwerde führen können, nicht gab und Friedemann sich auch sehnte, endlich bald in die Heimath, der er vor 21 Jahren den Rücken gekehrt, zurückzugelangen, leistete er dem Befehle des Gouverneurs Gehorsam und ließ sich auf dem zur Abfahrt nach Europa bereit liegenden Schiff: Les quatres Frères als Passagier einschreiben. Wegen der baldigen Abfahrt des Schiffes blieb ihm nicht so viel Zeit, um seine Außenstände alle eintreiben und seine sämmtlichen Angelegenheiten ordnen zu können, so daß er einen Theil seines Besitzthums, etwa 6000 Gulden an Werth, in Batavia zurücklassen mußte, den er zwei Bevollmächtigten zur Administration übergab. Am 8. Mai 1785 begab er sich auf das Schiff, welches unweit der Insel Onrast vor Anker lag. Sein Schwager, seine Schwägerin und einige andere

ihm näher befreundete Personen gaben ihm das Geleit, brachten die Nacht
über mit auf dem Schiff zu und nahmen am folgenden Tag in herzlicher
und wahrhaft rührender Weise von ihm Abschied. Aber erst nach 14 Tagen,
am 23. Mai, wurden die Anker bei östlichem Winde gelichtet. Die Reise,
mit welcher mancherlei Widerwärtigkeiten und Gefahren verbunden waren,
dauerte über ein volles Jahr, so daß er erst am 7. Juli 1786 in Posewitz
bei seinem Bruder Philipp Johann Wilhelm anlangte. Wie mag dieses
Wiedersehen nach drei und zwanzigjähriger Trennung gewesen sein! Als
junger Mensch von 20 Jahren leichten Sinnes und abenteuerlicher Hoffnungen
voll war Friedemann aus der Heimath fortgewandert, als gereifter Mann
von 42 Jahren betroffen von vielen harten Schicksalsschlägen, an Hoffnungen
ärmer, aber reicher an Erfahrungen und Kenntnissen kehrte er wieder! Insbesondere hatte er sich große Sprachkenntnisse erworben, denn er sprach und
schrieb die holländische, französische, englische, portugiesische, spanische,
italienische und malayische Sprache, verstand auch außerdem noch andere
ostindische Sprachen. Aber der herbe Verlust von Frau und Kind konnte
ihm nimmer ersetzt werden. Und darin mag wohl der hauptsächlichste Grund
zu suchen sein, weshalb, wie wir sogleich sehen werden, er nirgends Ruhe
finden konnte. Denn es darf wohl sicher angenommen werden, daß, hätte
er noch Familie gehabt, sein Streben darauf gerichtet gewesen sein würde,
derselben eine bleibende Heimath zu verschaffen. Wohl hätte er sich wieder
verehelichen können! Doch wäre ihm damit die Gattin seiner Jugend zurückzugeben
gewesen, durch die er nach Ueberwindung der ersten bittern Lebenserfahrungen
wieder Lust und Freude am Dasein gewonnen, mit der er in jenem para-
diesisch schönen Lande umgeben von einer herrlichen gesunden Luft den Mai
seines Lebens verlebt hatte? Der Gifthauch Batavia's hatte sein Lebens-
mark an mehr als einer Stelle getroffen! Er suchte den Frieden, doch am
unrechten Orte, denn die Welt und das Reisen durch die Welt konnte denselben nicht bieten. Aber erklärlich ist die Unruhe und Frieblosigkeit, die ihn
durch die Welt trieb, zumal ihm von Haus aus der Hang zum Reisen inne-
wohnte, so daß er selbst sich dann für am gesündesten hielt, wann er unter-
wegs und in Unruhe war.

Noch nicht ein Jahr lang blieb er bei seinem Bruder in Posewitz, denn
schon am 13. Mai 1787 trat er seine zweite Reise in fremde Lande an in
der Absicht, die Goldküste Afrika's zu besuchen. Er begab sich zu Land über
Jena, Weimar, Erfurt, Gotha, Eisenach, Cassel, Münster, Xanten, Cleve
nach Nymwegen, und von da zu Schiffe über Rotterdam nach Amsterdam,
wo er am 17. Juni ankam. Er erhielt auch daselbst nach Verlauf einiger
Wochen gute Recommandation nach Dellaminna (Elmina) an der Goldküste
Guinea, weil sich aber die Abfahrt des Schiffes, das seine Ladung nicht erhalten konnte, ungemein verzögerte, so entschloß er sich plötzlich anstatt nach

Afrika, nach Südamerika zu reisen. Aber auch diese Reise konnte wegen der holländischen Kriegsunruhen und Belagerung von Amsterdam nicht sogleich angetreten werden, und benutzte Friedemann die Zwischenzeit dazu, sich in die große Amsterdamer Maurer-Loge la Paix aufnehmen zu lassen. Am 12. October 1787 endlich ging er mit der Fregatte Phönix unter dem Capitain Anton Wiltebock unter Segel und kam nach einer sehr beschwerlichen Reise, auf der das Schiff gleich am Anfang auf eine Sandbank gerathen war und mit vielen Stürmen zu kämpfen hatte, am 21. Januar 1788 in der Colonie Surinam an. In Paramaribo erhielt er zwar sofort bei dem Secretarii-Comptoir als Geschworner mit 50 Gulden monatlicher Gage und freier Tafel beim Gouverneur-General Anstellung. Weil er aber das Klima nicht vertragen konnte und daher viel von Krankheit zu leiden hatte, ging er schon im folgenden Jahre nach Holland zurück und langte am 6. October 1789 wieder bei seinem Bruder in Posewitz an. Auch hier erkrankte er in sehr bedenklicher Weise, wohl mehr in Folge der gehabten Anstrengungen und öfters gewechselten Lebensweise, als weil er, wie er meinte, die Ruhe nicht vertragen konnte. Nach seiner Wiedergenesung unternahm er 1790 eine kleine Erholungsreise durch Sachsen und besuchte dabei Zeitz, Naumburg, Altenburg, Leipzig, Torgau, Herzberg, Luckau, Bautzen, Herrnhut, wo er die Osterandachten der Brüdergemeinde mit feierte, und Dresden. Nach einem dreimonatlichen Aufenthalt in Dresden kam er im August wieder zu seinem Bruder nach Posewitz. Hier verfiel er abermals in eine hartnäckige Krankheit und auch im darauf folgenden Jahre war er öfters unwohl. Am 19. Dec. 1791 reiste er jedoch wieder ab und zwar zunächst nach Halle, wo er sich ein Vierteljahr verweilte. Von hier begab er sich im März 1792 abermals nach Amsterdam, muthmaßlich um von da aus wieder eine größere Reise zu unternehmen. Da ihm aber daselbst im Gasthof zur Stadt Hamburg seine Gelder und Habseligkeiten gestohlen wurden und er überdieß auch in Erfahrung gebracht hatte, daß auch sein in Batavia zurückgelassenes Vermögen nach dem Ableben des Einen seiner Bevollmächtigten und der Wegreise des Anderen verloren gegangen sei, so machte er sich auf, um nach Posewitz zurückzukehren. In Cöln, wo er sich während der Rückreise 5 Monate lang aufhielt, trat er am 11. Juni 1792 zur katholischen Confession über und am 6. Juli in den Franziscanerorden ein. Am 28. desselben Monats traf er in Posewitz ein. Weil er sich aber vorgenommen, sein Leben nicht in Europa zu beschließen, sondern im gelobten Lande, dessen heilige Orte er als Pilgrim besuchen wollte, seines Lebens Ende zu erwarten, reiste er schon am 1. September 1792 von Posewitz wieder ab. Das nächste Ziel seiner Reise war Rom. Dort wollte er den Winter verbringen und im Frühjahr darauf nach Egypten und Palästina reisen. Ob er aber diesen Plan wirklich ausgeführt, ist unbekannt. Die letzten bekannt gewordenen Nachrichten, die er von sich in die Heimath hat gelangen laſſen, lauten aus Wien, wo er am 31. October angekommen war, nachdem er auf der Reiſe dahin in Leipzig, Dresden und Prag Aufenthalt genommen hatte. Seine weiteren Schickſale ſind uns unbekannt geblieben. In No. 141 der Leipziger Zeitung vom 21. Juli 1810 iſt jedoch eine Bekanntmachung enthalten, nach welcher zu Batavia „Otto Gotthard Friedemann von Tumpling", der anno 1778 als Procureur dort angeſtellt geweſen, geſtorben. Der Todestag und das Todesjahr ſind dabei nicht angegeben. Unwahrſcheinlich iſt es nicht, daß Friedemann in der Abſicht, einſt neben ſeiner Gattin und ſeinen Kindern zu ruhen, von Paläſtina aus nach Batavia zurückgegangen iſt, zumal auch ſein Bruder Philipp Johann Wilhelm auf Poſewitz nicht lange nach ſeiner letzten Abreiſe von dort, nämlich ſchon am 29. April 1795, geſtorben war, ſo daß er nunmehr völlig vereinſamt in der Welt daſtand, in der er den Frieden nicht finden konnte, der ihm erſt in einem uns unbekannten Grabe und, wie wir zu Gott hoffen, in der Wiedervereinigung mit ſeinen vorangegangenen Lieben droben im himmliſchen Jeruſalem beſchieden ward.

§. 5.
Chriſtian Georg Auguſt.

Chriſtian Georg Auguſt, der vierte Sohn des Kammerherrn Chriſtian Lebrecht, geboren zu Pirna am 4. November 1746, gehörte gleichfalls zu den Mitgliedern der Familie, die ihr Glück außerhalb der Grenzen des Vaterlandes, wenn auch nicht, wie ſein Bruder Friedemann, außerhalb Deutſchlands und Europas, ſuchten. Er trat in königl. preußiſche Civilſtaatsdienſte und brachte es in demſelben bis zum General-Accife-Inſpector, in welcher Stellung er zu Labes an der Rega in Hinterpommern lebte. Der weitern Verfolgung ſeiner Carriere ſetzte ein früher Tod ein Ziel, denn ſchon am 12. Auguſt 1785 ward er noch in ſeinen beſten Mannesjahren zu Labes aus dieſer Zeitlichkeit abberufen.

Verehlicht hatte er ſich am 9. Juni 1772 zu Winningen in der Neumark mit Henriette Friederike Louiſe von Braunſchweig, des Georg Lucas von Braunſchweig auf Winningen und einer von Röben aus dem Hauſe Schlönwitz Tochter, welche ihm folgende Kinder, die ſämmtlich zu Labes geboren wurden, geſchenkt hat:

1) Philipp Wilhelm Leopold, geb. am 26. März 1773, iſt im nächſten Paragraphen behandelt.

2) Auguſte Louiſe Chriſtiane Amalia, geb. den 11. October 1774, ward nach ihres Vaters Tode von ihrem Onkel Philipp Johann Wilhelm (§. 3 no. 5) als Pflegetochter angenommen, bis ſie ſich an einen königl. preußiſchen Offizier Müller von Berneck verheirathete, welcher nach-

mals als Obristleutnant gestorben ist. In den Familienpapieren kommt sie schon 1812 als verwittwete Obristleutnant Müller von Berneck vor und ist sie ihrer Seits am 13. Jan. 1826 zu Dobrilugk mit Hinterlassung zweier Kinder entschlafen, von denen der Sohn, Carl Gustav, als königl. preuß. Major zu Berlin steht, die Tochter, Therese Auguste, dagegen in Hoyerswerda im Wittwenstande lebt, nachdem sie zwei Mal und zwar in erster Ehe mit dem Postsecretair Mittag, das andere Mal mit dem Kreisbaumeister Schwedstädt verheirathet gewesen war.

3) **Otto Christian Heinrich**, geb. den 27. November 1776, † den 26. December desselben Jahres.

4) **Caroline Wilhelmine Tugendreich**, geb. den 17. Februar 1778, starb schon am zehnten Tage darauf.

5) **Friedrich Ludwig Heinrich**, geb. den 19. Februar 1779, entschied sich für die militairische Laufbahn, für die er im Cabettenhause zu Stolpe vorbereitet ward. Am 20. Juli 1795 ward er Fähndrich beim Infanterie-Regiment Klinkowström no. 22 und am 8. September 1796 Seconde-Lieutnant. In der Schlacht bei Jena, die er als Lieutnant im Regiment von Pirch mitmachte, gerieth er in französische Gefangenschaft und lernte er damals seinen Vetter Heinrich Gottlob Wolf von der Sornaer Linie kennen (s. oben S. 127). Im Frühjahr 1809 kehrte er aus der Gefangenschaft zurück, trat wieder in das Militair ein, nahm aber schon am 8. Juli 1811 den Abschied. Am 1. März 1816 erhielt er als Accise-Rendant zu Daber in Hinterpommern Civilanstellung und ward einige Jahre darauf als Rendant der königl. Zoll- und Steuer-Casse nach Treptow an der Tollense, einem Nebenflüßchen der Peene, in Vorpommern versetzt, woselbst er am 28. Febr. 1829 kinderlos und unverheirathet gestorben ist.

6) **Friedrich Wilhelm Heinrich Ferdinand**, geb. den 6. Dec. 1780, starb in seinem sechsten Lebensjahre drei Vierteljahr nach seinem Vater am 6. Mai 1786 zu Labes, woselbst seine Mutter in ihrem Wittwenstande wohnen geblieben war.

7) **Hans Carl Lebrecht**, geb. den 26. April 1783, starb schon nach 8 Monaten, am zweiten Weihnachtsfeiertag desselben Jahres, mithin am nämlichen Datum, an welchem sieben Jahr zuvor sein oben sub 3 genanntes Brüderchen dem Irdischen entrückt worden war.

8) **Johanne Wilhelmine Friederike**, geb. den 22. Juni 1785, ward gleichfalls im zartesten Kindesalter, am 1. Juni 1786, von ihrem himmlischen Vater heimgerufen.

§. 6.
Philipp Wilhelm Leopold.

Philipp Wilhelm Leopold, der älteste Sohn des General-Accise-Inspector Christian Georg August und der Henriette Friederike Louise von

Braunschweig, war am 26. März 1773 zu Labes geboren und bildete sich für die militairische Carriere aus. Am 20. Mai 1790 trat er als Fähndrich bei dem in Cöslin garnisonirenden Infanterie-Regiment von Brüneck, no. 17, welches im Jahre 1806 von Treskow hieß, ein, ward unterm 7. Juli 1793 Seconde-Lieutnant, als welcher er auch Adjutantendienste verrichtet haben soll. Aber schon im Januar 1795 trat er aus der Armee aus und begab sich zu seinem Oheim Philipp Johann Wilhelm v. Tümpling nach Posewitz, der, wie bereits mitgetheilt, auch seine Schwester, die nachmalige Obristlieutnant Müller von Berneck, in sein Haus aufgenommen hatte. Da aber sein Onkel schon am 29. April desselben Jahres starb, mußte er Posewitz bald wieder verlassen, und zog er zunächst in das benachbarte Camburg. In seinem 23. Lebensjahre, am 6. Januar 1796, heirathete er seine, zwar sieben Jahre ältere aber durch Schönheit und Liebenswürdigkeit ausgezeichnete, Nichte Eleonore Ernestine Friederike aus der Posewitzer Linie; vergl. oben S. 64 sub c. Die Hochzeit fand zu Meßnitz statt. Philipp Wilhelm Leopold blieb während der ersten Jahre seiner Ehre in Camburg wohnen, nachdem er fürstl. sachsen-weimar'scher Kammerjunker geworden war, später wandte er sich in derselben Stellung nach Greitzschen an der Gleiße südlich von Dornburg, wo er gleichfalls mehrere Jahre lebte. Im Jahre 1815 zog er nach Preußen zurück und ward unterm 5. September 1815 Capitain beim ersten obersächsischen Landwehr-Infanterieregiment. Am 18. März 1816 wurde er in gleicher Eigenschaft zum zweiten Merseburger Landwehr-Infanterieregiment und am 12. März 1820 zum 31. Landwehrregiment versetzt, und hatte er diese militairische Stellung bis an seinen Tod inne. Außerdem war es ihm 1820 gelungen, eine Civilanstellung und zwar als Rentbeamter zu Eckardtsberga zu erlangen, kam aber als solcher später nach Magdeburg, wo er im 56. Jahre seines Lebens am 21. Januar 1829 an der Auszehrung gestorben ist. Seine Wittwe zog darauf mit ihrer Tochter zu ihrem Sohn nach Weimar und ist daselbst im bald vollendeten 74. Lebensjahr am 6. Januar 1840 selig entschlafen. Sie hatte ihrem Gemahl vier Kinder geboren, nämlich:

1) Eduard Otto, geb. 1796, starb im zartesten Alter zu Camburg.

2) Theodor Gustav Friedrich, geb. zu Camburg am 13. December 1797, kam 1810 von Greitzschen aus in das Pagenhaus zu Weimar, in welchem er eine gute Erziehung genoß. Am 30. December 1813 trat er als Fähndrich in das weimar'sche Militair ein, ward laut Patents vom 27. März 1815 Seconde-Lieutnant, am 4. October 1826 Premier-Lieutnant, am 25. December 1834 Hauptmann, unterm 2. Juni 1846 Major, am 21. März 1849 Obristlieutnant und erhielt am 23. April 1851 unter Beilegung des Titels eines Obersten auf sein Ansuchen seinen Abschied mit Pension. Außerdem bekleidete Gustav v. Tümpling am weimar'schen Hofe seit dem 4. April 1820 die Stelle eines Kammerjunkers und seit dem 1. Januar 1833 die eines

Kammerherrn. In seiner Eigenschaft als Militair hat er den beiden Feldzügen nach Frankreich, sowie 1848 und 1849 dem deutsch-dänischen Kriege
beigewohnt, in welchem er sein Bataillon nach Schleswig-Holstein führte.
Während seiner Pensionirung blieb er anfänglich in Weimar, hielt sich aber
zuletzt bei seinem Schwager in Altenburg, dem Major a. D. und Rent-
beamten Baumbach, auf, in dessen Hause er auch am 6. März 1858 gestorben ist. Er blieb unverehelicht, hat auch, da Wohlzuthun ihm Herzensbedürf-
niß war und er von Haus aus Vermögen nicht hatte, keins dergleichen hinterlassen, wohl aber das Lob eines höchst ehrenwerthen Characters und eines
Mannes voll von Treue und aufopfernder Liebe gegen seine Verwandten und
Freunde, wie er überhaupt von Allen, die ihn kannten, als ein wahrer Bie-
der- und Edel-Mann hochgeschätzt war.

3) **Adelheid Emilie Adolphine**, geb. zu Camburg am 22. September 1799, zog nach ihres Vaters Tode 1829 mit ihrer Mutter zu ihrem
Bruder nach Weimar, und lebte bei demselben, bis sie sich an den sachsen-
altenburgischen Hauptmann und Finanzhauptkassirer Ernst Carl Baumbach
zu Altenburg, einen Wittwer, verehlichte. Derselbe, ein Sohn des Major
Gotthard Baumbach beim herzogl. altenburg-gothaischen Felddragoner-Regi-
mente, war im December 1812 gleichfalls in altenburg-gothaische Dienste
als Regimentscadet beim sogenannten thüringischen Bataillon getreten. Nach
der Gefangennahme und dem Uebertritt dieses Bataillons in die schlesische
Armee 1813 ward er bei demselben preußischer Seits als Fähnrich belassen,
in welcher Stellung er der Schlacht an der Katzbach beiwohnte und mit an
den Rhein marschirte. Nach dem ersten Pariser Frieden 1814 trat er in
gothaische Dienste zurück und ging mit dem Contingent dieses Landes als
Lieutnant 1815 mit nach Frankreich. 1819 erlangte er Anstellung im Civilstaatsdienst, verblieb jedoch gleichzeitig als Offizier beim Jägerdetachement
im Militairdienst, bis er als Hauptmann austrat, während er die Stelle
eines Finanzhauptkassirers zu Altenburg noch jetzt bekleidet. Am 31. Decbr.
1862 beging er sein fünfzigjähriges Dienstjubiläum, bei welcher Gelegenheit
ihm von seinem Landesherrn der Character als Major a. D. beigelegt ward.
Aus seiner zweiten Ehe mit Adelheid v. Tümpling sind Kinder nicht vorhanden, während ihm in seiner ersten Ehe 8 Kinder geboren worden sind.
Daß sich Frau Adelheid im Besitz vieler, die Geschichte der Tümplingschen
Familie betreffender alter Schriftstücke befindet, ist bereits oben in §. 3
sub 5 erwähnt, wie auch, daß das letzte Mitglied des Hauses v. Tümpling-Posewitz bei ihr und ihrem Gemahl in verwandtschaftlicher Liebe Aufnahme und Pflege gefunden, schon Seite 65 mitgetheilt worden ist.

4) **Emil Eduard**, gleichfalls zu Camburg geboren, ist ebendaselbst in
zarter Jugend gestorben.

Es ist sonach die Descendenz Otto Wilhelms und der Reichsgräfin von
Allstädt im Mannsstamm erloschen, so daß nach dem Hintritt des im Schluß-
paragraphen des vorhergehenden Capitels pag. 162 sub 3 erwähnten Alfred
das Haus von Tümpling-Nasekirchen zu bestehen aufgehört haben und die
Tümplingsche Familie sodann blos noch aus den dann noch vorhandenen
Sornaer Tümplingen bestehen wird. Ob auch dieses Haus über Kurz oder
Lang aussterben und damit das alte Geschlecht derer von Tümpling gänzlich
erlöschen wird, Wer vermag dies jetzt vorauszusagen? Daß aber die gegenwärtig Lebenden gar bald auch gleich den Vorangegangenen unter dem Grabes-
hügel ruhen werden, ist mehr denn gewiß, und stehet auch eine ziemliche Anzahl derselben noch in den besten und kräftigsten Jahren, und gehört auch
ein Theil noch dem zartesten Alter an, so gilt doch für Alle das Wort:
„Unser Leben fähret schnell dahin, als flögen wir davon. Ein Dampf ist
es, der eine kleine Zeit währet, darnach aber verschwindet er." Die mahnende
Wahrheit dieser biblischen Worte ist uns bei der Zusammenstellung des gegenwärtigen Werkchens recht nahe vor die Seele getreten. Uebertrifft doch —
ganz abgesehen von den alten im zweiten Capitel erwähnten Ahnen — schon
seit den Zeiten des reichen Otto die Zahl der verstorbenen Familienmitglieder
die der jetzt lebenden um das Siebenfache! Glaubten wir doch bei dieser
Arbeit, welche das Geborenwerden, Leben und Absterben eines Mitgliedes
nach dem Anderen meldet und das Erlöschen ganzer Linien mittheilt, uns
gleichsam mitten in einer großen Familien-Todtenhalle zu befinden und an
deren Wand bereits auch unsern Sarg stehen zu sehen! Um nun das Verhältniß der verstorbenen Familienmitglieder und der vom Schauplatz dieses
Lebens abgetretenen ganzen Reihen von Geschlechtsverwandten gegenüber
den gegenwärtig noch Lebenden deutlicher vortreten zu lassen, sind auf dem
zum Schluß mitgetheilten, die gesammte Descendenz des reichen Otto betreffenden, Stammbaume die Namen der Verstorbenen mit deutschen, die der
jetzt noch Lebenden aber mit lateinischen Lettern gedruckt worden.

Zunächst aber folgt ein die Nachkommenschaft Otto Wilhelms betreffender Stammbaum, ingleichen die Ahnentafel für die Ehefrau Christian Lebrechts (§. 3), sowie auch ein extractweiser Stammbaum über das gesammte
Haus von Tümpling-Nasekirchen.

Stammbaum No. II. des Hauses von Tümpling-Rasekirchen.

Otto Wilhelm auf Schkölen, Heiligentreu, Rüdesdorf und Tümpling.
(a. Emilie Eleonore Reichsgräfin v. Anhalt auf Nieder-Röblingen,
 b. Charlotte Henriette v. Wolframsdorf.)

Charlotte Wilhelmine.

Friedrich Wilhelm.

Christian Lebrecht.
(Eberhardine Henriette Maria v. Pöllnitz.)

Moritz Ludwig.

Johanna Amalia.

Ernauike Wilhelmine.

August Rudolph.

Henriette Johanna Maria.

Friederike Eberhardine Charlotte.

Carl Gottlob Lebrecht.

Otto Gottlob Friedemann.
(Henriette de Dias.)

Philipp Johann Wilhelm.
(Friederike Wilhelmine von der Gabelentz.)

Christian Georg August.
(Henriette Friederike Louise v. Braunschweig.)

Julius Christian Marcellus Sebastian.

Maria.

Philipp Wilhelm Leopold.
(Eleonore Ernestine Friederike v. Tümpling-Possnitz.)

Otto Christian Heinrich.

Caroline Wilhelmine Tugendreich.

Friedrich Ludwig Heinrich.

Friedrich Wilhelm Heinrich Ferdinand.

Hans Carl Lebrecht.

Johanne Wilhelmine Friederich.

Ludwig Friedrich Heinrich.

Eduard Otto.

Theodor Gustav Friedrich.

Auguste Louise Christiane Amalie Müller v. Berneck.

Adelheid Emilie Adolphine Baumbach.

Emil Eduard.

14

Ahnentafel für Eberhardine Henriette Marie von Tümpling geb. von Pöllnitz.

16. Amalia v. Bredow.

15. Friedrich v. Lüderitz auf Jobnsfeld.

14. Anna v. Gablenz aus dem Hause Schiebelau.

13. Heinrich v. Lud auf Vorwaldau.

12. Sybilla v. Grünroth aus dem Hause Bornitz.

11. Anton Freiherr v. Ragened auf Ragened.

10. Luphenia v. Werthern aus dem Hause Frohndorf.

9. Ruprecht v. Wesenbed auf Balco.

8. Sybilla v. Ezdorf aus dem Hause Kleinaga und Geusnitz.

7. Wolf Burghardt v. Burckersroda auf Markröhlitz.

6. Sabina Marg. v. Dachroth aus dem Hause Heilligenkreuz u. Schleben.

5. Hans Georg v. Weidenbach auf Bollwerk und Hohendorf.

4. Catharina Susanne v. Schlegel a. d. H. Leimbach.

3. Esaias v. Brandenstein auf Oppurg, Knau und Krobitz.

2. Barbara v. Münch aus dem Hause Münchenbernsdorf.

1. Hans Bruno v. Pöllnitz auf Schwarzbach, Welsdorf und Neuenforge.

Sophie v. Lüderitz aus dem Hause Jobnsfeld in der Mark.

Hans Heinrich v. Lud auf Vorwaldau.

Magdalene Freiin v. Ragened.

Ruprecht v. Wessenbed auf Balco und Grüniz.

Magdalena v. Burckersroda aus Markröhlitz.

Hans Georg v. Weidenbach auf Bollwerk.

Anna Marie v. Brandenstein aus Oppurg, verehl. in 2. Ehe an M. J. v. Mildau.

Ehrenfried v. Pöllnitz auf Droizsch, Heynersgrün 2c.

Sophie Babiltis v. Lud aus Vorwaldau.

Matthäus III. v. Wesenbed auf Balcow und Grüniz.

Maria v. Weidenbach aus Bollwerk.

Hans Bruno v. Pöllnitz auf Renthendorf und Heiligenau.

Maria Catharina v. Wesenbed aus dem Hause Balcow.

Gottlob Friedemann v. Pöllnitz auf Renthendorf und Köhlen.

Eberhardine Henriette Maria v. Pöllnitz, geb. 1715, verehel. sich in erster Ehe 1735 an Ernst Frieder. v. Brauß und in zweiter Ehe 1739 an Christian Lebr. v. Tümpling.

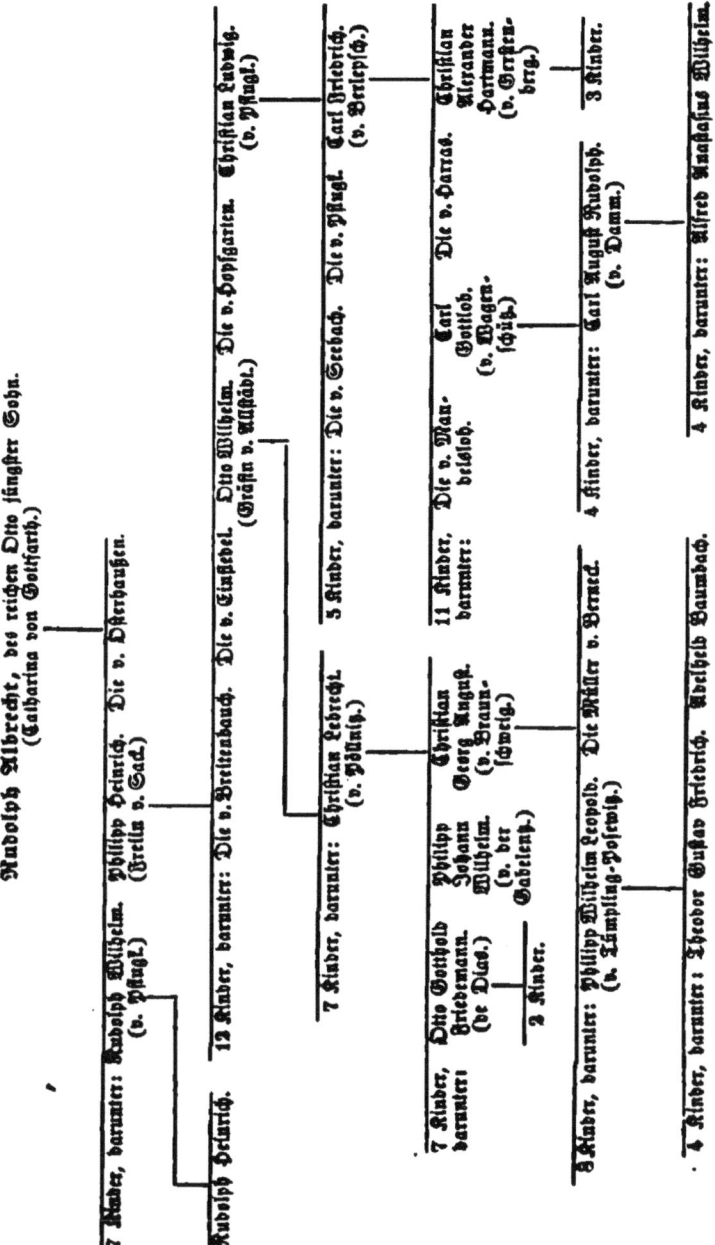

Stammbaum No. III. des Hauses von Lümpling-Rafelkirchen.